中国易学文化传承解读丛书

六壬开悟录

徐伟刚 著

中国商业出版社

图书在版编目(CIP)数据

六壬开悟录／徐伟刚著．—北京：中国商业出版社，2009.8

ISBN 978-7-5044-6611-2

Ⅰ．六… Ⅱ．徐… Ⅲ．周易—研究 Ⅳ．B221.5

中国版本图书馆 CIP 数据核字（2009）第 128798 号

责任编辑　孙启泰

*

中国商业出版社出版发行

010-63180647　www.c-cbook.com

(100053 北京广安门内报国寺 1 号)

新华书店总店北京发行所经销

北京龙跃印务有限公司印刷

*

2009 年 11 月第 1 版　2009 年 11 月第 1 次印刷

710×1000 毫米　16 开　19 印张　275 千字

定价：38.00 元

****

(如有印装质量问题可更换)

《中国易学文化传承解读丛书》
出版前言

中国传统文化以诗、书、易、礼、春秋为源头经典。《三字经》上曾讲"诗、书、易、礼、春秋，号六经，当讲求"，又说"有连山，有归藏，有周易，三易详"。在这六种（其中礼，有周礼、礼记二种）经典中，又以易经为最重要的经典。儒家将其列为群经之首，道家将其列为三玄之冠。因此，武汉大学哲学学院博士生导师唐明邦教授将易经称之为"中华文化的源头活水"。

易经文化的传承，一向分为两大部分，一部分是义理的传承，主要从哲学、政治学、社会学、伦理学等人文科学的方面进行阐释、发挥，以指导现实社会发展的方方面面；另一部分就是数术的传承，主要从未来学、预测学、咨询文化的角度进行阐释、发挥，乃至创新、改造，以适应现实社会生活和各色人等的心理咨询需求。

该套丛书，虽然也有部分文章着重从义理方面进行阐发解读，但大部分著作主要是从数术角度进行传承，进行解读。这十几部书涉及到数术中的绝大部分种类，既有古代称之为"三式"的太乙、奇门、六壬，又有八卦、六爻、梅花易数以及四柱命理等，都是作者近几年最新的研究和实践成果。

数术文化，源远流长。中华传统文化从本质上讲是一种没有宗教的文化（所谓本土宗教道教，也是在佛教等外来宗教传播的形势下，才以道家老子为鼻祖而新创的一种宗教），而易经数术文化在中国历史上在一定意义上发挥着"准宗教"的作用，起着抚慰广大人民心灵的作用，换言之，发挥着社会心理学的作用。这就是它"野火烧不尽，春风吹又生"，能够顽强生存下来，得到持久传承的原因。即使到现代科学如此昌明的今天，有人称之为电子时代，信息化社会，但它不仅未能消亡，反而仍然在生生不息地传承着。

当今社会上人们对数术文化有着不同见解和看法。有人将它斥为"封建迷信"，有人将其视为"预测学"或"民俗学"，也有少数人盲目痴迷它，但大多数人处于不了解的状况。

为了使广大读者能够深层次地了解传统文化中的数术文化，以便独立地确定自己的意见和见解，我们出版了这部"中国易学文化传承解读丛书"，参与解读的作者都是个人研究的心得和实验的成果，正确与否，只是一家之言，一得之见。广大读者可以从中辨别真伪，或赞同，或批判，或质疑，或否定。

本丛书的很多内容讲的是预测及占筮技术。对此，我们比较赞同著名作家柯云路先生的观点，他在给本丛书之一的《梅花新易》一书的序中写到："占筮技术在当今的实际应用则是该谨慎的。一个，是因为这种占筮技术本身的作用还是有其限度的，现代人该更多依靠科学决策。另一个，这一行良莠不齐，很容易给各种江湖骗子可乘之机。所以，对于一般大众来讲，我的告诫常常是：命一般不算，起码要少算。算错了，被误导，就真不如不算，那很有损害。而要真正使自己活得好，倒是该从大处掌握《易经》中的道理，那就是乾卦讲的'天行健，君子以自强不息'，还有坤卦讲的'地势坤，君子以厚德载物'。大的道理是十分简易的，再加上做事中正，为人诚信，与时偕行，知道进退，《易经》的大道理就都有了"。

目 录

天道亲德，吉凶由人 …………………………… 张志春 (1)
自　序 ……………………………………………………… (10)

第一章　六壬源流 ……………………………………… (1)

一、学六壬须认祖归根——九天玄女 …………… (1)
二、九天玄女宝诰 ………………………………… (3)
三、占　戒 ………………………………………… (3)
四、大六壬祝课文 ………………………………… (3)
五、易道心性 ……………………………………… (4)
六、惟我卜馨 ……………………………………… (4)
七、大六壬防陋室铭 ……………………………… (5)
八、五百年前是一家 ……………………………… (5)
九、大六壬高级面授班讲授有感 ………………… (6)
十、六壬断课琐想 ………………………………… (6)
十一、六壬课有感 ………………………………… (7)
十二、六壬"大""中""小"戏说 ……………… (7)
十三、学好"术数"的几个必要资质 …………… (8)
十四、学易智商说 ………………………………… (9)

十五、六壬与神算子 …………………………………… (10)

　　十六、立　向 …………………………………………… (11)

　　十七、日日新 …………………………………………… (12)

第二章　心法与修行 ………………………………………… (13)

　　一、象思维 ……………………………………………… (13)

　　二、一轮明月是我心 …………………………………… (14)

　　三、思想的力量 ………………………………………… (15)

　　四、术数研究需要的心智 ……………………………… (15)

　　五、含　蓄 ……………………………………………… (16)

　　六、谈谈如何学易 ……………………………………… (17)

　　七、副　课 ……………………………………………… (19)

　　八、学壬与做人 ………………………………………… (20)

　　九、德易双馨 …………………………………………… (21)

　　十、学易中的福慧双修 ………………………………… (24)

　　十一、顺天之化 ………………………………………… (26)

　　十二、如何为人进行数理指导与调整 ………………… (27)

　　十三、超　越 …………………………………………… (29)

　　十四、保守投资哲学 …………………………………… (30)

　　十五、易家法眼看道家修炼的一些基本问题 ………… (32)

　　十六、略谈知识分子学佛的通病 ……………………… (34)

第三章　壬学大旨 …………………………………………… (37)

一、天理至上 …………………………………………… (37)
二、六壬立式大旨 ……………………………………… (38)
三、时占之学 …………………………………………… (40)
四、壬 易 ……………………………………………… (41)
五、壬遁之学 …………………………………………… (42)
六、大事用壬 …………………………………………… (43)
七、神将秘义 …………………………………………… (45)
八、五行生克不是大道 ………………………………… (45)
九、理气象数类浅说 …………………………………… (46)
十、徐伟刚壬学研究观点 ……………………………… (47)
十一、大六壬预测准确率有多高？ …………………… (48)
十二、错课的艺术 ……………………………………… (50)
十三、马为什么可以生牛？ …………………………… (50)
十四、小议"三式"为何是高级术数 ………………… (51)
十五、课命及术数统一研究的可能性 ………………… (52)

第四章 六壬研究法 ……………………………………… (53)
一、为什么要学壬 ……………………………………… (53)
二、学壬三步走 ………………………………………… (54)
三、学壬与本命 ………………………………………… (55)
四、到底如何研究六壬？ ……………………………… (56)
五、壬占如何达到至高境界 …………………………… (58)
六、如何在课命中多谋善断？ ………………………… (60)

七、如何提高六壬的实占功夫？……………………(61)
　　八、古人眼中的巧卜善断……………………………(62)
　　九、壬课占验的四种层次……………………………(63)
　　十、点评邵、陈、王六壬诸公………………………(64)
　　十一、少谈六壬………………………………………(66)
　　十二、反对"百'家'争鸣"…………………………(68)
　　十三、三式之最——谈六壬…………………………(69)

第五章　读书与学壬…………………………………(71)
　　一、术数五经…………………………………………(71)
　　二、学壬的方向性错误………………………………(72)
　　三、学习术数的大敌…………………………………(73)
　　四、读书"发病"记…………………………………(73)
　　五、十万个为什么……………………………………(75)
　　六、读书琐想…………………………………………(76)
　　七、评注六壬之"散"一文…………………………(77)
　　八、对《六壬大全》的研究回顾……………………(80)
　　九、关于《六壬直指》的若干回答…………………(82)
　　十、《六壬集应钤》简介……………………………(83)
　　十一、《精抄历代六壬占验汇选》简介……………(85)
　　十二、答读者"子平爱好"的提问…………………(86)
　　十三、答"歌谷"等读者的命定问题………………(88)
　　十四、读书难…………………………………………(89)

第六章　六壬技法谈 ··· (91)

　　一、六壬运用技术系统 ·· (91)

　　二、六壬破重关 ·· (92)

　　三、六壬占断的基本步骤与方法 ································ (93)

　　四、壬占系统法 ·· (95)

　　五、点将法正解 ·· (96)

　　六、课命法 ·· (97)

　　七、课命法引用例 ·· (98)

　　八、择　吉 ·· (99)

　　九、壬课格局论 ·· (99)

　　十、"象类"与"类象"的说明 ································ (100)

　　十一、论年命的重要性 ······································· (101)

　　十二、关于马的认识 ··· (102)

　　十三、神话与壬（神）课 ····································· (102)

　　十四、从壬学角度去看印度洋大海啸 ··························· (103)

　　十五、幻　化 ··· (103)

　　十六、略谈阳历、农历之易学运用 ····························· (105)

　　十七、关公生日 ··· (106)

　　十八、国庆与择日 ··· (107)

　　十九、特异功能与壬课 ······································· (107)

　　二十、中介人 ··· (108)

　　二十一、丹田之气 ··· (108)

　　二十二、预测"神舟五号"发射及断课 ························· (109)

二十三、相似之课 …………………………………… (113)

二十四、一课值千金 ………………………………… (114)

二十五、丁柔克六壬占追捕 ………………………… (115)

二十六、鬼临天乙乃神祇 …………………………… (116)

二十七、重注占测名演员付彪病情一课 …………… (118)

二十八、《六壬集应钤》精义赏析例 ……………… (121)

二十九、六壬诹吉 …………………………………… (123)

第七章　学生谈壬 …………………………………… (124)

第一节　上山上山兔学壬文章 ……………………… (124)

一、术数该抛弃还是继承 …………………………… (124)

二、抬头三尺有神灵 ………………………………… (128)

三、学壬先学做人 …………………………………… (129)

四、如何看待六壬的象 ……………………………… (130)

五、强背原文还是只求大概 ………………………… (132)

第二节　胜亮学壬文章 ……………………………… (133)

一、壬道与王道 ……………………………………… (133)

二、占小狗狗生死 …………………………………… (134)

三、六壬与通感 ……………………………………… (134)

第八章　《大六壬指南》占验案例研究 …………… (136)

第一节　缘　起 ……………………………………… (136)

第二节　《大六壬指南》简介 ……………………… (136)

第三节　陈公献先生壬占思想研究 ………………… (138)

一、《大六壬指南》占验课例基本特点 …………… (138)

二、《大六壬指南》占例中常规用法 …………… (139)

三、陈公献先生壬占技术研究 …………… (141)

第四节 精选六壬占验课例研究 …………… (143)

一、一课多占类评注 …………… (144)

二、古人有争论的课式类评注 …………… (153)

三、同课异断类评注 …………… (160)

四、特殊占断价值课类评注 …………… (186)

五、反映重大历史事件课类评注 …………… (198)

六、涉及来意之课类评注 …………… (201)

第五节 《大六壬指南》占例中常用神煞汇集 …… (203)

第九章 百家讲壬 …………… (205)

一、六壬拟易 …………… (205)

二、六壬占要 …………… (205)

三、一个时辰内如何为多人占课 …………… (206)

四、一课如何多占？ …………… (206)

五、六壬取类神法 …………… (207)

六、六壬占此现彼 …………… (207)

七、六壬十八问 …………… (209)

八、六壬如何论终身 …………… (213)

九、六壬论阳宅秘要 …………… (214)

十、六壬辨非十则 …………… (220)

十一、六壬立名多种说 …………… (223)

十二、六壬为什么在三式中最古？……………………(223)

十三、王牧夫先生谈壬 ………………………………(224)

十四、吴稼云先生谈壬 ………………………………(224)

十五、开国之课 ………………………………………(225)

十六、六壬洞微赋 ……………………………………(226)

十七、大六壬五要权衡篇 ……………………………(228)

十八、大六壬毕法赋 …………………………………(239)

十九、金科玉律诀 ……………………………………(241)

二十、大六壬课命要点 ………………………………(242)

 （一）课命秘要 …………………………………(242)

 （二）论命秘要 …………………………………(243)

 （三）论女命 ……………………………………(244)

 （四）推身命总诀 ………………………………(245)

二十一、理气象类说 …………………………………(246)

二十二、三才易简 ……………………………………(247)

第十章 六壬对话录 ……………………………………(249)

一、"赵括"谈《断案》 ……………………………(249)

二、六壬如何读书 ……………………………………(257)

三、运用术数的心态 …………………………………(263)

四、如何学好术数 ……………………………………(270)

五、谈壬占中的象断与理断 …………………………(274)

后　记 ……………………………………………………(279)

天道亲德，吉凶由人

张志春

一、推天道，明人事

易文化是中华民族文化的根，从伏羲画八卦到今天，延续六千年而不衰。为什么？原因就在于它是中国人认识世界的独特的哲学和思维科学，同时又是一种独特的预测学和未来学。它的主要特点是什么呢？古人和今人有各种各样的概括和解读。我认为，清代四库馆臣纪晓岚等人在《四库全书总目提要·易类》中的概括最为准确，最为恰当。

易类提要说："易之为书，推天道以明人事者也。"

意思是说，易学这类书是干什么的呢？一言以蔽之，都是通过探索推演大自然运行变化的客观规律，从而让人明白人类社会发展和个人生存变化的规律。

《周易·乾卦》就是讲天道变化的，孔子在《象传》中解说道："天行健，君子以自强不息。"意思是说，乾卦尤如天道运行，刚强劲健，君子亦应如此，坚强振作，不断努力。实际就是说，一个正人君子，一个有作为的人，一个有益于社会的人，要学习天道运行的规律，自立自强，生生不息。这就是推天道以明人事。

《周易·坤卦》是讲地道变化的。所谓"推天道以明人事"的天道，当然包含地道在内，它是指除人类之外的整个自然界。孔子在《象传》中解说坤卦："地势坤，君子以厚德载物。"意思是说，坤卦象征大地的形势，君子应当效法大地厚实和顺的德性，容载万物。乾坤二卦是《周易》六十四卦的纲，其余六十二卦也是如此，都是通过推演天道变化的规律，让人们明白做人的道理。

从《连山》、《归藏》、《周易》产生以后，数千年来解说三易的图书汗牛充栋，概括分之，无非两类，一类主要从易理方面解说，一类主要从术数方面或者从应用方面进行解说，但都离不开"推天道以明人事"这个纲要。

今天，在易学界，无论是研究易理的，还是研究、应用各种术数，包括风水术在内，也都是在从事"推天道以明人事"的工作。试想，我们从事预测或风水的各种象数理模型，无一不是通过时间、空间、万物类象的易学符号，来推演天道、地道变化运行的规律，从而做出对人或吉或凶的判断。比如奇门遁甲，根据二十四节气和干支记时来定局、起局和判断的全过程，就是典型的推天道以明人事的过程。

所以，我们习易之人，用易之人，一定要抓住"推天道以明人事"这个纲。我们只有明确了这个纲，理解了这个纲，抓住了这个纲，才能不断提高我们的理论水平和应用能力。只有理解了它，明白了它，才能更好地感知它，应用它。

二、天人合，惟大人

提到传统文化、传统哲学的精华，大家几乎异口同声地都会归结为一句话，这就是天人合一论。提到天人合一的思想，大家又几乎不约而同地会引用《周易·乾卦·文言》中的一段话："夫大人者，与天地合其德，与日月合其明，与四时合其序，与鬼神合其吉凶。先天而天弗违，后天而奉天时，天且弗违，而况于人乎？况于鬼神乎？""知进退存亡而不失其正者，其唯圣人乎！"这段话的意思是说，伟大的人物，或者说通晓天道、修练自身、做大事业的人，他的德行象天地一样覆载万物，他的圣明象日月那样普照大地，他的进退像四时一样井然有序，他的吉凶与鬼神的吉凶相契合。他的作为，先于天象而行动，天也不违背他；后于天象而处事，仍能奉行天道运行的规律。上天尚不违背他，更何况人呢？更何况鬼神呢？深知进取、引退、生存、灭亡的规律，而使自己的行为绝不偏离其正道者，只有圣人才能做到这种程度吧！

我们习易之人，用易之人，也就是"推天道以明人事"的人，首先应该领会易文化的精华——天人合一论。"推天道以明人事"，不能光让别人明人事、知吉凶，首先要自己努力做到这一点，即使不能每个习易之人都成为《乾卦·文言》中讲的这种"大人物"、这种"圣人"，但起码应该把这一点作为自己努力的目标和榜样吧！

习易、用易之人，在汉代以前一直是十分受人尊崇的"大人"、"圣人"。如西周时的姜子牙，春秋时期的范蠡，西汉初年的张良等，都是开国军师，而且都是"知进退存亡而不失其正"，善做善成，善始善终的"大人"、"圣人"。只是自春秋战国以来，打破了由"太卜官"独掌"三易之法"的垄断地位，易文化开始流入民间以后，习易、用易队伍才开始鱼龙混杂，泥沙俱下。

我们从司马迁撰写的《史记·日者列传》中可见其端倪。司马迁在《日者列传》中写道，汉朝中大夫宋忠，博士贾谊，在休假日二人结伴外出，一边走一边议论，称赞《易》为先王圣人之道术，能够察遍世间人情。贾谊说："吾闻古之圣人，不居朝廷，必在卜医之中。今吾已见三公九卿朝士大夫，皆可知矣。试之卜数中以观采。"贾谊这段话的意思是说，我听说古代的圣人，不在朝廷当中当官执政，则必然在占卜和医生的队伍之中。今天，我们在朝廷上的三公九卿朝士大夫中，已经见到了这样的人，都知道了。现在我们试着到占卜的行业中去观察一下，看看还有没有这样的圣人。于是，贾谊与宋忠二人同乘一辆车来到长安东市，游于卜肆之中，见到了日者即察日点候的星占家卜筮家司马季主。

从司马迁《日者列传》中可以看出，古代对于从事占卜的人是很尊重的，到汉代仍然如此。司马迁不仅写了《日者列传》，还写了《龟策列传》，以致于后来历朝历代的史书中都有占卜者的一席之地。

今天，随着我国改革开放政策的深入，随着优秀民族文化的复兴，占卜，或者换成现代语言，即易学预测、建筑风水、命名策划等作为一种行业，逐步为国家所承认，所允许。我们应该珍惜这一大好形势的到来，一方面努力剔除传统占卜行业中的迷信、糟粕和种种陋习，使它与现代科学、现代哲学、现代文化相结合，逐步锻造成一支适应新社会新现实的崭新的咨询策划服务行业。同时，必须大力提高自身的政治素质、业务素质、理论水平和道德水准。易文化的精华是天人合一，我们习易、用易之人，自己应首先继承这一精华，将这一精华融入自己的头脑中、心灵中、血液中、行动中，虽然不敢说成为古人所说的"大人"、"圣人"吧，起码也要做一个被人称赞的君子，而不要去做被人诟病的势利小人，更不能去做骗财骗色等违法乱纪的罪人。

三、司马季主，日者表率

司马迁在《日者列传》中借宋忠和贾谊之口，对于当时占卜行业中的劣风陋俗进行了揭露。二君曰："……夫卜筮者，世俗之所贱简也。世皆言曰：'夫卜者多言夸严以得人情，虚高人禄命以悦人志，擅言祸灾以伤人心，矫言鬼神以尽人财，厚求拜谢以私于己。'此吾之所耻，故谓之卑污也。"这段话的意思是说，凡是在街头搞卜筮的人，都是被世俗所瞧不起的人。大家都说："算命先生多数都是夸夸其谈，装腔作势，以骗取人的同情；故意吹捧说你高官厚禄命运好，以讨人喜欢；危言耸听，随便说人有什么灾祸，以震伤人心；又装神弄鬼说我能解灾，以骗取钱财；厚着脸皮求你多付酬金，感谢他，以中饱私囊。"这都是我们认为可耻的行为，所以我们说卜筮行业是个卑微下贱的行业。

大家不妨对照一下，时间已经过去了二千多年，今天的易学行业中是否也有这种劣风陋习呢？恐怕还没有绝迹。

当然，像上边列举的现象，在二千多年前就属于易学行业中的败类，属于假冒伪劣者；在今天，也属于易学行业的败类，属于假冒伪劣之徒，应该在清除和扫荡之列。

所以，司马迁在《日者列传》中说："古者卜人所以不载者，多不见于篇。及至司马季主，余志而著之。"意思是说，古代民间这些卜人，之所以我不写入《史记》一书，是因为假冒伪劣者多，历史上都没有留下什么可称颂的文字。至于司马季主，他不同于一般的江湖术士，所以我决定把他写入《史记》。

司马迁在《日者列传》中，借司马季主为真正掌握天道变化并修练自我的高人立传，并借司马季主之口讥评时政，表达了"道高益安，势高益危"的天人合一的规律。意思是说，一个人掌握了天地万物变化的规律，你的易学修养越高，你就越安全、平安；如果只是在官场地位高、势力大，你不掌握易道，那么地位越高就越危险，所谓"居赫赫之势，失身且有日矣"！

司马迁在《日者列传》中，实际是拿大隐隐于市的司马季主与官场上的宋忠、贾谊作对比来述写的。文中写道，宋忠、贾谊听了司马季主关于天道人事的一番议论之后，"忽而自失，芒乎无色，怅然噤口不能言。于是摄衣而起，再拜而辞。行洋洋也，出门仅能自上车，伏轼低头，卒不能出气。"最后，"久之，宋忠使匈奴，不至而还，抵罪。而贾谊为梁怀王傅，王坠马薨，谊不食，毒恨而死。此务华绝根者也。"这段话的意思是说，后来，宋忠被朝廷派去出使匈奴，没有到达就回来了，被判刑领罪。而贾谊为梁怀王刘揖当太傅，公元前169年梁怀王入朝晋见汉文帝，不幸坠马而死，贾谊从此吃不下饭，带着悔恨和遗憾死去。这都是醉心仕途、追求荣华富贵的结果，从而断送了生命，断送了根本。

历代有见识的文人雅士，都对司马迁写的《日者列传》十分赞赏。说它不仅文词简练有法，而且议论汪洋恣肆，有深刻的天道、人事哲理在内。据黄震《古今纪要》卷二记载：宋代大文豪欧阳修每次写文章，必先取《日者列传》传读数遍，然后才下笔。这说明欧阳修每次写文章都要从《日者列传》中吸取思想精华和行文技巧，从中寻找和启发自己的灵感。《日者列传》对后世的影响可见一斑。

四、天道亲德，吉凶由人

无独有偶。明朝开国军师、大易学家刘基（字伯温）也对司马迁的《日者列传》十分赞赏。不仅赞赏，而且他还写有一篇著名的散文《司马季主论卜》，被清朝文人收入《古文观止》这部最流行的散文精粹之中。

刘基在《司马季主论卜》这篇文章中，借司马季主之口表达了他的易学观点，我认为主要是两句话：即"天道何亲，惟德之亲。鬼神何灵，因人而灵。"这两句话的意思是说，天道对谁最亲近呢？最亲近有德之人。鬼神有什么灵验，它是因人而异，有德之人能得到神助，失德之人难免遭到鬼的惩罚。我们在前边已经讲到，易文化的本质特征就是"推天道以明人事"，但是天道并不是什么人都能掌握的。刘基在这里讲得十分清楚，也是对几千年中国历史经验的总结，天道并非与谁都亲近，只有那些德行高尚，重视修身，努力使自己达到"天人合一"境界的人，才能得到天道的亲近，才能掌握天道的规律，从而也才能更好地明人事。

君不见，在我们易学界，当一些人在艰难困苦的环境中刻苦学易，兢兢业业，谨慎小心，如履薄冰，如临深渊，不收取群众一分报酬，甘心情愿为人趋吉避凶、排忧解难之时，虽然学易不精，但预测得很准，准确率很高，颇受人们的称赞。而当其功成名就，声名大噪之时，却往往准确率下降了，甚至测不准了。有人这时就坠入迷信的泥坑，相信什么算卦有卦神。为此，烧香磕头，求神拜佛，结果仍然是准确率提不高，甚至算不准。这是为什么呢？刘伯温早就在几百年前告诉了我们答案。我们应该反躬自问，自己是否在功成名就之后德行上有什么缺失呢？我这样讲，不是主张用易之人都不收取报酬。那怎么生存呢！而是主张"君子求财，取之有道"。习易、用易之人必须把德行放在第一位。孔子早就在《周易·系辞上传》中讲过："夫易，圣人所以崇德而广业也。"学易、习易之人，只有保持崇高的道德操守，你的事业才能越来越发展壮大。一言以蔽之，你要想掌握天道，让天道与你亲近，只有修炼，提高自己的道德水准。

下边再讲所谓"鬼神"。什么是鬼神呢？唐明邦老师在《风水文化的久远魅力和当今价值》（见《国际易经》2007年第3期）一文引用《周易·乾卦·文言》中关于天人合一的论述时，对"鬼神"的解释是这样的：这里所说的鬼神，实即"归"、"伸"二字，指的是天地之间阴阳二气，一归一伸，一聚一散，化生万物。阴阳二气的变化，难以捉摸，却对人的生存有着是祸、是福，或吉或凶的密切关系。这无疑是一种解说。按论述天人合一，逐一讲到天地、日月、四时和鬼神来说，自然可以把"鬼神"归入"天"的范围，"大自然"的范围，解说成自然界中的阴阳二气。但从《乾卦·文言》

下文讲"大人","先天而天弗违,后天而奉天时。天且弗违,而况于人乎?况于鬼神乎?"来看,其"鬼神"又不单指自然界的阴阳二气。我理解,所谓"鬼神"还应该有二重含义。一重是各类易学术数中讲的神煞,如六爻中的六兽,奇门中的八神,六壬中的神煞,四柱中的神煞等。在这里,神就指在大自然界和人类社会中存在的一种对人吉利的能量;煞即鬼,就是指在大自然界和人类社会中存在的一种对人造成危害的能量。二重含义就是世俗所谓的鬼神,就是迷信中讲的鬼神。其实这种鬼神也都是人造的。我在《开悟之门》一书中讲到"神助——八神"时,曾引用唐代宰相李德裕的文章做过详细解说(见《开悟之门》一书第54-55页,新疆人民出版社2004年6月版)。这里简单重复一下。世俗所谓的神,其实也都是人,不过是一个人为社会为大众立功、立德或立言的贡献特别突出了,他的历史功绩,他的道德楷模,或他的言论思想不朽了,成为后世学习的榜样,他永远活在人民心中了,所以就成了神,即"不死之人"。所谓"鬼",就是"死不瞑目之人",或被冤枉致死,或非正常死亡,或心事未了,死后还不能安息,有时其遗留信息还会出现,这就是所谓的鬼。再就是有人做了有损社会、有损他人的亏心事,自然就心中有鬼了。

刘基在《司马季主论卜》中讲的"鬼神何灵,因人而灵",如果将"鬼神"按上边讲的三重含义理解,自然也就清楚了。即鬼神这种自然界存在的阴阳二气,这种在自然界和社会生活中肉眼看不见的神煞能量,这种由人的肉体和精神而产生的吉气和凶气,只有有德之人做循天时、顺民意的好事时,才能得到吉神相助,而无德之人做违背天时、民心、丧失良知的坏事时,一定也会受到凶气的惩罚。一言以蔽之,也就是世俗所说"善有善报,恶有恶报。"也是《周易》中讲的"积善之家常有余庆,积不善之家常有余殃","自天佑之,吉无不利"。我理解,刘基在这里讲的"鬼神何灵,因人而灵",还有一层含义,就是自然界、人类社会和人们心目中存在的这两种吉凶之气,并不是习易、用易之人谁都可以调动、利用的。只有品德高尚、修炼有素、能够达到或接近天人合一境界的人,才能在一定的条件下为人们趋吉避凶,调理或化解凶灾,即求得吉神相助,驱除或化解凶煞的侵害。并不是你知道一些方法，按照书上写的办法去办，就能奏效的。特别在风水的调理上，如果你满脑子急功近利、金钱拜物教，向人家漫天要价，物非所值，而自己又没有调理阴阳吉凶二气的功力，那么你做的风水或调理的风水，不仅不会有效，可能反而会出凶，甚至殃及自身。这方面的教训，在全国风水界和我们河北省周易研究会内，都是有例可寻的。

总之，我奉劝易学界的朋友们，一定要牢记刘伯温这两句名言："天道何亲，惟德之亲。鬼神何灵，因人而灵。"这是至理名言，这是对几千年来易学应用经验教训的总结。

五、地山谦，保平安

上边讲过，易之为书就是推天道以明人事。换句话说，正如国际易学联合会副会长董光璧先生所言，易经就是让人从大自然中学习做人的道理。我认为，董先生这种概括也十分精彩，切中要害，对我的启发很大。那么对于做人来说，《周易》六十四卦中哪一卦是最好的一卦呢？国际易学联合会另一位副会长，台湾学者朱高正先生在2006年国际易学论坛大会上讲得也很精彩。他说对于做人来说，六十四卦中最好、最吉利的一卦就是谦卦，即地山谦卦。我十分赞赏这种观点。我们可以细读六十四卦，除谦卦以外，其余六十三卦，不仅整个卦有吉有凶，即使是十分吉利的泰卦、观卦、益卦等等，也并非每个爻都吉。只有地山谦卦，不仅整个卦吉，从初爻到六爻，每一爻也都是吉利的。所谓谦卦，就是上卦为坤，下卦为艮。即大地在上边，大山藏在地下，以此来象征谦逊的美德。卦辞说："谦，亨，君子有终。"意思是，谦卦象征谦逊，一个人有了谦逊的美德，就会亨通顺利，而且会善始善终，取得好的结果。

孔子在其《象传》中做了这样的解说："谦，亨。天道下济而光明，地道卑而上行。天道亏盈而益谦，地道变盈而流谦，鬼神害盈而福谦，人道恶盈而好谦。谦尊而光，卑而不可逾，君子之终也。"

这段话的意思是说，有了谦逊的美德，就能亨通顺利。为什么呢？天的规律是阳气下降生化万物，而天体愈见光明。地的规律是阴气从低处而上行，使阴阳相交，化生万物。天的规律是使满盈亏损，使谦虚得到增益；地的规律是改变满盈，充实谦虚；鬼神的规律是加害满盈，降福谦虚；人的规律是憎恶满盈，而喜好谦虚。谦逊者居尊位，而自身愈加光大，下处卑贱时，常人也难以逾越。只有君子才能保持谦逊的美德，而做事善始善终，得到好的归宿，好的结果。

孔子在这里讲得很清楚，无论从天道来讲，地道来讲，人道来讲，鬼神之道来讲，都是排斥满盈、损害满盈、憎恶满盈，而助益谦虚、喜欢谦虚、降福谦虚。这是大自然界和人类社会普遍的客观规律。

我们从事"推天道以明人事"的易学研究者、易学应用者，如果连这个规律都不了解、都不掌握，那还算习易之人吗？

君不见，易学界有些人，刚刚读了几本书，有所悟，或有所发现，就觉得自己了不起，贬低别人，抬高自己，甚至摆所谓擂台，要打遍天下无敌手。有的人，在某些方面某些领域，刚刚有了一点自己的心得，就认为发现了"新大陆"，立即贴标签，自封"王氏命理"、"陈氏奇门"、"高氏风水"等等。有的人一旦出了几本书，有了名声，就固步自封，再也学不进别人的东西，听不得与他不同的学术观点、学术见解。还有的自吹自擂，说别人的预测准确率只有70%~80%，而我可以达到100%。还有的无限夸大风水的价值与作用，说什么只要跟他学了风水，富贵贫贱都能自己决定，等等等等，不一而足。

上述这些满盈的说法做法，既违背天道、地道，也违背人道和鬼神之道，一句话违背易道。学易之人，用易之人，自己先违背了易道，这还能学好、用好易吗？

所以，我诚挚地奉劝易学界的朋友们、同仁们，要首先自己学好易道，明确"天道亲德"、"吉凶由人"的客观规律，务必把修德放在第一位，同时可将地山谦卦作为自己做人处事的座右铭。

一言以蔽之：天道亲德，吉凶由人。劝君同学地山谦，一生贞吉保平安。

自 序

从20世纪90年代初,我开始接触六壬,到今天已有了17年了。自2004年正式出版六壬专著《袖里乾坤——大六壬新探》一书,到今天2007年的最后一天,也有四个年头了。回忆往事,展望未来,我的人生之路与六壬已深深地结下了不解之缘。

作为一个时代的六壬研究者与传播者,我的六壬研究工作主要包括两个方面:一个是对六壬这个"三式"内的"中式",要进行全面的学术研究与实践工作,旨在掌握六壬体系的精华之所在,要学壬用壬全面服务社会,让六壬这门学术在新的时代依然可以发挥出历史与现实的价值来。另外一个是,在我能力可能的范围中,我要去全面拓展六壬的社会影响去传播六壬,将六壬在这个时代发扬光大。

正是有了上面的人生命运选择与历史使命感,我对六壬始终保持着热情。对于六壬的研究也越来越全面深入,体会也越来越多,学壬用壬得到了长足的进步。同时,对于六壬的传播,我也是在不断地进行推动与持续深入下去。从2004年的《袖里乾坤——大六壬新探》到2007年的《智者乐水——六壬现代预测精典》两书的出版,就是我将古老的六壬从历史中推到这个时代现实中来的一个阶段性过程。《袖里乾坤——大六壬新探》这本书的写作,就是要在世人面前展现出六壬的历史风貌来。至于《智者乐水——六壬现代预测精典》这本书的问世,则是将六壬巨大的人生预测与咨询决策价值展露于这个时代面前,意在引起人们的重视,吸引更多的人来研究与传播六壬。这两本书的出版,已经初步达到了六壬广为人知的传播效果。接下去我的工作,就是要回归到六壬本身之上,对六壬进行全面的学术研究来。

《六壬开悟录》主要收录了我近年在博客、论坛、易学杂志、内部教材、笔记中众多六壬研究文章（中间也收录了古人、若干易友、学生的少量六壬研究文章），对六壬的历史源流、哲学思想、基本原理、壬书评价、研究原则、学壬方法、信仰修行、实占技术要点、典型案例、用壬实践、六壬名著、历代壬学精华、壬友交流等都进行了探讨、整理与全面研究。所以这本书的主要特色，就是对六壬进行多方面的深入"研究"，它是基本上沿着对六壬进行"新探"到"现代预测"的这条路过来的。这本书没有对六壬的基本学术再进行介绍说明，也没有对六壬预测个案进行大量全面展示，而就是对六壬本身的学术体系的方方面面进行了多角度的深入研究。可以这样讲，从六壬"新探"到"现代预测"，再到六壬"开悟录"，可以视作我传播六壬、研究六壬的"三步曲"。这三本壬书，一本比一本深刻，一本比一本进步，意在将古老的六壬在今天之中国真正发扬光大。

一个人有一个人的人生道路，六壬也有六壬的历史变化轨迹，这个时代也有它本身的发展路线，这就是个体、学术与时代并行不悖的发展关系。到了今天，命运既然选择了我来研究六壬，我无法挣脱。同样，六壬选择了我，将六壬宣传推广的历史使命放在我身上，我也无法推脱。既知受天之命，必然顺天之化，这就是我的人生之路与六壬结缘的宿命吧。

张志春先生是当代中国易学大家，他对我更有知遇之恩。张志春先生的易学见解与观点，往往特别中肯、清醒、现实而客观，像他的"天道亲德，吉凶由人"一文，对于当代研易者更有警示、惊醒之指导价值。鉴于此文之现实意义，我将张志春先生此一文章列于我此书自序之前，让有缘的研易者们共同接受张志春先生一个长者的谆谆教诲，以期自我之进步。

徐伟刚

2007年12月31日子时初稿于北京

2009年7月30日定稿于北京

第一章 六壬源流

一、学六壬须认祖归根——九天玄女

大六壬传说是由九天玄女传给黄帝的,这固然有神话传说的色彩。但这种说法直通原始太虚,学壬者应该找个机缘去了解一下九天玄女这位神女,将自己的心灵和神女连起来吧,这对学壬是大有好处的。

《六壬玄女经》中有关贵人口诀的说法,就是玄女向人间传递的信息。大家用此法,就是听了这位"神女"的话了。这就是正法所在,学壬者一定要重视之!

九天玄女简介

玄女者,九天圣母也,太元圣母弟子,乃先天的真仙。受西王母之命,授符法于黄帝,黄帝之师也。

九天玄女,又尊称为九天女、玄女、元女、九天玄女娘娘,本是中国古代的女神,后为道教所信奉,成为神系中地仅次于西王母的女天神。九天玄女是位颇谙军事的女神仙,但她的模样却像是一位雍容华贵的后妃。

生于混沌之先,游乎空洞之玄,原使传常辅万物自然,统制劫运,撑大原船于末世,至尊不坏,是诸仙诸佛诸圣之宗,神机莫测,乃掌道掌法掌教之主,九天之上,朝圣母于瑶池,无量世界,斩魔王于三途。九天玄女是西王母的弟子,也是黄帝的师尊。《黄帝问玄女兵法》、《云笈七签》及《九天玄女传》等书中记载,昔虽为圣,未曾下世,迨乎开皇,降迹人间,号曰娲皇,人首龙身,炼石补天,垂天地之大功,搏泥造人,作人类之元祖。轩皇治世，蚩尤肆虐。玄女再降，传帝阴符。太乙在前，天一在后，灵宝五符，遁甲六任，造指南车，逐克蚩尤。

《黄帝九鼎神丹经诀》卷一曰：黄帝受还丹至道于玄女。华夏号为龙种，民族传之道统，人心惟危，道心惟微，惟精惟一，允执厥中，是为天根，亦曰心传。《诗商颂》云："天命玄鸟，降而生商"圣母化现，肇起殷商，圣母为兵家之祖，太公、诸葛、传之不绝，又号为风水圣姑、太上、鬼谷、并传奇术。武周代唐，天下乱，玄女降，辅明君而复兴李唐，北宋敌辽，边国危，圣母出，挂帅印而出征灭寇。《九天圣母宝卷》广传于世，九天宫遍布城市乡村，蓬勃仙岛，分灵甚多，《九天圣母救世真经》、《九天玄女治心消孽真经》灿烂四海。

九天圣母，高居九天之上，佐三清、圣母元君而教导无穷；掌天机，兵法而致万世太平，干戈永息，开南宫紫府，而练度群真，处女圣道遥宫而执掌造化生育。

巍巍乎，圣之为神，大矣远矣，述之不尽，赞之不穷，宏悲宏原，无量救世，至灵至感，至圣至神。

所谓九天者，中央及八方也，所以九天乃四面八方的意思。传说玄女就是天地间惟一的神女。传说中的九天玄女娘娘是一位楚楚动人的女仙，但据传说她的原型却是一个在鸟身上长着人脑袋的怪物，这就是玄鸟。在《诗经》中，记载着玄鸟是商人始祖的说法。《史记》中也说，殷商的祖先是其母吃了玄鸟蛋，怀孕而生。这是商族崇拜玄鸟图腾的反映。

到了现代，九天玄女与其它娘娘合祀的时候，作为王母娘娘"特使"的身份已不明显，她被人们赋予了赐福赐子的功能。虽然地位低了许多，但是在善男信女心目中却更觉亲切和崇高。民间信仰中，传说九天玄女是线香业的祖师爷，并传说只要是有香火的地方，九天玄女都会到来倾听人间的苦难，故香烛业奉祀九天玄女为祖师。制香业人家都在家中供奉神位，并在九月九日祭祀。此外，九天玄女也曾为黄帝制作指南车，帮助黄帝击败蚩尤。因此，许多汽车制造或销售业者也将她视为守护神，还有丝棉的纺织业者，也奉为职业神。

二、九天玄女宝诰

至心皈命礼

先天神姥，上世仙姑。庄严妙相，常现娑婆世界；清净法身，早登梵刹琅嬛。玄都天界，系玉腰金；员峤方壶，蒸沙煮石。放无极之神光，普照群生；运玄元之道气，化成万物。功垂今古，德配乾坤。位列九天，掌造化之枢机；灵通三界，司雷霆之号令。慈悲广大，变化无穷。手持宝剑，斩魔王于斗垣之下；足踏金莲，朝皇母于瑶阙之中。宏慈宏愿，至显至灵。九天玄女无极元君！（三称）

三、占　戒

昏德不占。凡占须齐心洗沐，始能感格；苟或不尔，难为响应。（一随日可占，诚则必应。不拘子不问卜，及六戊不占之说，此条在后。）

渎言不占。凡卜后吉凶，悉凭爻象，毋率己意。吉处虑凶，凶中求吉。再覆占，致渎先圣。

烦琐不占。每人止卜一二事。诗曰。我龟既厌，不我告劳。易曰：再三渎，渎则不告。

阴邪不占。先圣有灵，但能扶正，决不当邪。

躁急不占。凡卜异详休咎，可用避趋。卜后须从某推某始，从卦爻直断。理必探玄，谭何庸易。

四、大六壬祝课文

日吉时贞，天地清宁。天神月将，六甲六丁，会意潜心。

仰惟：

圣课妙道合真，与天地同其用，宇宙应其均气，调其序法，术验其灵。

敬启：

天乙、太乙吉神，雷公玄女，轩辕帝尊，东方曼倩，李筌名臣，武侯李靖，历代贤能：

祝词一告，相遇仪形，吉凶进退，善恶亏盈，天人合志，尽付六壬，伏惟感应！

五、易道心性

易道逐心，出于混元；

大道逐性，出于神仙。

易本逐心，天地合体；阴阳假神，出于混元。一得一失，皆在日月盈亏；一离一合，皆从无而立有。故易本逐心，人灵神辅。显明在乎信，吉凶在乎人。

或问：易道逐心，何也？

答曰：必要至虚至灵，以诚信为主。凡占卜，存心道性，不可一毫私念起于中。取用象在乎果决，不要狐疑，妙处当以心会神颂，有不可言传者也。如此则神灵辅助，随吾取舍而用之，自然灵验矣。故曰：易道逐心。

六、惟我卜馨

台湾 八六居士

小注：这是台湾易者八六居士在其著作中的有关六壬赋文，我读此赋，深有同感。现摘录以下，与同好共赏！

术不在捧，能专则名；数不在多，诚占则灵。斯是六壬，惟我卜馨！曾师邵彦和，有异郭御青；公献乃鸿儒，赤江非白丁。说约与辩疑，阅课经；

虽银河之混目，有宝鉴之分形。精蕴涵云海，壬归虞山亭。孔子云：何陋之有？

七、大六壬防陋室铭

台湾 八六居士

号不在争，有德则名。数在不多，诚占则灵！斯是六壬，惟吾卜馨。远离朱玄白，好亲合常青；四课生旺禄，三传乙丙丁，贵德临年命。审课无刑冲之破格，无克害之伤形，海云呈双秀，木火焕孤亭。卜者云，何陋之有？

八、五百年前是一家

学易人要注意同气相应的原理，所以，学什么术数最好看看跟何姓人氏学最有缘分了！

我是徐姓人，母姓张。据我所知，历史上研究四柱、风水的与我同姓名家的人还真是不少！

四柱命学中历代徐姓、张姓名家：

徐子平　祖师级人物

徐大升　慧能级的命家主要人物

徐乐吾　现代命学始作俑者

张　楠　明代《神峰通考》作者

风水学中的徐姓、张姓名家：

徐善述

徐善继　兄弟　《地理人子须知》作者

徐试可　明　《地理天机会元》作者

张九仪　清　《地理铅弹子砂水要诀》作者

六壬学中的徐姓、张姓名家：

徐道符　《六壬心镜》作者

徐端清　《六壬直指》作者

徐次宾　《一字玉连环》作者

张官德　《六壬辩疑》作者

张居中　《六壬无惑钤》作者

从历史上来看，邵姓、陈姓、李姓、沈姓、万姓、杨姓等姓氏皆是过去历史上出过术数名家较多的宗族。

以上所说，只是"戏说"而已，仅供易友们参考而已的！如果易友不是上述之姓者，也是有可能会学好易学好术数的。这是因为能否学好术数的关键，还是在于个人如何作为之上的！姓氏只是学好术数众多决定因素中的一端而已！

九、大六壬高级面授班讲授有感

六壬是艺术，是美学，是顶级术数六壬是古典作品，是国之瑰宝。六壬是神课，课一出，人事无遁形，心灵大可作为！课无人则无主，人无课则无神。心之灵无课不现，课之神无心不呈！壬学是课学，是人学，是仁学，是神学！学壬本质是"练神"，可以提高意识层次，丰富心理能量，提升人的品级！六壬无穷，赞叹无穷！

十、六壬断课琐想

用大六壬断课是对个人壬学水平，智力和做事风格的大检验。因此，断课不是游戏活动！一课就反映一种思维形式，用壬多了就可以充分看出一个人的个性了！

壬课是多变灵动的，不是任何人想学就可以学的好的，学壬要求人把自己全部心力用进 去的！

壬是有生命的，这是因为研壬者的心是有生命的；壬是丰富多彩的，这是因为人事是丰富多彩的！

壬是站在天上看人间的，学壬是要点仙气的！壬课之灵全是人心之灵的体现，壬课之神就是我心之神！

壬在关键时刻是可以让人信任的，它对研壬者是有情的！

十一、六壬课有感

业果已成六壬推，
业未成时未可测；
天机泄露破因果，
业上加业何时了？
心不动时焉能测，
胡言乱语鬼神笑，
世人何必自作扰？

（诚心正意、无妄归真课才准，意动课变）

注：这是一个女生学壬后在一张纸条写的一点随意杂感文字，夹在书中多年了，我看到了，就录下了来。文字固然随意写来，却有一定意味！

十二、六壬"大""中""小"戏说

这次广州讲课时，讲到六壬全名谓大六壬时，有学生发问：老师，六壬为什么叫大六壬啊？

我听他如此发问，笑道：六壬本是可以仅叫六壬就行了。只是古人发现这个六壬与天地同大，包罗万象，无所不容，其占神奇惊人。所以，古人在六壬前面加用了这个"大"字来赞叹之形容之，所谓的"大六壬"也就是"伟大的六壬术"之意了！

当然，世俗所传还有中六壬、小六壬等说法，在正宗古壬书中全无提及过的。小六壬世俗所传，古来有之；只是最简单之占术而已，向来不为术家所重，只是世俗大众所偏爱而已。至于中六壬一说，从来没有之。只是现代有好事者将天罡诀改名为中六壬，世间便有此一惹人笑的"中六壬"之说了。我呢，也是听说这门"中六壬"说不过数年的功夫了！呵呵，我这个搞大六壬的，真是所见世面太少了，以前竟然不知世上有"中六壬"的呀！我说了这些，学生们听了哈哈大笑！

我正言道：六壬之大、中、小，可以如此理解更好：

刚学六壬，水平低低，则是小六壬了，名之小学生之六壬功夫。学了一点六壬，壬占小有水准，则是中六壬了，名之中学生之六壬阶段了！至于六壬学的极精，壬占过人，则是真正的大六壬了，名之大学生之六壬学习阶段了。六壬无限，人事无穷，我们只能永远是六壬研究的学生了。

以上所说，学生们深以为然，老师"高论"啊！我笑之，也有点自以为是了！真是"高论"啊，真是"创新"啊！我的见解也真是"与众不同"，与好事者发明"中六壬"一说不差多少了啦！

十三、学好"术数"的几个必要资质

我研究六壬多年了，感到学好这门上乘术数，是要有点条件的，我总结以下几条：

一、要有一定的学历；

二、年纪最好在25岁之上，人生阅历要丰富些，最好有过做业务员的经历；

三、喜欢宗教或其他修行（不能少于3年左右的时间）的一段人生体验；

四、家中供奉神灵；

五、痴迷术数，但同时要有理性和批判精神；

六、尊重传统，对古人先贤要有点"迷信"；

七、重视理论研究；

八、要有自学的时间，且要以之为主，若有明师最好；

九、上辈人中最好也有修行或搞术数的老人。

上述九条是我总结出来的，大家对着自己可以看看当中符合几条。符合的愈多，将来的成就可能就会愈大；若符合的少，也不要灰心，自己去创造这些条件，也是可能会有机会学好的！

十四、学易智商说

现代中国人流行西方的理念，以为这样人会聪明点的！

所以，讲人的智力如何，就有了这个"智商"这个概念。现在，还有一个"情商"的名词，以为此与人的成功有着极大的关系。

我们可以套用这种起概念的逻辑，对于学易的人来说，你想学好易经或术数，请问你的"易商"指数高不高？

这个我所"发明"的"易商"名词或概念，就是用来断定一个人学易成功的可能性有多大。

那么，这个"易商"的指数高低，主要看哪些方面呢？我初步简单的总结了一下，供大家"戏说"！

一、易商的第一主要指标就是：你对易学有多迷？迷的越多，则得分越高；反之，则得分就低。

二、易商的第二主要指标就是：你的脑子活络不活络，你的脑子越是活络，则得分高；反之，就低。

三、易商的第三主要指标就是：你爱不爱看书，会不会钻点小问题，爱搞总结，若有这些，则此得分就高；反之，就低了。

四、易商的第四个主要指标就是：会不会用易来联系现实问题来侃大山，如会则得分高；若不会，就是不得分。

以上四点，是我个人一点小总结。当然，从更广的范围上看，凡是涉及到学易如何的相关因素都可以视为"易商"的指标数，这些内容今后有空再来说说！

十五、六壬与神算子

中国民间历来有神算子的传说，这种故事很多人听说过的。

现在，我本身就从事这一行当，就个人用六壬的体会来说，用壬算的很准很神是确有可能的。为什么这样说？因为我本身就是一个普通人，很平凡的一个人。就是学了点壬，用来给人家看点事，竟然有时也会神的不得了，人家视我就不是常人了。呵呵，神话就是这样产生的了。

以前，对六壬的看法有点学究气，现在不同了。六壬是不是神课，现在我的回答就回到了古人的老路上了：六壬的确是神课。课课皆神，无课不准，其占断之神验不可思议，这种体会越来越强烈了！

有好多个学壬的学生，最近一年下来，各自不知问了多少事来让我断课，竟然一年下来，几乎没有出过什么样要的大错。这种六壬占课高度的准确性，连我也不太肯相信自己，可事实就发生在我这一个常人身上呀！

信哉！神算子也是人做的，人只要学好易术，做个别人眼中的"神算子"是有可能的。今天我的水平是很自信了，不过如果再过个十年五载什么的，好好研究，这算法肯定会更上一层楼的。

所以，我常对学生们讲，我现在年纪不算大，我自己这未来十年，是我要大用功更上一层楼的时间了。十年之后，争取六壬占卜会达到更好更高的境地！

十六、立　向

我过去研究易经术数多年，一直在调整研究的术数科类。

直到 2001 年到北京之后，个人研究之方向与项目（人生自我之立向）也就基本定下了。

第一基本之研究原则：易道与术数之结合。

易道本质上就是大道，所谓的大道，就是世界观、人生观、历史观、价值观的培养与建立。按易的思想去在个人脑子中去建立相应的易家之世界观、人生观、历史观与价值观。

易道以儒家易、道家易为主干，旁及诸子百家，以全面丰富思想。

至于术数，则是易道之技术实践运用，以易道为术数之哲学原理，以术数为易道之哲学预测。一为源头，一为发用，从技术中去找寻思想，从原理中去挖掘技术之依据。

第二基本研究项目就是术数家之类别。

研究术数多年，涉及类别之广，基本古今流行之术数种种大概了解遍了，遂就心神定了下来，立了主轴。

人生百事吉凶纷呈，始研究之初用心于占术六壬之上；一生命运大势最重要，现立志于研究命术八字之上；生则居于家宅，死则一体于青山，后则总归于研究风水地理一术之上；上三者天命、人事、地理三才之道会于一元之中，一元所化，一心所摄。社会人事之交接，知人识人为第一要务，是以兼参于相学，又是自设一研究职事矣。

术数小道，因为有思想而成大道。人之伟大，因智慧而与天地并立于三才之中。

十七、日日新

一年国庆又到来，国庆完了盼元旦，元旦一过年来到，一年就这样过去了，不知不觉间，人生之老之将来矣！

学易者要天天研究，更要惜时如金，争取天天有新的发现、新的体会、新的心得，天天学习，天天进步，积少成多，终有大成。

《礼记·大学》云：苟日新，日日新，又日新。学易者当以此为铭句，日日不忘记，天天要问自己，今天有进步吗？无论是学壬、学命或学风水，更要天天研究学习，看书、思考、实践、总结，看看每天能长进多少？不能学了六壬或八字了，很多时间书也不看，用时想起六壬来，忙时六壬抛到脑后，这样做功课，如何能进步？对于学壬多年或学命多年的人，最怕的就是进入困步不前的状态当中去了，六壬啊、八字啊，不过就是这样的嘛，我是过来的人，这六壬、八字就这些花头，搞不出什么名堂来了？这种思想状态最是可怕，这完全可以导致一个学壬或学命的老手固步自封，这样，老手就很难有进步的机会了！

实质上，新手对于学习一门新术数都是充满激情的；老手们呢，一般是都过了激情期的，对一门术数能够保持长期的兴趣确是不易。但是，想提高个人的水平、对术数的理解，仅有热情与兴趣是不够的，更要有狂热与痴迷投入进去，这样全身心的投入，才能学出东西来。对于六壬、八字、风水是我最爱的三门经典术数，这么多年来我一直对它们痴心不改，天天在钻研，力求天天有进步，日日新！回顾2003年到2009年的6年中，自我感觉对六壬或八字、风水的研究有了很大的进步，这就是6年以来，我对自己作的总结。

国庆来临，顺手写来这篇随想，以此来鼓励自己：苟日新，日日新，又日新！

第二章　心法与修行

一、象思维

在中国传统术数研究中，象思维一直是术数进阶的基石，是象占的思维源泉。

无论是以"理气"文字研究的子平术、六爻术、梅花易数术、六壬术、奇门术，还是以目察的相术、风水术、测字术、占候术或望气术，都是要用象思维来研究进行象占的。

所谓的象思维，就是指立足于"象者、像也"此一基本概念来展开的，象思维的理论就是象理论。所以，我的象思维研究，主要是建立起一套系统的象理论框架来，用来全面应对所有的主流术数研究内的象运用，而不是仅仅局限于具体一门术数中。

象思维的主要观察对象，就是大千世界中事物表现出来的万象。对此万象的把握，首先要立足于人的认识能力之上。

按照人的认识能力，事物给人的感觉就是成象的基础。所以，象的基本分类主要就是这以下三种：一、形象：以眼观而来；二、声象：以耳听而来；三、理象（心）：就是对形象、声象的感知加工而成。

风水中的形势派、面相中的相格研究，都是要用形象思维来研究的。比如一个克妻的男人，其所居的阳宅中的夫宫与妻宫都必然有其形象上的特点。再如，一个出科甲的墓地，也必然会在其墓地的四周出现相应的形象。对于这些形象的观察，就是风水术一般的认知技术了。

像奇门术、六壬中的象思维，基本上不是形象思维，而是理象思维了。

比如，以前我用奇门为人断出国事，其本命就伏在坤宫，那其人会出国吗？这就是用心来思考这一局中的宫象所具有的理致了。当时，就断肯定出不了国。到现在，其人也没有出去。请注意，用心思考这一局中的宫象理致，就是用理象的过程。理象不是真正眼睛可以看到的形象，它是用心思考加工而成的理论形象，不是实象而是理象，就是建立在理念上个人所确认的心象。

象思维是个非常复杂的思维系统，对它的研究就是研究中国术数整体的核心思维。如果全面掌握象思维的主要规律与特点，对于任何研究具体术数的人进行成功的象占、象断、断象、审象都会有巨大的帮助。

二、一轮明月是我心

我们研究六壬或其他术数的人，最是重视智慧和悟性的开发，那么，如何提升这方面的素质呢？

据于天人合一的原理，人的任何现象可在"天"的层次内找到相应的现象来对应 的。人的智力或思维作为人身上的一种"象"，想来是也有与之对应的"自然现象"吧；哪会是什么呢？

从五行层次上来讲，火就是代表"神"的，"神"即是"精神"，指人的心灵、智力、思维。所以，一个人所禀的"先天之火"如何，就决定了其人后天的精神或智力状态如何。当然，这是从理论层面上来讲人智力与五行的关系了。

五行不是抽象的，它自有它的事实现象来对应 的。这"火"一行对应的就是"光明"了，所以可以这样讲，人的精神、智力、思维在天地间表现的象就是日、月、星组成的"三光"了。这"日"、"月""星"三光分别对应人的不同智力或思维状态：

"日"对应的就是常规思维、智力，它的特点是有热性的。

"月"对应主就是理性思维了，它的特点是理智、清醒、深刻、冷静有逻辑性。

"星"对应的就是灵感思维了，它的特点就是使人顿悟。佛祖为何睹明星有而悟道，就是在这里的原因了！

中秋之夜，明月皎皎，"天"之"智慧"洞照人间，人作为"小天"，自可以去感应"天"之"智慧"来提升个人的"智性"了，升华个人的智力去了！

中秋之夜，明月皎皎，吾心若太虚，神智自清明！

三、思想的力量

这个世界上，不是核武器最有力量。只有人的思想才是最有力量！也只有智者的思想才有可能真正推动社会的发展！

易学研究者要上层次，只有自己的见识、思想上了层次，才能真正为人指导！

思想本质上就是力量，一切的竞争的全是思想的竞争。只有思想上真正强大的人，才有可能成这个世界上真有力量的人！

人要提升自我，一条路就是个人的思想的提升！

四、术数研究需要的心智

在术数研究与实践当中，对一个人的智力水平是要考验的。所以讲，不是任何人想学术数就可以学的好。从事实上讲，学好者总是少数。

在术数研究之中，我所理解的必要心智，有如下四个层面的内容。

一、理论。学任何一门术数，最基本的理论是要过关的。但是，很多人学了很多年学不好，最主要就是理论关过不去。理论关之所以过不去，就是受歪理误导，正确的理念掌握不了，如此这般长年的学术水平就会一直徘徊在入门层次上。这就是很多人学四柱、学六壬、学相学、学风水常年累月提高不了的根本原因。一个人学一门具体术数，只有掌握基本的理论方向与正确的基本理念，才有可能讲水平提高的问题。否则，一切无从谈起。像很多人学四柱或六壬，学了好长时间，老是算不对，什么原因？肯定是在这四柱或六壬最基本的学理方面没有掌握正知识而已！

二、经验。学了术数，肯定会去运用实战，经验就是在实战中产生的。所谓的经验，实际上就是理论在实践中的个人体会了。理论本质上是前人的个体体会或认知，经验则是个人对人家的认知进行运用的再认识。所以，经验是理论的深化或升华，是个人体会与理论融合的产物，经验是富有个人特色的。跟老师去学习，一是去学正确的理论知识与方向；二是去了解掌握老师的经验与心得；后者是最为宝贵的。

三、直觉。在术数实战中，直觉是理论、经验联系实际问题时产生的第一感觉。这种直觉本质上是预测者全身所有易学细胞作出的本能性感觉或判断，是预测者灵魂深处的本能体会。这种直觉是有很强的个性特征，它直接从内心产生，是对预测事体的第一印象。直觉对否，取决于预测者本身的学理功力与思维方式、以及整体的易学修养。直觉的形成，也是要有一个修炼的过程。

四、想象力。在易学研究与操作中，想象力是一切术数判断的智力源头。只有有了天马行空的想象力，才有可能笼宇宙于一掌、一心之中。想象力是创造力的基础，有了想象力，人类的思想才可以无穷无尽。术数研究中，象占本质上就是想象力的活动。想象力可以联结万事万物，可以从理联结于物，可以无中生有，可以知未来于现在，可以了解先机于课命的若干文字中来；等等。想象力是术数占中的第一思想生产力。

以上所言，只是讲述心智在术数研究的大致四个层面，谨供大家参考。

五、含　蓄

做人做学问乃至做世间任何一件事，有两个字是要切记的，这就是：含蓄！

在术数研究之中，做深"含蓄"功夫，更是要紧万分的。

何谓"含蓄"？就是苦练内功，加深涵养，个人内心中有真知识、真见解，也就是让人精、气、神内敛，学问做到深藏不露，极富内在品质！

做学问最忌的是扬才露己，好说大话，一点点东西便自我渲染到十分，惟恐天下之人不知己，自以为是！这种做学问的习性，就是到了一定层次之后，必然寸步难行了！

一个人做学问的内在功夫，全是一点一点心得、体验长时间积累起来的，如此长期的积蓄，方有可能成为真正之才器！也只有这样子，个人之器局才有可能开阔出来！

学习六壬、四柱或相学、风水更贵有"含蓄"之美，这是此四门术数特别艰深，想要有点体会不易得来。就是有了些点滴"心得"，也要去与古人比较。因为你之所思所想，可能古人早已想过或早已说过了；你研究了半天的心得，人家早想到了，这不是瞎费心机嘛！就是在个人积累"心得"之中，还要不断的沉淀来提纯个人的认知"心得"，让个人的学问内在功夫越来越纯粹精淳，以至真正做人做学问，做到内有精蕴外有光彩！

所以，我在六壬或四柱等公开发表的一些东西，也仅是我的一些基本观点而已。就像我所发的一些壬例、命例，只是我大量实例中的一小部分而已。要写出大量实例真的很多，为什么不写不说呢？就是要让自我有"含蓄"之功！

术数易学难精，真正要做到极富见识与真知，就必须有一个不断锻造自我的过程！也就是蓄自家之才识的过程！也只有这样，学问才有真东西，才能真正站的住脚，而做"含蓄"之功夫就是个中好手段！

六、谈谈如何学易

术数爱好者们学习术数有二个途径：一个是自学，另外一个是找老师学习。

不同的人学习的方法不同，但是，自学与找老师学习却是主要方法了！

自学一般对于习者的要求较高，而且，用的时间肯定会很长，会走很多弯路。我学易也是主要是自学为主，到今天已有了18年的时间了！（注：1989年起开始学手相为我学易的起点。1990年购得《渊海子评》开始学四柱，1991年购得《六壬指南》开始学壬）如此长远的时间，用了无数的心力，学易才算出了点小小成绩。中间也屡次放弃又屡次重新拾起，真是学的举步维艰，一路上充满艰辛，实在不易！

自学要有大量的时间与精力，更要有善于思考的心；全身心地投入，方会有点进步。否则，有空看看；无空掷在一边。用兴趣或业余的时间来学易想学好易，恐怕不会那么容易有结果出来。

找老师是学易的一条捷径。当初我自学六壬的过程中，常想要是陈公献先生在世多好啊，我找他以他为师不就行了方便多了。可陈先生已作古了，这只是个人痴想而已。没法子的情况下，只好以《六壬指南》为师，昼夜参研，以期许学壬有所进步。

学易或学世间任何学术，找老师就是找过来人，可以直接了解个中的要点与窍门，可以节省很多时间与精力，直接了解一门学术的正确研究方向与要害，这就是找老师的价值所在。至于想如何学的好学的深，老师带进门，努力在个人。一个老师有不同学生，同样的教材，同样的讲述，但是学好、学不好各有人在，这就是个人不同天赋与后天努力作用不同的结果了！

找个什么样的老师也是最重要的。当然，这也取决于个人的师缘如何。但是，选择老师大约有些标准的：一个是首要找这个方面的专业老师，专业老师就是以这个吃饭的人，天天搞这些专业东西的人，尽量不要找那些本身就是爱好者（或以此为副业）的人去作老师。要知道，专业老师与业余老师之间的差距的确是巨大的！

第二个要看看这个老师的专业上的"言"与"行"。"言"就是老师在专业中的思想观点如何，有无个性特点、创意与深度。思想实质上就是见识，见识过人是一个专业老师才华的集中体现。其次，要看老师的"行"，

"行"就是老师的实践水平如何。只有"言""行"一致名副其实的人，才是真正的老师。那些在"言"上夸夸其谈的人，在"行"上无一过人之处的人，说明还不是老师级的水准，还不到有资格做老师的层面。

找到了老师，跟老师学也有几条路走的。最好的方法是跟在老师身边，呆个数年。古代学艺之人常会跟老师几年甚至上十年，就说明了学艺是要时间长度的。学易较之世间学艺更难，所以，跟在老师身边是最好的法子了。如果不能跟老师身边，那么集中时间听老师集体面授或个人单独面授也是办法之一。面授的好处是可以直接与老师面对面的交流，了解老师的学术体系的特点与思想；面授的劣处就是时间短有限，可能会学不透或跟不上老师的进度，这就要以后回去慢慢个人补习了。

除了面授之外，还有一条路，那就是函授了。函授的好处是找到了正确的老师了，在老师的远程辅导下进行自学，这种自学有了方向感了，肯下功夫者都会学点成绩出来的。当然，函授肯定没有面授或跟在老师身边的效果好了。

所以，总结一下学易的路子：

自学（有盲目性且很大）→函授（有了老师后的自学）→面授→跟在老师身边。

这是一条渐进式的学习道路，如何学易，学到多少水平，全是在这条道路上下的功夫如何了！

七、副　课

学术数的易友很多，很多人愿意将全部精力放在一门术数之上，这似乎是一种精进的态度与研究方式。

事实上，中国没有那一门术数学好了就可以包打天下的。各门术数都有其作为工具的长处或短处，都有其局限性。我们学了一门术数就是要用其长避其短，将工具用到其最适合的问题研究之上。换言之，仅学一门术数是远远不够的，以为学了一门东西就可以包打一切是不现实的。所以，学术数者多学几门术数是完全必要的，多学了几门，工具的选择性也就多了，思想也不再局限于一门之中，这样眼界与格局才有可能变大。最忌的是，所学术数局于一门之中，所学一门术数又局于一人一法之中，这种研究法式不外是坐井观天，胸怀自然难于拓大。

我一直提倡对传统主流术数的继承：四柱研究天命、六壬测人事、相家来识人、风水研究地理，天地人三才全部包括其中，各有各针对性的优选工具。这四门主流术数，可以视为研易研术数者的四门主课。

有了主课，自然有副课之说。所谓副课，就是指在个人兴趣之外、主要精力研究对象之外再去寻找的术数门类作为研究思想的开拓点。像我本人在此主课之外，现在还有兴趣去对奇门遁甲与紫微斗数作为我研究术数的副课，从而去拓展研究思想。为什么选择奇门与紫斗这两门术数作为主课之外的副课，主要是奇门从原理上与六壬体系有亲缘性，紫斗与四柱体系也有相近性。换言之，研究奇门副课是为了服务研究六壬主课的，研究紫斗也是为了四柱参命提供一些新思路。

所以，每个研究者在研究自己的术数的主课之时，选择一些与自己认可的主课相类或相近的术数种类来作为副课去作研究，肯定会对主课的研究产生正面的作用。

艺多不压身，只有研究的东西多了，才有可能本事进步。学术数的过程，本质上就是提升个人思想的过程。只有学的多，见识才会大；只有学的精，见识才会高。学数不囿于一门一法，坚决不作小家子；只有博学勤学苦学，学问才会做大，思想才会提高，灵魂才会升华。术数研究的主课、副课说，就是要去走成为术数大家的道路。

八、学壬与做人

人与人相处，要想法子结善缘。善缘有了，这关系也就广了，这路子多了就好办事。

学六壬就是要明白人事的道理，人的命运吉凶固定于先天，但其表现还是要通过人事关系来体现出来的。学好六壬的一个标志，就是活明白为人处世的道理来。善于处世与各方面的人沟通，建立和谐的人际关系网，这样做事成功的可能性就会大大增加了！

换言之，做人要厚道，要有长远眼光。无论高贵者还是卑微者，都要搞好关系。不作风波于世上，与人为善，什么事都要有后路，与人方便就是日后与己方便。讲来讲去，就是任何人想在这个社会上做点事，就要与各种人都要打交道，要建立起好的人脉，才有可能会成功。

这个社会很复杂的，见了太多的人，方知处世的不易与生活的艰辛。

学六壬学术数，不是去真做术士。也就是要去做一个常人，让自己的家人以及一切有你有缘的人在你这儿有所得益，人活着，首先就是要为别人活的。

九、德易双馨

在易学研究当中，对于品德问题的认识与看法，一直是研易者们比较着重的问题。

一般之流行观点是：人性、品德在具体术数分科中都有涉及或反映，而且这种品德类的表象都会对术数占断的吉凶结果有着重要的影响。比如四柱中有天德、月德，壬学中有日德、支德之类，一般学命者、学壬者普遍以为这些德神是极其重要的，对命课的吉凶有时会起到决定性的作用。

另外，流行更广泛的观点是：学易者必须有注重本身品德或德性的修养，只有有了很高的德性，个人习易的水平才会有进步，才有可能高上去。因此，很多易学大师都宣扬品德的重要性，将个人的道德修养与个人学易的水平挂起钩来，德高艺方高，德低艺必劣。

下面，重点谈谈我对学易者品德修养的看法。

品德问题首先是个人修养的反映，也是人性的反映。术数作为研究人事的学术，研究对象自然第一是人，其次才有人之事。品德作为人的一个基本特性，自然也会在术数当中涉及或体现。所以，像四柱或六壬当中出现天德、月德、干德、支德之类的名词，其实质上就是对人的一个基本特性的描述性表达。但是，我的经验证明，在实际测算中，这些概念与名词对于占断事物的吉凶结果并没有必然的直接的因果性的关系。换言之，命学或壬学中的德神，它们不是命学或壬学的根本，它只是壬学、命学作为学术本身所表现的一种对人性的认知而已，它只是体现了壬学、命学的一种价值观取向，启示研究者应该所要知道的人性特征之一。

对于品德修养与个人学易技艺高下的关系问题，大师们或学者们一般较喜欢将此两者联系起来，而且作出它们两者有着因果性关系的表达。事实上，品德之修养与个人学易技艺的高下并无必然之因果关系；那种以为德高艺方可更高的想法，只能是一厢情愿的天真的美好之愿望而已。这是因为品德只是个人修养问题，学易则完全是个技术问题，两者范畴不同，完全是不搭界的事。

从现实角度来看，品德只是个人行为指征，品德是可以让人趋吉避凶。但是，品德并不能完全决定吉凶之结果。因为，品德是个人的单向行为，而人事的吉凶的则是个人与外界众多事物发生关系所决定的。细言之，品德只能是个人一方的作为，它是可以让个人有趋吉避凶的趋势，但它的作用程度还受着外在事物的影响与制约的。所以讲，个人着重品德的修养的最大作用，就是在人与外在的互动中，己方所作的最大的正面的主动性功用，也是发挥人的正面主观性，其他的只能听命于外在了。

真是品德与易技（其他技艺也一样）两者之间并无必然之关系，所以历来有无德之人却有惊人之技，也有善德之人却是平庸之辈，当然也有德艺双馨之高人。最后，自然还有无德无术之俗人。当今学易者多多，所有人出不了此四者之外，而你是属于哪一类人呢？

有的读者到此就会发问，那么学易者真的不用讲道德修养了？德与技艺无关，那我去修什么、积什么德性啊！这种想法真的是大错特错了，学易者实际上比常人更要注重于修德，若我想作个普通人是可以不太注意修德，学易者则万万不能。那么，个中原因是什么呢？

我的观点是，学易者强调品德修养，不是去为了提高易技而去的。事实上，易技的提高也是不可能会通过道德修养的提高而会长进的。易技只与个人天赋、努力、老师、阅历、实践有关，易技的长进只能是这些相关因素起了好作用！

学易者之所以要强调品德修养，主要的地方就是学易者在实践过程中的需要。为什么这样说呢？这是因为学易者在实践中，往往会在世人眼里被认为是"高人"，"高人"是可以知晓人生命运与天机的，所以，高人的言语就会成为给世人指点迷津了。一般人来求测，都是碰到了问题，而问题一般又是很重要的。这个时候，学易者的一言一行就会对求测者产生巨大的影响了。换言之，这个时候学易者所说所讲，就会对求测者的选择与未来人生命运产生重要甚至是决定性之影响了。也只有到了这个时候，学易者的品德修养的作用就会体现出来了。一个善德的学易者，一般都会从正面去指导当事者的未来选择的。反过来，一个不讲德性的学易者，则不会从正面角度去指导人家的，反而会对当事者的一些不良行为与选择会加于肯定的。像现实当中就有这样的小例子，就是好多学易者碰到老友来问，什么时间去赌钱好啊、什么时间去搞六合彩啊、什么时间去跑官啊？诸如此类的的不正之事，学易者若不注重德性，往往会是作"指导"的。实际上，这种就是用歪了学易的本真理念了！

正是学易者有着强大的影响他人的能力，所以，德性对学易者重要万分。这是因为你的品德会让你在给人指导时会出什么主意与意见的，而你的言行就会影响他人的重要选择从而有可能影响到他人的一生命运之上。

所以，我所强调的学易者加强品德修养，也就是要有一个基本的价值观、是非观，用这些观念去指导人帮助人，为社会起到一些正面的作用。

特别是水平已很高的研易者，他们影响别人的能力更强。更要特别注意品德的修养的提高，一定要去注意去强调以德驭易、以德驭术、以德对人；这才是真正的对自己负责、对人家负责、对社会负责的真易者了！

只有真正德易双馨的研易者，才是这个国家、这个时代真正的易家风采！

十、学易中的福慧双修

学佛的人好讲福慧双修，意思是一个学佛人，一要修行福分、福报；二者要提升个人智慧、转识成智，也就是要将个人的凡夫俗子的普通见识转化、进化为智者的眼界与思想。今天，我来略谈谈学易中的福慧双修。这是因为，学易中也同样存在着福报与慧力的问题，其与学佛修行中的福慧双修有着异曲同功之妙。

一个学易者所谓的学好，有两个大概的标准：一是理论的圆融，二是实践中的理想效果，也就是为人占测有很高的准确程度（此一程度包括对过去、现状及未来的预测性）。

我们会在现实中发现，有些人的文化不高，学的东西也不多，但可以在某一地方成为算命或预测行当中的"大仙"或"名人"，名震一方。这当中是会有什么原因呢？据我的了解与研究，这些"大仙"的出名，的确与他们的福报有着直接的关系。为什么这样说？就是讲，这些闻名一方的"大仙"在给人整事时，无论他们用的理论如何肤浅与不正，他们得出的结论往往真的会成为预言的事实，也就是他们的确可以算的"很准"。而"准"就是最有力的证明，最能在一方树立起他们"神仙"一样的权威。这里的实质也就是说，这些素质不是很高的地方"大仙"、"半仙"们，在关健时刻为人预测可以用"歪打正着"来算对事说对未来，什么原因？这就是其人的福报在作用。也就是讲，老天就是要让此人在此事上或此一地方上大大地"出头""露脸"。也就是说，天佑其人，不让其人"胡说"说破"吹牛"吹破，而偏要让其如何说，就偏要如何应。这不是天帮忙，还有什么其他原因呢？没有了。而这里的天帮忙，归根到底就是其本人的福分、福气与福报，其人有其福，自然可以吃这口饭了。

第二章 心法与修行

我有数个学生,的确文化不高,但就是走运。给人算命、看风水、择吉的事真的有点神乎其神,但让他们讲点道理,真的是胡说的多,有理(以经典书的理为标准对比)的少。他们的说辞,可以有一点点的四柱理、风水理、奇门理、择日理,这些理往往是最简单不过的(像样一点学易人都知道的),但他们就是用这些理去给人看事、选日子、看风水就可以收到奇效,为什么呢?这就是其人走运,有这方面的福报。老天或者说命运就是要赏他们吃这个饭,所以,会让他们来"露脸""出头"了。

学易中当然最重要的还是智慧的获得,只有有了真正的见识,才能保证在术数活动中保持预测力。如果真的只有一点点的学识功力,想要真的成为大器也是不可能的。这就是地方上的"大仙"们在一方可以闻名,但一到外地或高层次的人去测算,就会不灵的原因了。这也就是地方上传的神乎其神的"大仙"们根本不能成为真正"高人"的原因所在了。(电视台记者去暗访、曝光的往往就是是这帮人)所以,在中国地方或民间中,真正学究天人、洞察天机、看透世事的"世外高人"是基本上没有的。所以,学易的人想出头,并不是那样容易的。一个人想出头、出名,自然有其命运的安排。没有福报,基本上不可能吃上这口饭;如果一开始为人测就不灵不准,这就坏了,一开头给人感觉不行,这从业的可能性就不太了。我看易界出名吃这口饭的好多地方上的易友,就是在学易之初无意中,给人算对算准了若干关键大事,由此一炮走红,一传十,十传百,自然找的人多了,自然也就吃这上饭碗了,这就是福报问题。

有了福报才可以出头,出头之后如何想做大做强,这就是学术功力问题了。

所以,学易者想要有点成绩,第一是要积累福分,第二是要提高专业水准。只有这两条路并行,才有可能成为学易中的成功者。要知道的是,学易这一条路,较之世间的任何学问,这是淘汰率最高的一门学术,很多人长年累月的结果就是没有长进、半途而废了。

事实上,学易学佛要福慧双修、双行,做人做任何事都要注重福慧双修、双行。要知:福报还在天命中,天命还要人去积;积德多了福报来,由此天命让出头。

十一、顺天之化

在社会各个行业当中，自有各种上下高低之层次之区别，研究术数者这一行当自然也是这样的。一个人要想成为一个行业中的专家或大家，除了专业知识极其精通之外，其他的成长因素，比如见识、胸襟与相关社会实践都是极其重要的！

研究术数这一行，一切理论的研究都是要与实践相关而来验证的。所以，一个人的实践与相应的视野就显得十分重要了！我有一个学生，跟我学了六壬之后又学四柱，自是实践水平大增，在当地同行业中公认为最厉害的了。他在当地名气也大增，从前算个命只收费20或30元，自我这里回去之后，算个命要收200元了。算命价涨了，不但人不少反而顾客多了起来，为什么？就是人家来找你算，只要你算的准，这些费用还是可以接受的。自是如此，他的经济情况也好了许多了！

照理说，他的水平也就可以了，可他还是有个强烈的心愿，想到北京来呆我身边跟我一些时间。我问过他，为什么呢？他就说，这就是算命学了术数，为人服务搞些收入只是基本要求而已，更想的是提高个人的术数水平，拓展个人的眼界。他讲，在地方上，算来算去都是些普通人的命，最大的长官不过是市长而已，至于商人有钱人大富命的人更不多，大富大贵的四柱就很少有机会接触到，这样子就严重限制了他的研究眼界，不能更全面地体会到书本上所说的各种命运格局、富贵贫贱等种种丰富多采的人生故事了。

对于他的想法，我基本认同；为什么？我也有同样的体会。以前呆在老家，接触不了几个人，眼界很窄。就是到了北京之后，接触大量人士，视野大开，胸襟也就有了，自感个人气质也有了很大之改变。一脱江浙、上海一带人天生固有的小家子气，心情开朗了好多好多，彻底扭转了个人的格局。同时，在术数研究上，因为接触了大量不同层次的人或事，对书本上的理论知识之认识与运用有了更多更本质的理解：什么叫富可敌国、什么叫位极人臣、什么叫一文不名、什么叫危如累卵等人生命运故事真正的了解到了。如此多的人与故事，如何运用术数这一方法到位地来反映、描述社会现实与人生命运有了彻底的认知体会了！

当然，我也对他说，个人想增长视野很好，但宿命地讲，你作为一个术数研究者，你能认识到什么人、接触到什么社会层次都与你本身的命格层次是有关的。你本身格局不高，就只能混迹于民间与社会下层；反过来，你自身命格高贵，自然而然有很多机会接触到上层阶层。我的一些术数友人，就我了解，他们的命本身就不错。所以，他们的朋友圈子大多是当今政界、商界、军界中的头面人物了。

正是对友人们周旋于社会上层人物这一现象的观察之后，我就发现了一个术数工作者有机会混在富贵场中的命理秘密，这就是他本身的命中是一定要有强有力之天乙贵人的。

像我本身命格不高，今天在命运之神的主导下来到北京发展，已是很满足了。所以我常开玩笑说：本人胸无大志，只管老婆孩子；很多学生或友人听后大笑，以为不然。事实上，我对自己的人生要求很低，不求富贵功名，只求生活太平。据于此，我对他讲了，开不开眼界，一切要随缘，听命于天好了，何必要苦求呢？学生听后，也就释然了！

一个学易人做到乐天知命，不妄想、不妄动，任运自如、顺天之化才是所要守循的本分！

十二、如何为人进行数理指导与调整

在术数实践中，为人为事作一定的调整或运筹是大有必要的。为什么如此说呢？这是因为用了术数给人作了预测之后，人家信任你之后，就是要想听听你的指导：指点迷津了。

为人指点迷津主要有如下常用方法：

一、根据具体数理给当事者定出各种人（以生肖、姓氏、体态来定）对其的命运因果关系。当知，谋事在人，成事与败事也皆在人，天命也是通过人事才能表现出来的。所以，重人事是君子用易之第一选择！比如去年我给一女士看课，她是卯命人，说已借钱给一属龙（辰）者160万元，能不能要回的？我说，完了，此人是个骗子，今年就会进去（班房）的。她讲：我借钱给此人，就是请了国内搞八卦象数的大师看的。大师起了卦说，此人对她有帮助的，借钱给他肯定没问题。听了大师的话，就把钱借了这个人。可事情的发展没出我的所料，她天天去找人，人找不到。就是找到了，此人一口好话，说是要还，可事实上就是个不还。没过多久，此人就真的让公安部门抓了进去，说其人是个经济诈骗犯。所以，从这个事可以看出，择人不当就是个人坏运的开始。

二、根据数理定出作事之宜忌空间或方所。这里的数理主要是应用四柱或六壬系统来定出空间与方位的好坏，这是因为六壬或四柱在空间选择上有极高可信之准确性。当然，如何选择六壬或四柱中的具体数理为人指导则是个人的技术水平了。

三、行业的分类与归属。比如我前几天我为某先生看命，此命中就是只忌乙卯旺木，其他皆不忌，我告之。果是如此，去年、前年与国家某部打交道想弄点生意，不料本下去了，所想与结果相差十万八千里，赔了上百万。试想想，这国家某部不就是木之行当之正象嘛？

四、人生价值观的调整。一些人的事情不好，跟个人的心理行为与人生价值观是大有关系的，比如婚姻问题就是个中最典型的一个。好多大龄男女青年结不了婚，我发现全是个人异性观、性爱观出了问题，这种问题就要从心理、价值观等角度去调整人的心态了。所以，一个易学工作者他本人的价值观是很重要的，他的思想、意识与价值观的确是可以影响一个人的一辈子。所以，学易人有德性是真的很重要，有了德性不是去为了提高技术水平，而是你的言行会给求你的人有着直接的作用。

五、数理专业上的调整。这当中我常用的是三块：一个是风水上的调整；二是四柱命理上的调整；三是六壬数理上的指导调整。

六、宗教、风俗、神话故事、历史信息意象等多种手段综合调整，这些调整一般与数理调整要结合起来的。比如，去年我的一个学生他的妻子已是34岁，带环多年了，还想生个闺女，求助于我。我起了个课，看到胎神刚好是空亡，且胎神还是太阳在天盘上。遂告诉他一个法子：后翌射日，选了时间与具体方式让他行事。结果，其妻取下环一个月就怀上了孩子，这就是调整的一个小故事。呵呵，像这样的例子还有很多，这里只能点到为止了！

当然，还有些调整与运筹法子，今后有机会再说！

十三、超　越

学了术数之后，第一个问题当然是为人预测准确。

当然，准确是要包括三个方面的：过去事、现在事与未来事。过去事、现在事算对，其作用是可以当下取信于人。而对未来事预测的兑现，才是真见功力者。现在的很多术者，对于现在事或过去事可以算的很对，但对于未来事则算对的不多的现象也是较为普遍的。所以，一个真有占卜水平者，算对过去与现在只是一般功夫，只有"预言成真"才是功夫到家。

以上，只是术数预测之展现过程。但是，现实中如何为人解决问题才是他人求助、求占的主要目标。所以，预测之后如何为人解决问题，才是真正对预测术数（操术者）本身的考验。所以，为人解决问题，才是操术者的本职工作。当然，解决问题的法子则是多种多样的，而不仅仅限于操术者本身所有的术数能力。换言之，操术者为人决疑解难，所用的方法不能仅局限术数工具本身之内，更多的要会运用非术数外的信息、路子、法则与思想。

前不久我大同学生来电，为一孩子占病。

课中一看风水的原因：就是家宅东北有道路风口，导致此小孩子气喘、憋气。但从课理上断身体必是心脏出了问题。

学生讲，孩子在本地已作过检查了，讲心脏没有问题啊。

我说，不可能的，必是心脏有病，而且问题很是严重的。

学生问：那应该如何办啊？像这种预测到这种情况下，不再是术数本身的问题了。据我在北京的了解，我就说，那你让孩子到北京来查吧，全国最好的给小孩子看病的医院是北京儿童医院。到了北京来查，肯定可以查出来的。这里我的回答也就是解决问题的一步，不是用的术数工具，而是由我所知道的信息提供给当事者，让他们转向正确的路去走。

结果是，第二天，孩子就从山西大同到了北京儿童医院作身体检查。正常用 B 超没查出来心脏有什么问题，后来在化验中好不容易查出来了。其结果就是心脏有病，是部分心肌过于浅薄；没法治，只有养着。孩子父母愁死了，因为孩子这病 2、3 个月就会发作一次，很是严重。所以，学生又找我，让我想法子来解决。当然，我会想方设法让这个孩子的病自己养好的。因为类似的案例，我已经历过了，有一定的经验、方法与体会了。

由上述故事可知，从一般之占卜到为人决疑解难，这就是超越。超越预测本身进入决疑解难才是操术者的主要工作，这也是操术者有利于社会的贡献所在处。当然，这也是我近年来一直进行术数研究、实践的主要内容。

十四、保守投资哲学

在易学研究与术数实践中，为人咨询决策投资是一项非常重要的实践活动。所以，一个易学工作者本身所具备的易学思想、术数知识与投资理论对于帮助投资者进行风险投资有着很大的关系。

大量的实践与经验表明，用易学思维与术数知识为商家进行投资咨询与风险决策还是有着较大的可行性。这种易学术数投资理论是区别于一般投资理论的宏观预测行为，它的实践行为主要全是体现在易学思维与思想之中。

一般而言，易学术数投资理论有如下几个基本原则。

一、易是忧患之书。易家对所有的事物变化与发展总是有着强烈的忧患意识，所以，对于投资等涉及人生命运产生重大影响的活动一般总是抱着谨慎的态度。因此，作为投资活动而言，基本的哲学总理念就是"保守"投资。（哲学的主要特点就是理性与智慧）这是所有投资行为所要坚守的第一项根本原则。正是有了"保守投资哲学"这个总前提，所以，我们必然会反对激进投资、激情投资主义的泛滥。保守投资哲学并非反对任何一切投资行为，对于好项目上还是会持积级态度的。保守投资哲学的主线条就是谨慎与保守投资，以积级投资为辅助。

二、投资哲学的第二项就是对于行业的选择。成功的事业来源于正确的行业选择，这个世界上不是所有的人可以从事任何行业而可以获得成功。每个行业中总有成功者与失败者，成功者就是选择了正确的行业，失败者所有的失败原因归根结底就是入错了行。人是有命运的，所谓的命运，就是一个人生到这个世界上，总是受命而来，总是要做点事的，了解本身的先天受命去做事，自然可以成功在望。保守投资哲学对于个体或商家的投资行为首先就是要去确定其本身的先天受命、使命，从而让其在先天五行的推动下去进行正确的"入行"选择与活动，顺命而行。行业的选择是保守投资哲学的基本方向问题。

三、行业选择的地点与介入的时机。进行投资活动介入的时机与地点关乎成败的根本，易家的时空观对时机与地点有着深刻的认识，这是保守投资哲学在术数研究层面上的技术问题。

四、筹划行为。保守投资哲学认为，这个世界的所有未来，本质上主要是人谋而来。谋事在人，成事在天，强调了客观形势的作用。要特别清醒的看到，片面强调成事在天是宿命主义的借口。易家精神是生生不息，强调人的主观能动性。所以，在这个世界上，谋事在人；实际上，成事也在人，败事也在人。投资行为的人事布局是保守投资哲学中的"人谋"，如何选人、用人是做事的关键点。投资行为活动中，人是用来"谋事的"，人是第一位的。

保守投资哲学是传统易学思想、术数知识在商业活动中的风险实践，它为商家提供了一种独立于一般商业投资理念外的思考，将商业投资行为提升到人生命运的高度来进行研究实践。它的最终目的，就是为投资行为的成功提供保障，为人生命运的发展保驾护航。

十五、易家法眼看道家修炼的一些基本问题

在我早期的道家丹法练习中，对于道家的一些历代经典流行理论与当时社会上的一些功法都作过一定的研究。现在，经过多年的易学研究与训练，对于道家修炼中的一些基本问题看的很是清楚了，知道了其中的真假是非了。下面就试谈一下关系相关道家修炼中的基本问题。

一、道家修炼中的"三个丹田"的确定原则。道家中的三丹田就是上、中、下三丹田，下丹田就是脐下三寸处的大致范围。那么，古人为什么要定这个地方为下丹田呢？我的理解是：一者其实质的确是处于脐带处，而脐带是个人先天与母体相联处，是人生命之本；二者：对于一个人来说，脐下三寸处可以视作为正好处于人体自然体形的几何中心处（也就是中心位）。中位对于易学来说，就是中宫，中宫也就是太极位、太极点。正是脐下三寸处这个位置处于人体的上下中心位这一特点，也就使其具备了人体太极点的功用性。我们知道，太极生万物，万物之根总归在太极。所以，人身人体的总根源也就在这个太极点上了。所以然，古人谓下丹田就是"气海"。太极者，也就是气之总汇、气之大海了。修炼时守着这个丹田，也就是人体找到了归根复命点，找到了个体生命的原点。正是由于下丹田的太极位的特性，在整个道家修炼过程中，这也是一个修炼的起点，也是一个修炼的终点。对于中丹田位置的确定，也是同样的道理，中丹田位于胸部的膻中穴处。这个位的定立，一个是位于人体心脏处，另一个主要大原因它就是处于人体除去四肢之外的躯体的中心位上，事实上，它也是一个太极点的位置上。上丹田则更是同理，上丹田处于头部百会穴的下五寸处，其位本质上也就是头部的太极点处。

二、关于道家修炼中的意念问题。实质上，这是一个关于"心神"的问题。在易经中，古人就讲过：心为气之主。也就是说，一身之气的主宰就在于人的心神活动当中。心灵意念的动作就是气的运行与变化，只有心定了，

气才会住脚。所以，如果将心灵意念着守于丹田，则一身之气自然才会归伏于丹田之中了。

三、关于道家修炼的基本过程：炼精化气、炼气化神、炼神化虚、炼虚合道的基本看法。道家修炼的这个基本过程与层次分别的确定，也是根据易学中宇宙演化的基本原理来确立的。易学中认为我们生活的世界是这样演化、演进过来的：太虚化神、神著化气、气著化形。精者，形之精华。有了形气，形气交感，万物生矣，世界就生成了。所以，道家修炼本质上就是对一个宇宙演进模式下产生的人身小天地（同模式演化规律）上进行逆行动的过程。换言之，只有有了确定的宇宙天人演化、演进理论模式，才有可能产生道家逆宇宙演进形式的修炼理论。但是，令人可怕是：如果这一套宇宙演化、演进理论原是根本上站不着脚，那么，所有的道家修炼理论不就成了空中虚花般的妄想与扯谈了嘛？

四、关于道家修炼中的时间问题。一般道家人士好言，以为子时是修炼的最好时辰。这是因为一阳初生，正是采药烹炼的好时机。事实上，若按易理上看，这是不确切的歪理。按易理上看，子时一阳初生，还是处于阴盛阳衰的状态。这个时间修炼，还在阴气的主要掌控之中，阳气力量太小。所以，在这个时间修炼，出偏差的可能性是最大的。很多人有半夜里起来打坐炼功，结果大多是在头昏沉沉（阴气的作用）的状态中进行静坐，其结果可想而知了。所以，正确的修炼时间应该是在寅时或卯时。寅卯时已是三阳或四阳时了，阳气兴盛，人身活力（生气，也就是阳气旺相的表现）处于最好的状态，这个时候进行修炼应该才是采药烹炼最好的时间点。

五、关于修炼环境的选择上。从易学角度上看，道家修炼都是在一些山明水秀的地方，这些地方充满着生机与活力，也就是生气、阳气旺盛的地方。过去有个叫严新的大师，自称半夜里起来到坟地里去修炼的，可以吸收能量。外行人一看，以为真是有大功夫。可是按易家法眼看，严的作法的确完全可以证明其是标准的邪道；为什么啊？这是因为按易家来看，正神、正佛、仙道这些正道全是阳气的表现，而只有那些邪道、鬼啊、魔啊就是阴气的作用。严半夜到坟地去，不就是去与邪道、鬼啊、魔啊同气相应吗？据此一点，就足于说明严的外道、邪道本性了。按此原理看以前气功热中自发功现象，不正是群魔乱舞的丑象吗？所以，国家1999年打击一些伪气功，的确是合乎天理的。若是正道的修炼，绝对不会出现国家政权会进行打击的事情。一个合乎正道、易理的修炼者，也必然会表现出有利于世道人心、社会和平的社会活动与修炼行为。

以上所谈五点，则是我对道家修炼的一些个人看法。但是可以坚信的是，大易的确就是指导道家修炼的一根中心线，就是易给道家提供了修炼成"仙"的可能性理论，易是道家修行理论中的哲学制高点，对于任何道家修炼理念、方法、现象都是可以用易来作出判定或鉴别的。更重要的是，易可以提供给我们法眼，去看清道家修炼中的种种歪门邪道。

十六、略谈知识分子学佛的通病

佛学自在中国传播之后，大量的古今知识分子去学佛，然后真正成为佛家大德者还是极为少见。佛学的发扬光大还是真正的佛门弟子们（专业出家修行人）的功劳居多，个中现象与原因在什么地方呢？我想过这个问题，其中主要原因就是知识分子的本身常见通病、公病是会阻碍其人真学佛前进的脚步的。

一、知识分子的最大特点就是比一般人好读书，知识或见解较多。因此，第一个通病就是知行不一。学佛的理论知识一套套，可在生活中还是原来的我，与世俗人的行为、生存状态没两样；说的是一回事，做的又是一回事，本质上比俗人还俗，涉及到利益时比常人还贪心，这种伪学佛者实在是太多了。当今网络的学佛者太多如是，还有一些所谓的名校的佛学博士、硕士们，全与一般年轻人无异，可自我感觉好得很！

二、知识分子学佛的第二个常见通病，就是以为学佛就可以"贡高"、"自大"、"我慢"，认为学佛这一项事业很有神圣性，世间万民皆俗人，皆是苦海中人，全要我等觉悟之人去救度，人为地自以为是拔高的佛学的地位。可不知道，中国是有佛教此一宗教，外国没有佛学的国家也有文明古国，当今也有比中国发展的更先进的国家。所以，当知佛学不是一个任何文明产生发展所必需的学识。没有佛学，人类文明还是会产生的！人类文明多姿多彩，佛学只是众多人类文明的一种而已。因此，学佛人有什么资格来高高居于众多文明之上呢？就是所谓有的资格，也是宗教本身为了推广自己的市场而作的渲染而已。所以，学佛没有多少神圣性，它只是众生众多生活方式的一种选择或者一种形态而已。它的这种以"修行"为名称的生活形式，与俗人们的普通生活形态相比较，它只能是永远是少数和另类，它不可能成为人类生活的主要形式。同时，佛学当中所宣扬的"末世说"，我看永远不会到来的。所有宗教都有这样相类的说法，世人们对此的看法都是一般很平和的，无所谓的呀！可宗教徒们不是这样的，以为此事严重的不得了！事实上，所谓的宗教末世说，只能是人类的末世说，才真正会对头一点。人类灭亡之日，才是宗教末世说成立之时。所以如果有学佛者说现在社会一些现象就是种种末世之象，基本可以视为全是胡说一通了！

三、当代中国学佛人中还有某些学易人，他们的通病就是以为只有佛学才是大道，才是解脱之道，才是根本之道。他们鄙视学易者或者易学，讲易学是小道，学佛者还去学易只能说明红尘未了。这种观点对一般学易者们来说没什么关系！只是对信佛了还去研易的大多数人是一种心结或心病啊。我学佛了，这是大道啊，我怎么还这样要去学易呢？自己的层次看来还是很低啊，有业力业障啊！在心理上形成了一种自己解不开的矛盾心病。事实上，这是真正的庸人自扰了，易学从来不是小道，易学才是真正的大道。中国人可以没有佛教，可就是不能没有易学；没有了易学，就没有了中华民族与中华文明！中华文明的开创源头就可以说是易学、易经文化，中华民族的主要理念就是以易学为基石的。说句实话，没有易学就不可能有今天的中国，今天的中国就没有文明与文化的根源。众所周知，佛学是南北朝才由外来传入，正是中华文明与文化（实质上可以总结为易学）接纳了佛学包容了佛学，才使佛学在中国站住了脚。所以，佛学与传统易学为代表为中干的中华民族传统文化相比，只有易学才是真正的大道，才是真正的中国源头文化。

佛学只是外来一支流，融入了易学开创的中华文化之中了！现在学佛者们本末倒置，反以为学佛才是大道，其根本心理就是自大心理，这种才是最可悲的事情！知识分子学佛还会去写书，宣扬佛学是一切学问之最高者，就是这种心理病的表现之一！

四、知识分子学佛的还有一个常见通病，就是在本身的修行生活中是最不易守规则的人。这就是在修行中，只重佛理的领悟，不重视佛教的宗教形式。或者说，知识分子学佛只去重视佛家思想与哲理，不重视佛教的宗教生活。具体表现就是见佛了竟然会以为不用磕头礼拜，认为那是形式主义，不是学佛的本质。这次我在广州，与学生聊起佛学。有个学生说，他知道一个专研金刚经的老师，写了数本专著，在国内外佛学界有一定名气的。他现在竟然要宣扬要大家去取消烧香、磕头礼拜，以为那是迷信。想想看，这就是当代知识分子学佛者的最典型代表了，他是学的那门子佛啊？要知道的是，烧香、磕头礼拜固然是一种形式，可形式不是空洞无物的，形式是表达内容的。佛教中的宗教形式就是佛学思想的体现，只有真正去实践佛教的宗教修行之形式，才是真正的学佛者了！我们世俗之人，见了父母都要恭敬礼让，古礼中还要对父母大人下跪。按佛家讲，佛是世间无上尊，古代皇帝见了佛都要下跪，那佛是何等的高贵地位啊！一个小小的还是所谓的学佛的知识分子，你见了佛，你有什么资格和理由在佛面前不下跪呢？所以，要学佛，就要真按着佛之所教去做，才算有点像样！

以上四点，是我站在宗教学、人类学的角度去看学佛人的通病的，并不代表我是反对佛学、佛教的，因为我本身也是信仰佛学、佛教的，我只是想指出一些知识分子学佛之通病，也以此来自戒！

第三章　壬学大旨

一、天理至上

在术数研究的过程中，我们常常用到一个"理"字，认为易经或术数的应用就是"理"的认识与发挥。

学卦的人断卦用的是为"卦理"，学壬的人断事用的是"课理"，学四柱用的是"命理"，学看相的人用的是"相理"；诸如此类，皆是"理"之引用在各科具体术数中的表现。

这些"理趣"之分别各有具体之论，但无论如何都出不了一个"理"字主宰。

就术数而言，其原理皆是立足于天人合一。天人互为表里，相为流通，天之理合乎人之事，人之事就是天理之流行。天理之流行就是"时"，人之运就是"事"。时者必有事，事者必应时，时事一而二、二而一也。

断人事者，必缘求于时；时者天之运行，天之运行一理而已。所以，断人事总是从天理去找，天理昭昭，人事则自然明白了！

何谓"天理"？天之自然之理也：阴阳也、三才也、四象也、五行也、干支也；全是天然之象流行于天地间，此天然之象给人之感觉就成为天之"理"也，自是"天理"出矣！

天理者，至上也，本则也。一切卦理、相理、命理、课理、地理，皆是天理与具体术数结合的产物，是以研究天理方能了解一切术数之理之根本。

天理来自造化天象之自然演化给人之感觉或综合认识，所以研究天理，关键就是要来研究自然界之一切之演化现象上来。按古人之思路，自然界一切之象一切之理皆可参于人事，人事尽从天理现。

了解了天理与造化、大自然之变化之道，才可掌握人事变化之一切。知天而识人，才是易之大道！

二、六壬立式大旨

大六壬作为一门融易经及所有术数精华为一身的集大成者，要接触它去认识它，首先要了解这一学术所建立的基本思想观点。我择其要点，将其归纳为以下六个主要方面：

一、六壬是传统"三式"中的一员，与遁甲、太乙齐名，为中国传统术数的顶峰之一。所谓的"式"、是古人模仿天圆地方而制作的一种木质器具，用于壬占的实践。壬式的基本建筑思想是借天道来言人事。它认为天道、人道、地道作为三才之道是一个整体，从现象上看三才之道的表现形式千变万化各有其特殊性；但在其原理和演变规律上，三才之道是一致的。因此，借用天地自然现象的变化来总结若干天地之道，利用三才之道的同一性，去推测可能相应的人事变化现象。这就是壬学立式的基石之一。

重注：从天之时究人之事，就是古人的天人合一之道。天者，时也；人者，事也；有其时则必有其人，有其人则必有其事。壬占，占时事而已！

二、壬式模型的物化与符号化。壬式模型的固定，提供了一整套天地人三才系统所构建的基本宇宙框架与程序。这一体系在符号方面有很大的抽象性、包容性与概括性，古人力图借此用来"究天人之际，通古今之变"。

重注：天盘地盘实三才之道，言天地则必然有人。天有万象则人有万事，象有其恒，理有经常，则人事古今也可尽也！

三、壬式模型的五变与十二分。在现实世界之中，万物蠢动，极尽变幻之能事。壬式利用传统阴阳五行学说来描述之概括之：造化之奇，不过五变而已（即五行生克的五种基本关系）。事物数无穷无尽，壬式用十二地支语言来分类辨方，一览而无余蕴矣！细言之，在天之象，天盘十二将描之尽矣；在地之形，地盘十二神描之尽矣；在人之事，将盘十二天官描之尽矣。

重注：五行者，万事成物变化之总根源。行者，化也。一太极化阴阳也，阴阳化五行也，五行化十二神将也。总归之，神将实统于五行也，五行实统于阴阳也，阴阳实统于太极也。太极者，一理也。理在则气行，气行则物生，物生则有象，象生则事起，事起则吉凶变化也！

四、壬式揭示事变的九种规律。万事万物之演化各有其规律，人事与社会同样有其规律。壬式法天则地，用九大课法则来笼统概括一切事物之基本演化模式。任何一类具体人事物之变迁放入壬式中去作运筹，其基本变化过程不出九大课法则与样式之外，人事亦不例外；一身、一家、一国乃至天下，莫不其然！

重注：九者，变化之则也。万变不离其宗，其宗者，九课式而矣！天地人合一，天有九变，则人事莫出于此九变之外矣！

五、壬式对"物以类聚，方以群分"思想的广泛运用。任何事物之演化，究其原因，都是与周遭事物相互作用相互影响的互动变化过程而已。壬式的课传、年命、正时、天地盘等皆为事物"类"和"群"的聚合，不同事物的类聚与群分，则变化见矣，吉凶生矣！

重注：断课重课传不重天地盘之理就在此中，天地盘统万象也，课传则事象之专指也！

六、壬式实践的灵魂在于对式中"万象"的认识与把握之上。现实世界万事之变化，其表现皆以现象为展示方式。壬占重在"观象"，"观象"之变化旨在对应现实人事物之现象变化，通过由此及彼，从而提前了解推测此类之事物的可能变化趋势与结果。

重注：象占为壬占之根本法、祖宗法！壬占重象，实重现实事象也！象者，像也。壬占之象，实理象也，非形象也！象占本质是以理取象而非以形取象也

对以上六个方面壬学立论立式的基本建筑思想，每个六壬研究者务要明白透彻，此为六壬大旨所在！

三、时占之学

　　壬课本质上作为占时（或谓时占）之学，就是从天时入手来直接研究相对应的人事。它与其他的占时之学一样，都是立足于天人合一角度来进行研究人事的。像传统的奇门遁甲，也是占时之学中的一种。占时之学的特点就是从天之（时）来究人之（事），以天人合一来认证人事发生的可能性：天有万象，则人有万事；个中的实质意义就是天地间的任何一象，则必有人世间相应的一事。了解了天地万象，方可了解人事之变化！

　　从古人的实践来看，占时之学历来是传统术数的中的主流，真正的易学大家都是重视时占的。换言之，只有从时间（年月日时）入手进行人事占测的术数才具有"先天性"，才是真正的术数本质行为。这种所谓的"先天性"，就具有了相对应的"后天性"之人事行为或现象！

　　按这种术数的本质上来看，所谓的六爻法（摇卦法）是最有问题的。它不是从先天入手（天时）的，而是人为地创造一个后天的"象"，以此人为的后天之象再去了解相应的人事。从根本上讲，此法就是不完善的了。这也是六爻法事实占验较低的重要原因之一。（加注：现代人好多为了强调六爻的"神圣"性，以为各种预测方法没有高低之分，问题只在于学习者本身的能力。这种"惟人论"最是无理，如果工具没有优劣之分，中国为啥还要搞歼10啊？工具自然有高低优劣，但这是迷六爻者们最不愿意承认的事实。很多人学六爻无数个年头了，最终是根本不灵不管用，但就是没人肯怀疑六爻这个体系可能存在问题，只是认为自己不行没用功。可悲的事，如果一个体系是不严密的，那不论任何人去学最终是学不好的。

　　近代术学的基本面目不是在进步而是在退步，为什么这样说呢？就是像六壬、奇门占时之学等等在历史上本身是主流术数现代反而成为支流了。就是相学、命学、风水之研究也都是本末倒置，中国相学中本来最重要的是面相学，手相学只是相家中的技节而已。可现代呢，手相研究之兴旺反而大有超过面相学之趋势了。风水之遭遇也是很相似的：本身传统风水中最重视的是阴宅，阳宅也只是其次而已。可现代呢？好多所谓出名的风水先生们，一天到晚研究的是阳宅，阴宅接触很少，甚至有人宣称阴宅风水已无用了，传统风水学已开始变成只是阳宅风水学了！

再如，现代所谓有姓名学研究、有根据电话号码、门牌号、车牌号来测算吉凶甚至人一生终身者，四柱占事法等等都是术学中的末流，都是小技而已。有些东西根本上讲，只能是术家中的伪学！这些东西的兴盛与泛起，就是说明了一个事实，当代研究者整体术学水准的低劣了！

学习研究术数，一定要重视主流经典术数。对上述现代末流术数的极有兴趣或研究者，一般都是基本上没有能力认识到主流术数的真内涵才去走偏门的。真研究者，是一定要研究时占之学的！

四、壬 易

壬学与易道在本质上是一致的，易以阴阳言，壬以神将言。讲壬理可以同样讲易理，讲易理也同样可以应用到壬理之推断中去的！

一部大易，以阳为君子，以阴为小人，以阴阳之道来代表君子之道、小人之道。天地之中阴阳消长而成四季循环，人类社会则以君子、小人之得势或失势来体现社会之变化。大易要旨扶阳抑阴，就是要让人类社会当中永远是君子当道、小人失道，则一身、一家、一国到天下，方会真正兴旺发达长治久安！

壬学中以吉神吉将为阳为君子，以凶神凶将为小人。吉神吉将得时旺相，则正是君子用事、小人失道之时，所占诸事自当吉无不利！若凶神凶将得时当权，则正小人用世、君子失势之时，所占诸事自当凶多吉少了！

壬课中十二神将循环不已，势力彼消此长，你方唱罢我登场。在课式中"演出"种种"戏剧"，从而来显现人类活动之变化！壬课是人生小舞台，社会是人生大舞台！人生是鲜活的壬课，壬课是书本的人生！社会是壬课的

"大开本"壬书，壬书则是写在书本上的社会！

壬讲人事，易道阴阳。阴阳者人事之本，人事者阴阳之化！

五、壬遁之学

中国传统术数学中，老百姓们最喜闻乐见的就是算命（算八字）、算卦、看相、看风水这四项。这些"两算""两看"是任何一个中国人，一生中多多少少都会了解的接触到传统术数玄学类的东西了！

至于六壬、奇门之类则是民间老百姓少有所知，所以，这些学术就自然流传不广了。不是当代社会，就是在中国古代社会，研究奇门或六壬的人从来都是人数很少，到了今天依然还是这种局面了。

学习壬遁之学入手易、精通难，至于想从心所欲更是难上加难。导致的局面就是：学壬学遁奢谈者多而且容易，用壬用遁出神入化者几乎是寥寥无几，当然用壬用遁来做文章作些理论研究（空谈）也是可以的。不过壬遁之学本质上还是占术，是要用来预测未来的，是要经过时间和现实的双重检验，不是可以单凭空口奢谈来实现的。也就是讲，学壬学遁的真本事就是要来算给人家看的，要在未来取验于人家的，不是空谈就算学好了壬遁的。壬遁之学的实践性极强，当然理论好像很复杂。不过，事实上壬遁之学的理论并不复杂，比较起现实生活的千变万化，一点点所谓的壬遁之学还算难吗？不难的！

壬是以算人事为重，其实遁也是以人事为主的。至于什么法术奇门则近"妖道"，历来学者们是不以为然的。遁学的本质也是以象占为主的，壬学则是象数理占之集大成者（从这点上看，壬又是很难的！）。按一般学术体系来讲，一个越复杂的体系与其精密性是成反比的，如果一个学术体系可以做到复杂性与精密性的统一，则是不多见的。壬学则几乎做到了这一点，以至世人以为此术是神仙传给世人的！

壬不离遁，遁不离壬；学壬不学遁，空手摘一半；学遁不学壬，终究不成功!

壬遁之学奢谈容易实占难,就怕所谓的"研究"就落在奢谈两个字当中了!

六、大事用壬

研究壬学的主要目的就是要学以致用,就是要把壬式当作预测、决疑、决策的重要工具之一。壬式作为传统术数中的"重器",运用它利用它,首先要遵循一定的"游戏规则",并不是在任何情况下都可以无条件地来利用壬式。

壬式作为传统术数中的"重器",它的本质就是预测、决疑与决策。古人对运用术数系统来决疑、决策与预测事物曾经是极其郑重和一本正经的,朱熹曾经还搞了个"筮仪",强调预测(占卜)决疑的严肃性。壬式当中也有类似的古法规定,但今人已经不太重视这套"老法"、"规矩"了。从古人运用壬式的实践方式上看,古人一般强调"无疑不占"、"无事不占"、"不动不占"等诸多预测原则,这些原则在今天仍具实践价值,这是因为遵循这些原则与否,直接决定着运用壬式进行预测、决疑、决策行为的成败。

大致而言,壬式运算是个结合"人谋"与"鬼谋"的过程,尤其重于"鬼谋"。人人都有正常的理智和一定的判断能力,对于我们的常识或理性可以解决的问题,古人就以为根本不需预测占卜;所谓"卜以决疑,不疑何卜?"是也。因此,我们用壬式第一个要遵循的"游戏规则"就是在"人谋"乏力的情况下(人的正常判断能力无法对一些事物进行有效把握),方才可以问及于"鬼谋"。这个时候就可以用壬式来预测反映事物的一些将来走向,用于帮助"决疑"、"决策"。一般术数爱好者的最大毛病就不论任何大小事情都要"算一算",放弃人的基本正常的判断能力从而变成绝对迷信依赖于"占卜"。长此以往的结果,就是大量研易者不仅未能因研易提高智慧,反而会因研易而丧失正常判断力变成"弱智"了。这里要特别指出的是,凡是正常人运用常识可以判断解决的问题，都是用不着术数来预测（占卜）的。术数主要用来决疑的，壬式也同样如此。

了解"卜以决疑"的原则之后，我们再来谈运用何种术数体系来决疑的问题。卜以决疑，但是"疑"有大小、轻重、缓急之区别，不同术数体系可以对不同层次形形色色的问题进行预测决疑。在整个传统术数体系来讲，壬式无疑是最为经典最为精密最为可靠的"决疑重器"，它在人事上进行预测决策有着最富准确性之保证，在关键时刻壬式是完全可以信任的。因此，大凡人生大事、急事、要紧事最好是用壬式来运筹计算。一些技节小事小疑惑可以用其他系统或方法来释疑，"大事用壬"是运用壬式的根本性原则。

如何真正"用壬"？这也是一个重大问题。按古人壬占的实践来看，古人一般都是按来人之正时起课排传预测决疑的。这种实践方式有两个要点：一者要求"来人"就是求测者必须要和判断者"面对面"的接触；二者要求使用"来人"的实际"客观时间"作为演算点。科学发展使现代社会日新月异，人与人之间的沟通交流可以跨空间阻碍，所以现代人运用术数预测除了传统的"面对面"方式之外，更有了"电话预测"、"网络预测"等种种新方式。这些种种术数实践新方式就影响着术数决疑、决策与预测的正确程度。从实践中看，熟人之间的电话预测的可行性较高，其结果的正确性也较理想。但陌生人之间的电话、网络预测则不太理想；为什么呢？这是因为网络上的交流多是陌生人与陌生人之间的交流，很多人在网络上都是抱着或多或少的"游戏"态度来看待术数预测这一块的，大多数人都有着一种"宁可信其有，不可信其无"的心态来问事。这种"态度"、"心态"是术数预测中的大忌，因此网络上的相互术数预测决疑基本上多是荒谬的。

另外还有一些问题要讲，这就是好多人请人家预测往往会讲"以我作个例子"来算吧，甚至还有人与老师初次交流的时候想通过"算一算"来证实老师的水平，这两种行为皆是"游戏"。古人用术数预测是很郑重的，绝对不以"游戏"来视之。"举例说明式"与"考查式"的术数实践行为是不明术数原理和不负责任的；为什么？前者是"举例说明"而不是真心实意真有疑事要来问，后者则纯粹是持怀疑态度来"考查"老师水平高低，它同样违背了"卜以决疑"的原则。因此，笔者对于这两种实践方式是一贯拒绝的，在实践中是绝对不轻易随随便便来用壬的。总而言之，用壬的最好方式还是要以面对面的交流为首选。

六壬作为古传"三式"之一，它自古到今一直在中国民间长时间地广泛流行着。太乙、遁甲二式在古代曾有一段时间被官方禁止过，这是因为太乙遁甲渲染本身可以推算政治军事等国家大事，六壬一直未有过这般遭遇，这跟六壬致力于"民用"是大有关系的。六壬在古代以占验人生日常百事而出名，因此我们今天运用壬式，应该仍然集中于老百姓们的生活常事之上，尽量不要涉及政治等话题。当然一些涉及民生与老百姓生活息息相关的事体也可以用壬推测，但这种推测应该要有分寸，绝对不可妄言惑众，反而应该有利于世道人心。

"壬以决疑"、"大事用壬"、"壬占百姓事"是笔者研壬用壬的三项基本原则。

七、神将秘义

十二神将的基本关系是：神不离将，将不离神；神无将不灵，将无神不应。但在实际的壬占中，十二神与十二将的作用还是有分工的。大概而言，十二神主要行使生克权，它具体包括壬占中的六亲生克、长生十二诀运用、以神拟象等，其中长生十二诀是十二神对六亲五行生克权的补充与细分说明。十二将主要行使主宰权：吉将永吉，凶将永凶；以将统神，神随将转；将之层次是高于神之层次的。

八、五行生克不是大道

学易的人很多，一般都以为五行生克就是易学术数中的根本大道。

事实上，仅任凭五行生克制化的关系就可以掌握易占、术数是根本不可能的。所以，好多命学中的日主强弱论者，在抵触格局学说时就会抛出这样的理来：不论什么格局、日主旺衰，都要回归到五行生克制化的根本大道上来的。

可在实际各类术数的运算过程中，仅单凭五行生克是远远不够的。

五行生克本质上仅是描述事物之间简单性、原始性、基本性关系的一种基础学说。这种学说在学理上是很粗、简陋、单向的，它只能仅适合于一些事物关系的简单性描述之上。

在这个世界上，人与世界万物之间的关系是非常之复杂多变的，想用简单化、直接化的五行生克学说来进行具体细致深入研究与描述是不太可能的。所以，在命学、壬学、风水中只讲五行生克是不行的。五行生克是基础性关系学说，仅凭五行生克（大道）之简单关系想要掌握命、壬、风水中的全面理论是完全不可能的。所以讲，五行生克制化不是大道。

九、理气象数类浅说

天地只有一个理，理行者则成气。理与气不可分，理无气不行，气无理不灵。有如是理则必有如是气，有如是气必有如是理。离气谈理，则为妄理；离理说气，气无主宰。

天地交感，理气并行，则万物化生；万物化生，则象数出矣！天地变化，只是一气之流行；气之所以流行，只因理在中权衡。

万物只是气化，气化则理亦寓于其中。物必有象，象众则数出矣。无象则何来数？无数则象何由分？象者，时之形表；时者，气之驱使。无气则无时，无时则无象，是知，象必生于气也！有气则有理，则象者理气俱备矣！

类者，物所分也；物何以分？以象不同，象不同则类生。无象则无类，有象则有类。象者，类之所表；类者，象之所集。类、象亦天地一气化而来。先有象，才有类。象先行，类方生。无象不成类，无类不分象。理气行，象类生。无理气则象类无从生？天地之化育无由见？天地化生，只缘理气。理气何所明？象类上现。

天地之大化，一气之运行。气行则理行，理气感而象类生，则化始、化机而化成！

十、徐伟刚壬学研究观点

一、认为六壬只是时占之学，壬课本质上就是时课而已。六壬只是占时的一种卜术，它固然很好，但它不能代替四柱等其他宗法。

二、在壬学体系之中，认为"十二神将论"方是六壬学术中的核心理论，此一理论是壬学之根本。六壬实际上就是神将论，研壬就是主要来研究此十二神将的。并且对于神将的关系，提出了"将高于神"的实质，厘正了传统壬学中"以神之生克来定将之吉凶"的错误说法，认为"吉将永吉"、"凶将永凶"，以为壬占主要就是用十二神将来定事的。

三、在壬占的各种思路中，提出了壬占当以"象占"为主的断课理念，具体分为"象断""理断"两个基本路子。此一断课主要理念的提出，信者众多，以致当前学壬者们都好像以学壬"谈象"为最高水平或最正宗似的，让人好笑。要知道的是：象占固然重要之极，但其绝不是壬占之全部。

四、在壬占方法中找出有条理的占断过程，提出了"太岁代入法"、"认格法"、"解构法"、"断象法"等壬占系统法，让学壬者在断课时尽量做到有法可依、有章可循，合乎法度地去学习断课。

五、在壬学"年命"的用法上，提出了"命重于年"、"年命直接入课传论"、"年命本身重于上神"的观点，恢复了六壬古法中运用年命的正宗之论。

六、点将法的提出，为初学壬者们提供了壬占的入门、权宜、方便断课法。

七、快速起课法。此法的提出，就是为了实现古人所讲"袖传一课"的速度。现在好多有与此法相类似的快速起课方法，都是受此法启示变通而来的。

八、在一些古壬书的选择上，我向学壬者们推荐了：《六壬大全》、《六壬指南》、《壬归》、《六壬断案详解》、《琐记》、《集应钤》、《口鉴》、《六壬直指》等六壬经典著作，意在让壬友们的眼光紧紧地盯着这些有价值的六壬古书，不要让个人的精力去无谓地浪费在一些滥竽充数的六壬劣质书中去。自是，这些六壬古书在学壬者们中开始风行起来了，对它们的研究也日益多了起来。

以上所论，只是我研究六壬公开发表的一些主要观点，现在自己做个大致上的总结，奉献给广大壬友们。

十一、大六壬预测准确率有多高？

对于这个所有学易人、学壬人最关心的问题，我作一简答。

六壬作为中国传统经典预测术数之一，它的理论可以说是集中国术数学之大成，超越当今任何一种所流行的术数品种。中国术数之皇冠就是大六壬，会当凌绝顶，一览众山小，学数不究大六壬，境界总在半山中。只有登上六壬之顶峰，才有机会可以向下看，才会知道其他小小术数在半山腰中的无趣了！天外有天，六壬就是属于后者——天外天！

六壬法天则地，与天地同其体，与天地同其用，六壬的理论上基本无懈可击。所以，在理论准确率当是100%。所谓理论准确率，乃是指六壬体系与天地合一：壬课就是天地，天地就是壬课。天地无穷之造化，就是壬课运行之不息。天地无误，天道有路，自然壬无误无差与天地合体，是知壬当为理论准确率（天算）当是100%！

人参天地，心究六壬。以人来研究天地之机，就是一个（人算）后天人力的问题了。在六壬中，这就是用壬的问题了。如何用壬，用好用坏，这就涉及到一个应用准确率的问题。大概而言，六壬的应用准确率因人而异。根据我的面授经验可以大致了解：学壬优秀的学生应用准确率在90%之上是没有问题的；学壬一般水平的学生的应用准确率当在70%~80%左右；学不好者，则基本准确率估计会低于50%之下。

当然，学好者、一般者、学不好者也是大概有规律的：学好者大致在20%左右，一般者大概在60%左右，至于学不好者则在20%左右。这里要说明的是：就是至少有80%的学壬者可以学到至少70~80%的六壬应用准确率。那么，这样"高"的应用准确率是如何来的呢？（这70~80%之比例事实上不是太高，就是在给人预测100件事中还有20件或30件左右的事算不对，这么多（20或30件）的事算不对，如何说得上准确率"高"呢？当然，这里我说的"高"是将六壬对比其他术数的应用准确率来说的。因为事实上，其他术数的应用准确率是更低的。）六壬这样的应用"高"准确率，就是源于六壬体系的先天优越性，也就是工具性能的先进。正是大六壬在预测工具上所占有的先天优势，就让只有一般悟性、只付出一般努力的爱好者们的预测水平也可以有机会上一定的层次。

六壬与天地一体，理论完美，其本身无误无差。所以，其天算（理论准确率）当是与天地同功用，天地运化无错无误，自然壬式无错无误了，这就是壬式本身的理论准确率就是100%！

人参天地，人心参于天心，人算较量天算。壬课所算就是天地之算计，天算也，天心也。人用六壬，就是人算也，人心也。人心不离天心，人算不如天算。所以，理论准确率因人而打折扣，因人而异，这就是应用准确率了。

人有极聪明天人合一者，是以应用准确率会无限接近理论准确率，这就会出现一个六壬运用的极限准确率。极限准确率是应用准确率的最大化，真正的极限准确率当是在99%。天地无全功，圣人无全智。学壬者与天无间，真正学究天人，人算终不是天算。所以，学壬的极限准确率是在99%。当然，这个极限准确率适用于其他任何一门推算型术数品种。

行文到此，作个小结。六壬预测准确率的要分三个层面来讲：

一：理论准确率针对壬式设置原理而言，壬同天地，是以壬无误无差百分百。

二：人智参天地，因人而异，这就有了用壬个体性的应用准确率了。

三：应用准确率发挥到极致，就是极限准确率了。

所以，真研究术数者，当要如是明白术数预测准确率这一问题的复杂性，要客观辩证看待这一问题。

十二、错课的艺术

今天是我广州讲学的第一天，在下午最后结束今天课程的时候，就讲了一下六壬占中的错课问题。我讲了以下主要观点：

一、起出错课是壬占中的常见现象，其比例占达全部壬课近10%左右。所以，研壬必须要对壬占中的错课现象作出研究！

二、错课的哲学意义。错课是壬课系统有限性向无限性发展的表现形式，是壬课系统的开放性标志之一！

三、错课的出现规律与常见形态！

四、错课的断课原则与注意要点！

五、错课与正课的相对性关系！

以上有详细的说明与解释来说明错课正断的实践意义与研究价值，认为壬占中占出的错课也是壬学的一个有机组成部分！

十三、马为什么可以生牛？

今天，我在讲课中谈到五行生克关系时，就讲了如下一个逻辑推理过程：

午火可以生丑土，

午火为马，

丑土为牛，

所以，马可以是生牛的！

可事实上，马是生不了牛的。

那为什么理论上成立而客观事实上不成立呢？

难道这是语言之游戏不成？个中有何哲学意义呢？如何理解五行生克与事实对应之真实关系呢？

这些东西就是要求学员们去深思去考虑的！

十四、小议"三式"为何是高级术数

说明：

此文是一位名"空谷天籁"的易友在"中易文化网"的贴子，很有道理，大家可以看看！文中的"注"字是我加上去的一点观点！

如果问"三式"为何是高级术数，流行的大致有两种答案：

1. 三式比一般占卜术准确。

2. 三式比一般占卜术复杂。

第一个答案，基本是不通术数原理的。不同的术数种类之间，是不好比较准确率的，这有点关公战秦琼的味道。要知道，术数不是机器或电脑，其准确率与术数种类关系不大，主要取决于操作者本身，取决于操作者的功力、状态。任何一门术数，都会出高手与庸手。都说梅花易数简单，但若操之于邵雍之手，谁敢言胜之？（注：历史上的邵雍并不是梅花易数的真作者！）

不同的术数种类之间，可以比较的只是术数模型结构的严密性。

第二个答案，有些道理，但仍然是不完全正确的。何谓高级？在现实生活中，高级仪器意味着原理、结构上的先进和操作上的简化、方便。如果三式比其他术数在测算上更复杂，就不意味着它更高级。

我们之所以说三式高级，是因为它在模型结构上更加严密，但在预测操作上更容易抓住重点、理出思路。也就是说，三式如同高科技产品，虽然原理更高深、结构更精密，但在实际测算中使用起来会觉得更方便好用。(**注**：这个比喻很恰当，我运用六壬对此体会很深，真正用壬断事是很快高效的!)六爻等占卜术，虽然学起来要稍微快一点，但实际操作起来却没有三式好用。例如六壬，其模型结构已经把所测事物的当前局面与发展趋势用四课三传完整呈现在操作者眼前，根本不必费很多心思去寻找思路与线索。可以这么说，在入门学习时，三式比一般占卜术略慢，而一旦入门后，三式在测算中更容易分析出结果。(**注**：为什么我建议易友们放弃六爻而去改学壬遁之学，中间的是良苦用心！可惜好多人悟不到这层或理解不了，很是遗憾之事!)

十几年前，我曾同时学习六爻与六壬，各积累了若干实例。最后我的感觉就是，六爻起出卦后不容易理出思路，六壬判断起来却简单一些。或许这只是个人的一点错觉，仅供大家研究。

十五、课命及术数统一研究的可能性

壬课、四柱命学及其他术数有无统一研究之可能性，是否有共性的实用方法论进行统一起来，是当代术数研究的一种可能性方向。

对于壬课而言，大概有理占与象占两种运用法则。从原理上又以为只有先天断法与后天断法两种基本法。现在，在四柱中，通过研究发现，也是可以有理断法与象断法两大类，是可以在原理上与壬式统一起来的；为何？壬课是天人合一的产物，四柱也是天人合一的产物，所有的术数都是在天人合一的基础上建立成立起来的。也就是说，所有术数有共同的底本——天，研究的都是——人；同一片天地，自然不同术数有了相同方法论的可能性！

至少现在发现，贵人禄马法是适用于一切术数的一个重要运用法则。在壬课占断、四柱断命、择日运用、风水选择中都有相同或相类的运用价值。

第四章　六壬研究法

一、为什么要学壬

注：我在易学QQ群与易友的六壬相关聊天摘录——2007年3月1日。

你们学壬是出于兴趣还是想从业呢？

想学六壬，你们准备花多少年？

你们想学壬到多少准确程度为好呢？

你们想跟老师学呢还是想自学呢？

你们想跟什么样的老师学呢？是专业老师还是其他？

上述问题你们都要想清楚了？

我在面授班常讲，你们学员跟我学六壬或四柱，只学两个东西。

一个就是学东西的方向问题，也就是路子问题。

另一个呀，就是让你们跟老师学进行术数研究的综合研发能力。只有有了个人研究术数的研发能力，这等于给自己装了个术数进步的"发动机"，今后发现问题自己才能解决！才能自己进步！学不好的人，就是没有真正的研究能力。所以，研究能力的提升比学任何一门具体术数的技术更为重要。

我讲六壬课听起来容易理解，但实践时是有难度的。

我讲四柱课，听起来有点费力，但实践时是易上手的。

为什么呢？这就是六壬与四柱术的术数性质决定的。

六壬是占术，要强调断课时的状态；四柱则不同，可以随时随地的拿出来看，与状态无关，就是实践方式不同。

六壬和四柱都可以算准，但是两者又在准上有区别：六壬的准可以真神奇惊人！四柱的准则是准而已，比较平实。

只有学了六壬，才会真正了解到中国术数的精妙异常，其他术数根本谈不上精妙异常；不学六壬，不知道中国术数的精妙绝伦。我在面授时常讲，没学过六壬的人不会真知道中国的术数会如此精深。所以，不学六壬，我以为术数研究者根本不算研究了中国术数；为什么？他们不知道中国术数顶峰的无限风光。

起卦得有敬畏之心，这才是了解壬是不能随便用的。壬是中式，专理人事，它的关键点就是"机"。一课就是一天地，天地之道不解，如何断课？

四柱中月令行事，六壬中则是神将行令。神将在天，代天司事，不知神将与天地，如何断事？

学六壬者，是要脑子灵活者；但不能过度，特别是对壬理、神将本义要有骨子里的体会。学好六壬，主要的标准就是本人对壬有骨子里的体会，这点尤其重要。

神将也是一个象征性的符号，这是大众之说法；其他术数也说是符号，实质上是没有理解术数之本质。当知，术数中的各种象不是符号，如是符号则是代号而已，没有实质意义的。术数中的各种信息与象不是符号，造化本身如是。

二、学壬三步走

这是我回答论坛上一个易友如何学壬的问题。现摘录以下，我且加了点小注，意在说明我对如何学壬的看法，供大家参考。

穷理尽壬：徐老师在《现代人应该怎样研究六壬》一文中，只评点学壬"跟古人"如何，但并未指明，怎样走出古人的框架，走出古人思维与成果之后，应如何实现升华与飞跃，希望徐伟刚老师进一步指明方向，指点方法……

智者乐水：学壬先跟古人学，此是第一步；学了入门后要跟现实学，这是第二步；学完后形成个人风格，此是学壬第三步！

小注：学壬跟古人学，所有的中国传统学问基本都是这样起步的。古人学问可能会达到极高之程度，但任何学问都是没有最高峰的。学壬从学古人开始，只是万里长征第一步。

任何学问都不是纸上谈兵，都要与时俱进，结合时代现实，六壬研究同样如此。死抱古书一堆，也必然局限于古人、古书、古法之中；只有以古论今继承发展，方可以推陈出新。

学问全在有心人维系，学壬同样如此；人云亦云，全拾他人牙慧，非智者之所为。人各有心，心各有灵，只有学术结合个人特性，才能有真正的心得与体会，才能真正地创造出学术的风格来，才能真正地继往开来将壬学一脉传承下去。

三、学壬与本命

研究六壬与四柱等术数，如何学？如何算学成？能否学成？这本身就是一个命运问题。

术数作为一项事物，它当然有其本身的五行属性。一般而言，术数的五行本性在大范围内看是属于"水"，天一生水，是谓玄学。具体来说，那么，六壬显然是属于壬水，四柱显然属于是子水，风水之学还是属于水，当然奇门遁甲显然属于甲木，太乙数属于乙木了。

了解了这些术数的一些五行禀性，对于学易者来说，能否有缘学好、学到什么程度就有了参考的一些思索线路了。

首先一个人的出生本命跟学易（学壬、学命等）是极重要的第一因素。

我的一个浙江学生曾经跟我特别提起过。他讲，历史上邵康节、刘伯温都是辛亥年出生之人，以此来类证他的观点：就是辛亥年出生之人与学易大有先天缘分。他以为我出生的本命刚好也是辛亥年，所以特别适合研究易经术数了。为什么？辛亥本身落宫是在乾宫，辛是先天灵气，壬是后天之水。

气化生水，水生成物。所以，出生在辛亥年对于学易者来说，就是一份幸运的缘分与机会。当然，这是我学生的观点。不过我也发现，一个人命中有无辛金、有无亥子壬癸水是极重要的。一个四柱中的辛金先天灵气（灵光）的位置与壬癸亥子的位置、强弱跟学易到什么程度太有关系了。另外，经历告诉我，现在中国学易的一大批人中，尤以上世纪70后出生的人，是当代中国研易的主力军，像辛亥年、壬子、癸丑此三年出生的人，的确有很多出类拔萃者。特别像是六壬这类高级占术，命中有无壬与亥是太关键了，亥支居天门，自然是壬之正体，对于学壬者是最需要的。当然，命中无有壬或亥，有申字也是可以学壬的。如果命中无壬、亥或申字，大运流年逢之三字，也是可以进行阶段性的学壬了。

同样道理，学四柱就要癸水与子水了。学术数很难，学好与否的确与命运有关系。

四、到底如何研究六壬？

学习六壬与研究六壬是两个层面的东西，学习六壬的直接目的当然是学以致用，就是用来实践的。当然，用六壬来进行空谈者也是大有人在，但这些六壬学习与研究中的"杂音"永远不会成为主旋律的。

学壬到了一定层次，也就是占验不再是根本问题的时候，这时候六壬的研究真正到了开始的时候，这时该到底研究点什么呢？

一个思路是还是跟着古人走，以古法为依归。这个思路从一般意义上讲没错，但这毕竟是人云亦云，终不是根本法、究竟法。现代好多人全以邵公（邵彦和先生）为六壬之顶峰，以为研究了邵公就可以直登六壬最高峰了，从历史上看，邵公似乎确是六壬之最高峰。但对于人类而言，任何学术都没有永远的真正的顶峰，六壬也是如此。学习邵公，只是我们学壬用壬中的阶段性过程而已，真正的学壬者，是应该还要向上走的。壬的境界无穷尽，我们研究的脚步也就会永不停止。

如果跳出古人的范围去看，研究六壬也就应该回到两个基本点上：一个就是天道之上；一个就是人事的现代演化之中。联系这两个点的纽带就是天人合一之道：察于天之道而知民之故，也就是在壬占中详观天之道而来占出人之事。人事的底本就是在大自然的无穷变化中，壬就是这一底本的表达者。只有对大自然天道的变化进行根本的研究，才有可能在根本上掌握着壬术的根源处了。

古往今来的六壬大家很多，为什么各有各的观点？各有各的经典占验？大家用的都是一个六壬工具而已，工具相同，照理在见识与占验上很多方面应该差不多的，可偏偏为什么有这么多的不同？就邵公与陈公两位而言，他们的占验都极为惊人，占断各有理致，见识各有千秋，都是值得我们后人好好学习的。但是，为什么这样两个人对六壬的理解与应用就有如此大的不同呢？在我看来，关键就是邵、陈两位先生对于天道的不同理解、时代人事的不同演变的认识不同，就导致了他们两个在学壬用壬的不同路线与风格来了。

所以，真正的学壬用壬的研究，关键的点不是完全跟着古人去走。到了一定时候，找到六壬的根本点才是最很要紧的。

比如，对于六壬的占断、取验上，要做出一个规律性的研究就十分很重要。古人讲过，六壬占验主要在"六处"什么的（就是讲六壬断课取验的六个主要占断地方）。那么，问题就出来了，为什么此课占验就在干上？为什么这一课占验就在支上了呢？为什么另外一课占验就在三传上呢？还有为什么这课占验不用四课与三传，而是直接在年命上作论了呢？这些占验的不同处，是否有什么样的规律我们可以把握的呢？对于这样的问题去深思与考虑，才是真正的六壬研究了。

跟着古人走，死抱着古人的大腿也算是种六壬"研究"。但严格的讲，这种研究本质上还是学习。如果一定要讲这也是种是研究，也只能算是跟人跑的"研究古人的'研究'了"。

在没有真正的研究能力之前，跟着古人走，不失为一种稳妥的法子。不过，这也要跟对人。学习术数或壬学，一定要跟宋明时代的方家。清代乾隆以后到民国,是中国术数学的最低谷,几乎没有一个像样的真学家出现过。所以,学六壬等其他,要跟宋明古人走,就绝不能跟晚清或民国时期的伪术数学家去走。

五、壬占如何达到至高境界

说明:

这是我的学生上山上山兔(网名)写的关于六壬如何提高壬占水平的博文,个中的观点与我的《研究六壬到底如何研究》一文可以相呼应,特此转贴,供易友们参考!

我之所以用至高而不用最高,是因为壬占没有最高的境界。壬占到最后,按照我的理解应该能将万事万物皆囊括于其中。而现在我们的壬学高手可以做到推测占人来意、可以占事物的起因、结果、吉凶等,功力深者可以断出占人其他的一些情况。这就已经很了不起了。

关于六壬是如何形成了其如此严密的推理体系,我们不用去讨论了。因为我有这样的观点,现代文明已经使得今人的头脑没有古代人那样的灵光。同时,我们生活的环境也已经发生了变化,用现代的思维去推测古代的情形都已经不可能,更加不用说要去推测古代人的大脑里的想法。

壬占如何能达到至高的境界?相信这是所有学壬之人都想达到的。其实不光是壬占,包括其他术数如梅花易数、奇门遁甲、金口诀等,习学之人都想在最短的时间内达到无占不验的境界,欲速则不达,这是古人讲给我们的道理。

现代的科学讲给我们这样的道理,要想对哪一种技能有相当的熟练程度,就要不停地加以练习。在世界的工业历史上还有一位著名的伟人泰勒,他将技能的熟练与生产的速度结合了起来,创造了分工制。在我国古代也有著名的卖油翁的故事,技能为何熟练?无它,手熟尔。

可是,这样的道理用在壬占上却有点欠妥。

第四章 六壬研究法

　　道家讲内在的修为为修行，佛家讲修持，什么样的道理？就是含而不露，在内在里不断地提升自己，使自己的精华不断地积累却不外泄，古人讲善易者不卜就是这个道理。在道家中以为这种占卜的前瞻性行为会消耗自己的元神，如果只是这样的消耗而不补充，会使自己体弱精虚，最后只能落得江湖术士的尴尬境地而无法进入至高境界。所以易家一般在行易的最后阶段，会重新注意自己的内在修为，这是很重要的。

　　占卜是你的外在表现，而内在修为是内因，是很难外显的，它通过占卜的水平来体现你的内力修为。当然修为也并非决定占卜水平高低的最关键因素，但古人讲有没有缘分，或者讲有没有资质，其实就是看你的内在因素有没有这样可以接受内在修持的基础。现在随着社会上学易的人越来越多，大家必然会陷入一团糟的局面，一些草莽专家和骗人专家这个时候都打着幌子出来了。要相信一点的是，内里最深层的东西并不是一年两年就能修得成的。初学易者当然寻访得明师故然重要，但在学易当中很明确的一点是，师傅的点拨固然重要，但最重要的还是看你的资质，自己如果能够参悟何须点拨。

　　在六壬的历史上有两位大术数家，一位是邵彦和，一位是陈公献。前一位是《六壬断案》的作者，后一位是《六壬指南》的作者。而《指南》更是做为经典中经典，供一代一代的六壬学者们所研究、揣摸。每个人会因为自己的教育背景、心理素质、成长历史的不同而对同样的壬占产生不同的推理过程，但异曲同工，最后应该都会得到相同的结论。邵公与陈公的推断思路就不一样（这句话来自于徐伟刚的博客日记），但两人均达到壬占的至高境界。这说明参修的时候，你可能会得到与别人不一样的心理感受，但关键在于你与壬课的交流，能否将自己的心放到壬课里，体会到壬课所表现出来的精神与喜怒悲乐。

　　六壬的经典古籍当然非《毕法赋》不可，后人在此赋的基础上加了许多的文字注解，最终形成现在我们看到的样子。《毕法赋》如果没有文字注解，还真是不容易看得明白，这可能跟原来古代的时候师传都要口授有关系。这就如同我们在电视上看到的什么门派有自己的练功口诀，练功口诀是

59

对外公开，甚至是刻在石壁上的。可是外来人即使看了也是白看，需要师傅亲自将口诀里的故事讲给你听，你才能明白。现在我们学习六壬已经很方便了，有这么多的书籍可以看，还有好多已经有研究水平的学者用白话文讲给我们听。但我还是希望真正的学易者可以通一下古文，读古籍最重要。

初学者不能轻易地给人断课，这有两个方面的原因：一方面自己的知识还达不到，随便断课很容易形成错误的思路而很难改正，另一方面古人讲的天机不可泄露。不管是对还是错，但古人用自己的哲学思想、用自己的灵魂与天界的对话，已经不是我们这些生活在喧嚣的现代化城市中的人们所能理解的了。

六、如何在课命中多谋善断？

在四柱或六壬的断命、断课过程中，最关键者还是个人心智对于具体课命的研究与判断之上。

在对课命中的全面信息与呈象进行基本的统盘考虑之后，就要必须对课命的主要信息进行决断，这两个思维过程就是一个"多谋善断"的过程。

所谓的"多谋"，首先就是要求判断者对于课命的基本功非常扎实，能够在最短的时间内对呈现在面前的具体四柱或壬课的基本信息有个全面的了解与把握，不能够竟然看不出或看不明课命中的常识信息或各种细微信息。

其次，了解课命中的基本情况之后，更要对所要判断的人事作个大致上的现实情形分析与判断，了解常理下如何决断此类人事的可能性与选择性，以至可以得出某种结果。

再次，要把面前的课命公式置放在所要断定人事的现实环境中去进行分析，进行了解人事与课命中信息的对应程度。要知道的是，理论上任何一个壬课或一个四柱是可以断尽人生百事或人身一生的。但是，具体之断法必须结合现实事境才有可能对课中或命中的通象进行特定的解释，从而得出一个比较理解合乎现实逻辑关系的结论来。

所谓的"善断",就是要从体现整体信息的壬课或四柱中找出特定人事下的主要信息:就是要从万象中找出主象,从乱丝中找出头绪来,从迷惑中找出清醒,从种种可能性、偶然性中找出必然性、确定性,从而得出一个清醒可信的结论来。要知道的是,所谓的断课或断命中的"断"字,就是指当机立断的意思。断命断课不是开会,可以长时间的反复研究与讨论,长考必出恶手。断命断课要想算的对头,就是要一气呵成,一个结论一下子全出来了,任何要"好好想想"来回答具体人事的断法,绝非上乘之心法!人事有纷扰,人家才有求于术者,术者若再犹豫不决说不出具体结论,则课命之术又有何用呢?

"善断"是要有全面功夫的,不是可以胡来的,但初学者更多的是"胡乱断",这就是水平高下的表现了!

"多谋"是"善断"的前提与基础,"善断"则是"多谋"的突然发力与一针见血,两者是断课命中思想的研究与抉择的统一。

七、如何提高六壬的实占功夫?

大凡要想真正提高壬占的实践水平,除了在理论研究上要用功外,要用更多的心力去看去研究古人的经典课例,反复揣摩玩味从中去体察壬占的真诀窍。现代人学壬的不在少数,用功的人也不在少数,但是学好的人少之又少。为什么呢?就是这些人学东西仅凭热情而不注意学习方法。一般学壬者最易犯的毛病就是学了点六壬的理论之后,就急急忙忙地去"实战"了,以为这样就可以水平大幅度的提高。事实上,这是大错特错的!对于传统术数文化来说,仅学了点理论就想在实践中运用自如,这是不太可能的。理论和实践之间是有距离的,要把理论真正运用到实践当中去,中间必要有个连接的环节,这就是跟着古人去"依样画葫芦"。在壬学中就是去看人家的占验课案,这一步是很关键的,绝对不可或缺的。记得当初我走过的路,就是在《大六壬指南》一书的占验课例上下了大功夫,为今天自己所具备的壬占能力打下了坚实的基础。

　　这里要说明的是，看古人的课例是要有选择性的，不是任何古人的东西就可拿来的，要取古人占验课案内的精华。何为精华？就是去看这个课案的占断是否根于正理。何为正理？就是占断根据合乎基本壬理，不牵强不附会不模糊，一言中的。这个样子的课就是好的占验课，就值得反复钻研去模仿，像《六壬集应钤》、《六壬指南》、《六壬断案》、《精抄历代六壬占验汇选》等书中的课案，就是我们今天好好学习的壬占教本。

　　要特别指出的是，当今一些大陆、港台人士的所谓六壬占验课例，最大的特点就是含糊其词牵强附会，丝毫没有半点壬占古法之神韵。这些半吊子的六壬书或六壬家们，就是我们学习的大敌，千万不要去学它们。

　　无论学什么东西，一定要注意学习方法。学习不得法，就是事倍功半；方法得当，则就是事半功倍了！学术数不是做官，做官时间愈长，则资历就愈老；学术数可不是这回事，时间长短和学习成就不一定成正比。时间长不一定肯定水平就高了，当然时间短也不一定水平就低了；只有时间长了再加上学习得法，这才有可能使水平提得更高。

八、古人眼中的巧卜善断

　　盖观星者，遇一命在目，便是一公案在前，必用明断，如快刀剖竹，无纤豪碍滞。若胸中无有真见，则言凶则虑其吉，言吉则疑其凶，糊涂不决，皂白不分。或有所学未至，妄以敢断自许，至于随指随错，祸福无凭也。必心传有源，识见无差，议论如影响之答，一时言之而不觉，方为善断！

　　论命如老吏断案，一字一理而无失者，方是星家之鼻祖也。

九、壬课占验的四种层次

大六壬的占验课中，自有不同境界与层次的占验课式，反映了断课者的不同水平与功力。学壬者们如果在学习过程中不加选择地去接受各种不同层次占验课的影响，就会对个人的学壬方向与风格、水平的提升，都会产生不同程度的因果关系。

大概而言，古今占验的壬课中，可以分为四种层次的壬课。

一、垃圾课。这种课在不少书中都有的。垃圾课的特点就是课式与所占事物根本对不上，断者之断法、断语牵强附会，或者根本不用六壬思维去断课，这种课纵然"占验"了，也是无丝毫价值的，它只是断课者的瞎说碰巧而已。学壬者们学这种课，是肯定学不好壬课的。垃圾课的代表就是台湾人的六壬书和国内的一些人士的六壬书中的课例，当然网上这样的课也是很多的。垃圾课大多就是滥占、戏占、胡乱占的产物。

二、俗课。这种课最多，课是占验的，但多是一些最简单者的，比如断事之成与不成，出行走与不走。这种课所谓的占验在网上研壬者最多了，它是六壬初级占验水平的反映。大家常上网，就会常常感觉一些网上高手一会儿举个例子，说某时某日在网上为某人又占验了一课，不少陈芝麻烂事（瞎算个例）捣弄出来，惟恐天下人不知，这种恶俗小人最是阿Q，可笑的很！很多人局在这种层次内，如果占验的情况稍多一点，就会自我意识膨胀，感觉自己水平就很高了。俗课研究者的特点是讲起"壬理"来滔滔不绝，事实上全无理致，所谓的"体悟"就是创造垃圾的过程而已。俗课只是断课的低层次，不可为典要的。

三、好课。这种课相对俗课就少了一点，不过从数量上看还是不少的。好课的标准就是课式与所占事物基本对的上号，断课者所用断课理念也是合乎壬学法度的，断课中还有一定的变通小技巧，断法、断语合乎逻辑与事理、常识，占验结果与事实基本吻合，特别是在应期上很准。符合这些情况的壬课，就基本可以视为好课、妙课了。《六壬指南》一书中的占例大都就是好课的代表作了。所以，这就是我为什么反复推崇此书的原因了。网上这样的好课基本很少，所以从网上学壬想到达《六壬指南》的水平基本是不太可能的。当然，下功夫者、悟性好者，也是有可能接近或达到《六壬指南》层次与境界的。

四、神课。所谓的神课，就是指课式与事实相合无间，断课者所断丝丝入扣，所断之事实方向、当事者生肖、基本过程、应期、数量全部完美对头全部应验，课式之断法充满灵动之气，有新意、创意有想象力，课式活灵活现栩栩如生，令人叹为观止者就是神课。神课不多，可遇而不可求，是机缘（占事者）与断课者的灵感、水平完美结合的产物。神课是反映壬学研究水平与功力的试金石。一个壬学家的水平与历史地位不是要靠占验的数量来决定的，只要看他所占的高质量的壬课有多少，就可以看出或证明了。邵公就是这种神课水平的创造者！

我们学壬的人，是要从俗课的占验开始起步，但不要停留在此层次上。要很快突破此一框框，要占出好课、妙课来，好课、妙课一多起来了，积累的时间一长，这个人对六壬的真正体悟就会突飞猛进的，则离占出神课的日子就不远了。神课的占出，事实是个人心灵与壬课的合二为一，是心壬合一的结晶。神课的出现，是心灵在壬课中产生的智慧火花，是壬占中的灵光展现！

十、点评邵、陈、王六壬诸公

学《六壬指南》书，只是了解了陈公献先生对壬的一些理解而已。而公献先生个人学识之背景、人生之历练，我们如何学习？

从王牧夫的占例来看，的确水平是很高的，且占断取象贴切平实。但观其《占案》中全部课例，其占断气势尚不能十分纯粹行云流水圆融自如，也就是讲王的占验课中还是有不少课的断法是牵强附会的。纵然课断验了，那也是福气凑之而已，不足为后学程式。看《六壬指南》书中的占例，则全部一气呵成婉转自如，其本质是断法皆精淳合理，学起来就觉的顺气多了。

《六壬指南》书中的占课大都是占官贵的，自然是会有一种大气、贵气存焉。这种气质就是大家神韵风范，令人大有仰止之感！

《六壬指南》书的后面是有着极其丰富的底蕴，对《六壬指南》的长期参研让我对公献先生的功力有了深入的体悟。试想想看，像公献先生这样的六壬大家会有何等的自信，这种高度的自信不仅取决于先生本身于壬占上的功力，同时与其因长期与高官们打交道而具备的心理素质与见识也是分不开的。

一个壬学家要取信于见多识广的高官们，就凭本身的一点专业技术是远远不够的，还要本身的修养与气场高贵非常，方能压的住这些权贵们！所以要想成大家，除了专业水准要学到超一流外，本身就要有大师级的形神。所以看个人学壬（包括学任何东西），观其形神，就可知大概了。

如此去看王牧夫先生，其占课就平民化多了，算来算去都是些老百姓事。课固然亲切近人，气质就不免俗了，见识视野就不免小了。如此一来，格局就上不去了。

学术要成大家，不做小器，除了平民气之外，更要点富贵气。这样人世间之高中低下种种万象，就有机会全收在胸襟中了。

邵公介于"人""神"之间，神龙见首不见尾，是自除九天玄女以来的六壬第一人！

如此天才出世，千年难得一遇；可视为壬家之"孔圣人"！

邵公之心已通于造化，思浴风尘了！

术数的高峰在六壬，发展的顶峰在宋代，六壬的第一人在邵公。九天玄女是神，六壬则就是神传之术。邵公是人，人得神传之术而用之于千变万化，也近神矣！

邵公所占课寻常百姓者有之，富贵者也更有之！课其所占、所断、所想、所用之理，全是邵公一心中流通出来的，灵光四射，昭如日月，如此这种境地岂容易到达？

所以学壬看课不在于断验如何，而在于欣赏人心之灵矣！课之神验者，不就是人心之灵的展现乎？从邵公的课式中，你就可感受到邵公其人其心其灵是何等的造化呀！

课本不神，因天地而神；课本不灵，因人心而灵！

十一、少谈六壬

因有不少壬友询问：老师，你为什么现在博客上很少有六壬的文章呢？现就这个问题作个简单的回答。

六壬是传统术数中的占术之精品，这点确然无疑。但是六壬学术体系理论过于庞大复杂，在理论研究上首先就不好入手与掌握。同时，这是门强调绝对实战精神的术数，这两个壬学特点就无形中提高了学壬的难度与门槛。

我在六壬的教学过程中，深知学壬的不易。所以，近来对宣扬六壬少了很多劲，更没兴趣在网络上公开多讲六壬了，个中原因有如下数条。

一、六壬从来不是适合术数大众的的普及占卜技术之一，它一向是曲高和寡的，历来只是少数人掌握的高级术数之一。奇门遁甲与之有相类似的命运。张志春先生旨在推广奇门遁甲，到现在也有10多年的时间了，真正精通此术者寥寥无几，这就是现实事实的证明。

二、六壬这个术数不是仅靠个人的一点点兴趣来作为学壬的动力，就可以想掌握就能掌握的。学术数的人成千上万不计其数，都是出于兴趣来学的，但学一门如此专业的术数是不可能仅凭个人的兴趣想学好就能学好的。世间的任何学术也是如此，兴趣只能让你入门，不可能让你很便宜的有了点兴趣就能学到超高级的水准。

三、六壬这个术数的专业性太强，想要学好它，就要有大量的时间去作深入的研究。一个爱好者如果没有大量的时间与精力来持之以恒地长期研究，就想一下子靠个人的自学成功不太可能的。很多学壬者今天看看壬书，明天有事就不看了，后天就忘了；再过几天又想起来了，如此断断续续的学壬，想要学好壬真的是很难的事。

四、六壬包括任何一门术数，它们本质上都是一种思维方式的表达，都是有个性的。如果学习者的天生禀性、人生经历与个人品性、思维方式、方法与所学的具体术数门类的"个性特征"有相似性，则这种学习者就是相对地对此门学术会学的快一点好一点的。现实生活中好多思维方式很死板的人或思维很灵活的人，都是学不好术数的；为什么？前者思想太呆滞不会举一反三，对于术数的灵活变通就无法把握，也就是思想有点不及了。后者则是太聪明想的很多，理论功夫过关了，讲起理论来就会发挥的淋漓尽致，结果是在实践时想的面面俱到而抓不住要害，这种就是思想太丰富有点太过了。壬占的真正思想与判断是有度的：有原则性也要灵活性，不能想的太多也不能想的太少（没想到就断不出事来）。这种断课思维状态的尺寸如何调整至恰到好处，是一个长期的体验过程，决不是一朝一夕之功所能达到的。

五、六壬是人事之学术，它的实践与时代生活特色联系很是紧密的，也要有与时俱进的精神。不能死读书，也不能读死书。人事在进化，社会在发展，不是任何人都可能跟上时代的步伐，学壬同样如此。比如，现代为人占病最忌的是什么？不是各种占病的各类凶神恶煞，也不是什么生死墓绝，而只是火神或三合火局，个中原因是什么？这就要从时代生活的特征来讲了。一个人的社会阅历与见解，绝对和个人对壬的理解有着根本的关系。比如很多学壬者会化很多精力来讨论壬学中贵人起法的原理，说法多种各有其理，但理论都很强，脱离生活层面的太多。我为什么这样说呢？这跟我的经历有关的。记得很多年前我第一次去山东岳父家，岳父家是在农村。我去的日子是甲午日，一进园子的大门，门侧处两颗大枣树上分别拴着一头老黄牛和一头强壮的山羊，如此黄牛、山羊的景象入我眼帘，一下子让我明白了壬学中天乙贵人在生活中的现实原理与依据。壬是生活的反映，只有对生活有深刻理解与体悟的人，才会真正在壬学的研究上有进步。很多人生活在大都市中，对中国的主体社会农村却知之甚少，则如何又能真正了解壬呢？壬是生活的理论，生活是壬的表现，壬与生活是一体的。只有生活经历丰富的人，才有可能丰富自己对壬学的理解。

正是据于上述学壬过程中的实际问题与困难，所以现在我是尽量少谈壬了。至于真想跟我学壬的人，我也是有所选择的。一些明显学不了学不好的人，我都是拒绝的。同样，现在我教壬，也是随缘分来的。有缘、资质不错、人品也好、无生活之忧、学历不太低的人，我是会全心把心得给人家的。壬不是真的经世大道，是没必要去作所谓的普及。壬也讲缘，有缘人是有可能会得到壬的正面帮助。

十二、反对"百'家'争鸣"

现代学术研究，好打上"百家争鸣"的大旗，以为这样就可以百花齐放了。

事实上，从历史上来看，从没有过真正的百花齐放的好局面。"百家争鸣"的最终结果，往往是歪理邪说的层出不穷，导致学术、思想的大乱，以致会"假作真时真亦假"，真理这样就只能掌握在少数人手里了。

当代易学界的所谓"百家研究"，就导致了歪理邪说的无穷无尽的产生。在命理学界，传统格局真命理成为大众唾弃之"真亦假"伪术，而新派"正宗"命理反成为"假作真"的流行"学说"了。奇门遁甲也是同样命运：什么道家阴盘、阳盘奇门、佛家奇门等等胡说不断出现，真让人无可适从了。

上述现象不仅是在术数界有之，在任何学术界或思想界、社会上都有之。其中根本的原因就是：大道一生，（必然）奸诈并出，妖怪腾起。

对于这种之学术乱象，必要有"主旋律"为之学术定调，方可以树一学术研究基本之方向。对于易学界的术数研究而言，所有的"主旋律"就是传统、古法、经典，一切真正的研究必要以之为中心，才不会偏离根本之大道。可惜的是，"名'家'"不断拥现，"小道"胡说源源不断，大道处于风雨漂摇之中了。

在董仲舒的年代，整个汉王朝也是在思想界一片混乱之中。董仲舒在其著名的《天人三策》中之所以向汉武帝提出"罢黜百家,独尊儒术"，就是看到了若干所谓学术研究借着百家争鸣的旗号来制造思想的混乱。其云：

《春秋》大一统者，天地之常经，古今之通谊也。今师异道，人异论，百家殊方，指意不同，是以上亡以持一统；法制数变，下不知所守。臣愚以为，诸不在六艺之科孔子之术者，皆绝其道，勿使并进。邪辟之说灭息，然后统纪可一而法度可明，民知所从矣。

这一文字中的"师异道，人异论；百家殊方，指意不同，是以上亡以持一统；法制数变，下不知所守"就是根本，这对于当代术学界的研究同样也有警醒作用。

所以，真正明白者，术数学的研究一定是要以传统、古法、经典作为根本大道的，这样才有基本的正确方向，也才不会陷落于当今种种歪理邪说中去了。

十三、三式之最——谈六壬

说明：这是"策仕无双"易友在我的论坛上的发表的六壬文章，有参考价值，特别转贴。

六壬和奇门遁甲比起来，六壬无疑是幸运的，也是我们广大易友的幸运，也是值得我们骄傲的。六壬诞生最早，最早不晚于春秋战国，但经过2000年的传承，它没走上帝王之学的道路，也没走上风水的道路，这和它立足于民事而不无关系，也和研壬用壬的诸位易学大家们有关。壬虽言测日用百事，但其以占无不验的事实足以令其他术数相形见拙，经过数千年的传承，它历久弥新，反而焕发出了夺目的光华，辉耀后世，照耀千古。

在它的传承中，历代易学大家如:范蠡、伍子胥、东方朔、管铬、邵彦和、凌福之、陈公献等均作出了伟大的贡献。他们穷毕生之精力，研究这一术数，将六壬拔高到一个有又一个起点，然后在自己的有生之年将自己的毕生心血毫无保留的传给下一代，并期望他们继续将壬学发扬光大。大家可以看出六壬先贤和其他传人的保守自大虚妄的作风形成了鲜明的对比，正是由于六壬先贤的正大无私和光明磊落造就了六壬的三式之最。在漫漫历史长河中，这样的人还有很多，由于在下的孤陋寡闻，很多先贤不能一一列举，殊为憾事。

在千年传承中，六壬也有一些小小的分歧，但这只是一棵大树的两片叶子的差异之争，无足轻重。诸如涉害法的争议、以及昼贵与夜贵之争、还有十干贵人的分歧，这些都无足轻重，重要的是各种争议都在各位先贤的研究中予以攻克，并指出了正确的方法，使大家有法可依，有章可循，始终有一个核心思想为大家指明方向。可以毫不夸张的说，六壬是中国争议最少的术数之一。

希望先贤们的精神代不乏人，并希望当今壬学界的领军人物徐伟刚老师，传承先贤们的衣钵，以历代先贤自许，为弘扬与普及六壬矢志不移。

第五章 读书与学壬

一、术数五经

儒家有"四书五经"之说，以表达儒者对经典的尊重。当然，学经的好处就是：深入经藏、智慧如海。就术数家而言，当然也有各自的经典。就我研究范围而言，我也有我的术数研究所以为的"五经"。当然，这仅是我一家之见而已！

四柱方面的"五经"：《渊海子评》、《三命通会》、《神峰通考》、《子平真诠》、《穷通宝鉴》。

六壬方面的"五经"：《六壬集应钤》、《六壬直指》、《壬归》、《壬学琐记》、《精抄历代壬占汇选》。

风水方面的"五经"：《葬经》、《地理人子须知》、《催官篇》、《沈氏玄空学》、《管氏地理指蒙》。

相学方面的"五经"：《麻衣相法》、《柳庄神相》、《水镜相法》、《相理衡真》、《神相金铰剪》。

以上术数家"五经"的确立，完全是出于个人的偏好与看法；也仅是个人所重视、加注心力作深入研究的经典。大家完全可以有不同的看法，不必一定要以我个人见解为是。对于书，历来是见仁见智之事，我的观点只是其中一家之见了！

二、学壬的方向性错误

学习六壬、四柱等其他术数，用什么样的方法入手是很重要的。

当然，在壬学、四柱、奇门遁甲等体系中，是有很多的东西要记着的，但是如何记住记牢是有不同之学习方法的。

在我的子平专著中，我就强调学任何一门术数，是绝对不要也不能从背书开始的。四柱中的大量断语、六壬中的诗赋口诀等，也不能用"背"来掌握的。靠"背"来学术数是很呆板、愚蠢的学习方法，这种"死记硬背"的结果也是好不了的。

学习术数的第一步正确之方法：就是在理解性的基础之上去记住要学的东西。比如六壬中基本功"九宗门"，请不要去背什么诗诀，只要去了解此九法中的层层逻辑递进关系，就可以一下子很快地掌握此九法了。我在学习班上是按"九宗门"的内在关系将此九法分为三大法，一下子就让学员在理解的基础上了解了"九宗门"的复杂起法了。

还有术数中的诗赋口诀，也是不要背诵的。只要理解就可以了，这样就是正面效果"得其意可忘其句"，如果不理解之而去死记硬背，即便是记牢了一些死东西，时间一长就是"得其句还失其意"了，还是对古人所要表达的本意没法了解掌握。

背诵法是死法、呆子法，此一法的直接后果就是用很机械的方式来学六壬，由其导致的可怕后果就是搞教条主义的思维方式来断课。要知道的是，断课、断四柱是很灵活的，灵活的思维方式决不可能会来自死板的背诵入手功夫的。

学习六壬这种高级术数，是不可能通过死记硬背的方法所掌握的。一种高级术数学好与否，本质上是决定于个人的理解能力。所以，想学好六壬等术数，尽量不要靠死记硬背入手。学习的最基本方法不对，只会事倍功半！

三、学习术数的大敌

学习术数的一个大敌或说是"瓶颈"就是——口头禅式的研究方式。何谓"口头禅"式研究？就是对具体术数的知识（也就是书面知识）了解的滚瓜烂熟了，说起道理来时是一套套的，好像是真极有水平似的。但真正实占、实战时却是一知半解往往是三缄其口，这种口若悬河、夸夸其谈的理论"水平"与实战之间的巨大脱节，就是一般术学爱好者最大的"瓶颈"。

在六壬的研究者当中，这种人是大有人在，一心迷在六壬中，可对六壬的研究与体悟总是有隔阂存在着。一般而言，纯知识分子研究六壬或其他术数，是最易犯这个毛病的，都是理论上的巨人，行动上的矮子。这种知识分子的思维方式与定势是很难改变的，这也就在一定程度上决定了纯知识分子是学不好六壬的。

理论研究是术数研究的先行与前提，但纯在书面上打转，不了解社会，也是行不通的。

要知道的是，像六壬这样高深的术数体系，专业人士和一般爱好者之间的水平差异是特别悬殊的。我看了好多网上所谓六壬爱好者的一些文字，感觉好多都在六壬的门外徘徊，书本上的东西在"口头"上算是掌握了，可自己的东西一点都没有，这种就是"假道学"式、"口头禅"式的研究，这种研究注定是不会有什么结果的。

四、读书"发病"记

很多人研究术数很长时间了，还是实践水平很不理想，为人断事占事还是没有自信与把握。这种情况下，研究者就一定有好好反思、反省自己了！

这些术数爱好者看的书也很多，花的时间也不少，照理来说，好歹有点水平了。可一到真正实占之时就不行了，个中原因在什么地方呢？我接触这样的易友真是不少，发现了他们的一些通病，现在这里简单说一下我所认为的个中原因。

一、很多人看书就是好读书，什么样的书都看。的确，当代的易学书之多不可胜数，但好书确是很少，绝大多数是"广告书"或"垃圾书"，可取性很少。就像我吧，以前一出差就是买一大堆书回来。现在出去上书店，会买的书很少，很多时候就是空手而回，这说明真是好书太少了。看书一定要有选择性，不能什么书都看，都认为有理，这样就不行。

二、很多人看书就是死读书，以为书上的东西就是对的，没有多大的分辨能力；甚至以为一些大家公认的好书就一定就是对的。以致认为有些书是字字珠玑，这显然是一厢情愿的认死理法。当知，就是任何一本公认的好书，书中定是还有不可取的地方，不可能真的什么都对头的。像四柱命学中的《渊海子评》，它当中很重要赋文之一的"喜忌篇"中的好多观点就是站不住脚的，我们不能因为此书的盛名就以为这本书真是没一点误处的绝对"宝书"了。再如壬学中的《六壬大全》一书，当中也是有好多毛病的，好多说法是不清楚不完全的。此书作为入门书尚可，作为深造书是绝对不行的。就是这书中的"毕法赋"很权威了吧，可事实上它所讲的"理法"完全对头的不超过四成，好多"格"只是简单说说很不全面和辩证，初学它可以，了解一些"格"之成式，但这种"格"式的成例研究的时间长了，就会形成"教条主义"，个人的思想空间就会让其所局限，入乎其内出不了其外，这就是所谓的"法障"了。学了"毕法"，一天到晚在此"法"中转，出不来了，就会成为"书呆子"的。

三、很多人看书久了，就有了"书本依赖症"，对应的"症状"就是手不离书。给人算个四柱要翻书，给人看个六壬课也要来翻书看，全在书本中打转。结果是理论上滔滔不绝，进行实际操作时却哑口无声，成为"纸上谈兵"的术数师。这种人如果这种研究方式时间越长，则思维僵化的越厉害，最后就注定了学不了、学不好的命运啦！

读书的"发病"形式与症状还很多，今天就讲这几点吧！

五、十万个为什么

学习世间任何一门学术，一定要注意学习方法的。方法对头，事半功倍；方法不适当，则不免事倍功半。学习术数更应注意学习方法是否妥当！

学东西，我们当然要从书本开始的。但是，读书是有技巧与法则的，不能去死读书或读死书，书上的东西一定要辩证地看，一定要多问个"为什么"，要知其然更要知其所以然。如果只是机械地去看，那肯定学不好东西的。当前学术数的一种流行观点，就是在学东西的时候要去"背"。像四柱中的"断语"、遁甲中的"格"、"十干组合"象意、六壬中的"毕法赋""课经"、"诗赋"等，以为这些基本的理论知识只有去"背"了，才有可能入门才有可能进步。我学了术数十几年，从来没有背过任何东西的，也是一向反对以"背"来掌握术数知识的。当然，"背"绝对是个呆法，不理解的东东今天"背"了，明天说不定就会忘了，这种机械式的笨法子是很可怕的。术数本质上就很活，一切强调随时变通，学的时候搞机械"思维运动"，那如何在实践时会搞灵活应用呢？所以，凡是任何书或老师要求学生在学东西时要"死记硬背"的，那么这种"本本主义"与"教条主义"的教学风格与学习方法，一开始就会注定你会学不好东西的。

学东西，看书本上的知识，一定要多问个"为什么"，书上为什么要这样讲？它讲的依据是什么？原理是什么？带着大量的"问号"去看书上的一切是很有必要的，这就是真正的研究了。换言之，任何学术或学问去作所谓的研究，是一定要刨根问底的，一定要搞明白其原理的，学术的本源与出处也是要整明白的，一些较高级的术数像六壬、遁甲之类更应是如此。如果不求甚解，只是为了看书去看书，那所有的本事和结果就是理论上"通"了，本身的大脑只是个"记忆储存库"而已，只是个书虫、书呆子而已。一天到晚讲不完，讲的全是别人的东西，拾古人的"牙慧"而已，这种人从古到今是不可胜数的。

实际上，在术数上看一个人的水平，是根本用不着去看这个人的实占、实算、实践的东西，只要去看他的"谈吐"、"见解"或提出的"问题"就可以看出来的。我接触的国内外同行、易友、学生、爱好者太多了，我从来没有兴趣去请人家给我算算再定其人所在的易学水平、层次。一听其人的"见解"或所提"问题"，就可以大致可看出其人的实际能耐了！

学术数，一定要多问几个"为什么"，有了问"十万个为什么"的钻研精神，相信什么都是可以会学好的。

最后，我在这里给六壬读者提一些问题，也就是"为什么"的原理性、本原性问题：

六壬为什么要按占事者提问时间来起课？这一法与四柱的出生时间作四柱有什么关系？

六壬为什么要提倡用"正时法"而尽量少用"活时法"？

六壬的理论本源是什么？

六壬中的神煞古人是靠什么依据来造出来的？我们可不可以创造一些现代神煞呢？

六壬中的法、理、象是什么样的关系？

诸如此类的上述问题还有很多，这儿就不多提了。在我的研究六壬的过程中，这些问题曾经长时间在我的脑子中思考过仔细研究过的。学习六壬者想深造的，这些相类的大量问题一定要想明白的。

"十万个为什么"是小朋友认识这个世界的第一步。如果在术数研究中，也能解决回答"十万个为什么"这样多的术数问题或疑问，相信你的学习研究会进入真正的层次了。

六、读书琐想

多读书，多思考，知识就是力量。术数知识越多越丰富，为人占测断事更能发力中的！

读书破万卷，断卦始有神！读万卷书，行万里路；见万类人，知万种事；格局才大！

读书不局限于一家一法，万千法门，总依天命为旨归！

读书要入乎其内，出乎其外，进出自如，方不为书所拘泥。读一本书得其大意而变通之，是为善读书者。若以一书为典要，得其法也必入框框中，是谓法障！

读书人多有信宗教者，迷者极多。过来人才会清醒，世间只要是人，出不了人之基本。神仙梦，人人想做，世上从来没有活神仙。

读书要读活，不能读死书，死读书。读死书者，以为书上所言字字是真理，不可动一字一句者也！死读书者，只会谈书说理，无一点实践精神者是也！

读术数书，更要变通趋时，与时俱进。古人、古书、古事只是培我根基，今人、今天、今事才是我所要正面的。

谈古为了论今，论今不是复古！

七、评注六壬之"散"一文

说明：徐注后面的文字就是我加注本文的观点。

六壬为玄学，非唯物亦非唯心，是心物二元的体系。所以研究六壬的方法，也应该从两方面进行研究。过分偏重于谈论灵感、心法则流于玄虚荒诞之境；过分偏重于它的客观规定性，则流于凝滞不通的板法。（**徐注**：说六壬是玄学，这就犯了对六壬性质方向性的误解，六壬占人事为主，说的都是我们身边发生的事。六壬就是生活，是很现实的学问，一点都不玄的。讲六壬是心物两元的体系，不错；可世间的学问都是如此心物二元的，研究客观必脱不了人心，研究人心必关系到外在，两者本是一体两面的，所以古人就讲过"天人相为表里"了。)

"散"字为学壬一病。它指六壬判断理路不明，递进不紧，思维紊乱，虚浮无力，常见于六壬学习的第二个阶段。

随着六壬学习的深入，概念理论增多，神智遂为知识所惑，心中似有万法，临阵并无真章。如老年妇人之絮语，知无不言，言无不尽，实则不知所言。术语满天飞，实则空而无力也。就像唱歌一样，用的是左嗓子，不是靠前，就是靠后，无一句打在点子上，有人在此阶段纠缠数年不能进步。**(徐注**：当今中国研壬时间有数年者，大都有此"病"的，而且不少人时间越长，就犯"病"越重了。)

这两年单位上评模范，都采用打分制，看上去很科学。假如要评先进，便弄张表。上面业务成绩、思想道德、学历文凭、甲乙丙丁……若干项，评判者照表打分，然后总分累加，结果便出来了。初学六壬的也是这样，什么两贵不贵、德入天门、驿马逢空、乘轩铸印……等等，罗列一大摞，然后统计一下，好的因素五项，坏的因素三项，五多于三，大笔一挥，断事可成。直把个六壬判断弄成单位评模范，这就是"散"。

然"散"字一症，学壬者十有八九都有，只是程度不同。《六壬指南》的作者陈公献断的课，气势恢宏，局象紧密。而同是六壬大家的《六壬粹言》中的断例，风格婉约，局象便不如《六壬指南》中的紧密；相较之下，便散了些。(**徐注**：《粹言》书只是壬家中的一般之作而已，作为入门书可以，若作为"大家"作品，则完全是抬举它了。)

现代的一些六壬课例就更差了，花里胡哨，徒炫人耳目，外行看见，惊为神品；明眼人一看，形同呓语，长期受此熏染，有害无益。断课之法，紧密者可以开阔，如果沿着这种神吹海侃的作派，再要往回收，可就难了。这类占法，平常为人解占，滔滔不绝，颇有应验。一到关键时刻大事需要决断的时候，犹如窑头土坯，遇雨则圮，以圣人趋吉避凶之道，反成取辱。(**徐注**：壬占大事取验，方见真手段!) 这就是为什么过去的壬学大家初学推荐《六壬指南》的原因之一，《六壬指南》中的例子就像书法中的楷书一样，规矩分明。经过长时间浸润以后，学壬者的功力自然见长。然后参以其他壬书，活跃思路，则壬学易成。壬学的例子不能光看字面上的断语，实则后面是有东西的（**徐注**：经过的人可以看出来，没有经过的人看不出来），要不然怎么说"壬本道术"呢。要不为什么徐养浩研壬五十年，遍览壬书，说："然判断简妙者，莫若陈公献等指南耳"，自有道理，只不过初学者视而不见。陈公献少而学，壮而行，挟六壬之技游于大江南北，名重于公卿之间，没有两把刷子，是混不出来的。（徐注：从徐养浩的书来看，其人学壬功夫只是末流而已，不过其还算识的壬家中的好坏，认为学壬看《六壬指南》书，这是其明智点。陈公献先生确是有水平的，我看古今壬家水平中，陈可算是除了邵公之外的第二人了。明清两代的郭御青、王牧夫、程爱函较之公献先生就稍逊一点了。）

我有一个同学当大夫，对我说，看病找大夫，不要听社会上的名气，要看医院的人病了找谁，就找那个大夫，道理很深刻。外行叫好一半好，内行叫好才算好。学壬廿年的程翔云评论陈公献说："纵口而谈，悉本于理，及考其事，应如左券"，断课和事实就像复写的两联单据一样，你说厉害不厉害。（徐注：断课与事实无间，心灵始见！）

学壬和吃饭一样，总要自己消化，营养身体才好。理论只是理论，例子只是案例。要把壬书上的东西打烂了嚼碎，细细品味后，咽到肚子里，吸收到身体中才能为我所用。初学容易照猫画虎，硬圈硬套，东一榔头，西一棒槌，断课不是有机的统一，不能一理融贯，只是课象的对照罗列，实则夹生米饭，这叫"夹生散"。更有一种壬书一看便知，凭着自己灵感，妄谈禅定，在那里玩弄独头意识，以为得计，非但壬学没有精进，已处危境而不自知，这一类可以称做"玄虚散"。（徐注：在壬书中出入自在，方算是书上的东西真成了自家的了。）

如何在学壬当中避免这个"散"呢？做起来很难，与天赋和后天都有关系。从天赋来讲，有人天生虎视鹰扬，思想锐利，有人天生颟顸，唯唯诺诺，此乃造物所致，无可改变。可改变者，多读书，勤思考，多历事，善总结，能慎独，能平实。取象断课追求一个"理"字。临断时，不昧神明，非理勿视，非理勿取，非理勿断，用一根无形的"理"的绳索把课象串起来，纲举目张，长此以往，则"散"字可消。整个一本壬书，就是讲一个"理"字。六壬的道理，就是事物的道理，对事物的道理了然于胸，必然六壬也有个主见在里边。(**徐注**：这一段是真知灼见，大有道理的。)

在学习和讨论六壬的过程中，我们会发觉，那些有哲学头脑的，学习理工的，在某一方面有较深造诣的，有丰富社会阅历的，学习六壬后，断的课就相对清晰紧密。这说明，六壬的道理是和事物的道理相通的。这些人原来对事物已经有一定的感觉和认知，一经脱胎转换（这也是一个艰苦的过程），便派上了用场。(**徐注**：学理工的人学壬的毛病是太机械、呆板；学文科的人的毛病则是想象太丰富，臆想多多了。要学好壬，就要有理工科的思维方式去把握六壬的原则，要有文科的思维方式去发挥壬占的灵活性，如此这样才能千变万化不离于规距。)

陈公献博览群书，旁及黄老，知晓军事，出仕任官，游历山川，见识自不与凡人同，不是一个普通的术士。(**徐注**：学《六壬指南》书，只是了解了公献先生对壬的一些理解而已。而公献先生先生个人学识之背景、人生之历练我们以如何可学？)《六壬指南》删繁就简，实则意味深长。读之日久，有一种互相咬合，勾心斗角，刻卯对缝之感。(**徐注**：对公献先生和《六壬指南》书的评价很中肯。)

六壬判断如何做到整而不散，做到与事物的发展节奏共进退，是一个漫长的追求过程。以理运数，以数明理是六壬的核心所在，只要我们坚持讲个"理"字，必定会有所收获吧。(**徐注**：我学壬长达至今有十五年了，前九年面壁还在壬之外围呀。只是后来才一路超入，悟得壬断观象之妙旨，应用断验比比皆是了。)

八、对《六壬大全》的研究回顾

《六壬大全》一书因为其收录在四库全书之中，所以，其书在清乾隆之后，在一定程度上就成为研壬者的必读书之一了！但是，今天（2000年）以后的学壬者们是否一定要从《六壬大全》此一壬书入手，却是值得讨论一下的！

我从 1989 年开始学壬，由于当时资料很少，没法子，我只好从四库本中的《六壬大全》书开始入手研壬的。

现在，回过头来看此书，此一《六壬大全》书是有好多问题的。学者若以此书为教条为重心，学壬走上歧路的可能性很大！下面，从两个方面谈谈此壬书的基本情况！

一者：从可取性的角度去看此书，《六壬大全》一书作为入门壬书还是可以的。特别是对神煞、十二神、十二将等六壬核心的基本象类进行了总结整合，是很有意义的。

另外，此书最后的毕法赋大体上作为入门初步壬占的理论依据是可以的，还是有不少参考价值的。

二者：从不可取的角度看本书，此书的主体就是大量的六壬歌赋与课经。这些纯理论的六壬思想，一般初学壬者们必然会重视万分，以为好好研究了这些课经，就一定会成为壬占的高手啦！我当初学壬，在课经上下的功夫实在太多了。可是到了今天才发现，真正的壬占技术与课经基本不搭界。也就是讲，在壬占之时，用课经的思想去断课的机会基本很少很少的。所以，初学壬者若把重点放在课经上，肯定会学浪费好多时间与精力，而且，学不好壬的可能性会很大。

还有，值的讨论的就是《六壬大全》中的"毕法赋"了，此赋在壬学史上富有盛名。我学壬研究此赋，整体上不下上千遍，重点赋文章节更是用尽心力去理解它。并且，力图找出重点赋文如此这样说的背后原理。所以，就是到了今天，"毕法赋"完全烂熟于我心中了！

但是，随着我大量学壬实践的增加之后，我对壬占的理解也越来越深！回头再看此一赋文，此赋的不完全性、不正确性、教条性还是很多。若完全想依此赋来壬占，则只有大约 40% 左右的课可以作出简单的理占，更多的课是没法用此赋之理念来完成的！

像此赋中的好多赋文在实占是基本用不到的：引从说、拱贵说等等，我总结过的，至少有 15 条左右的赋文无多大实占意义的。

还有，此赋中的一些赋文在意象的讲解上是不到位的：像六阳格、六阴格、干支禄马相加的富贵课等，都是可以在意象的注解上，更可以深入到位。

当然，还有些赋文或观点是完全错误的：像金日逢丁凶祸动，水中逢丁财动之等等，全是此赋理念上的推演而已，实践中却是有误的！

正是我在实践中有了深刻体会，我在六壬授课中对学生们学壬不再尽力去推荐此赋了，只要求他们大致了解此赋可以了。当然，我以为的重点赋文（有大量实践意义）会给他们指出来，让他们少走弯路，一下子去掌握着毕法赋的真重点与精华所在！

以上，只是我现在对《六壬大全》的一些回头性的再认识。现在，在六壬书众多的时代，真学壬者想尽快进行壬占实践的话，我在这里给大家推荐一下真的六壬好书：它不是《壬归》，也不是《断案》，而是《六壬直指》，学壬若以《六壬直指》为根本为依据，必能事半功倍了！

九、关于《六壬直指》的若干问答

龙的传人：

不走些弯路，也许也走不好正途。

《六壬直指》还好，李峰的注解，不喜欢！

四柱正解：

问题是《六壬直指》也有课经与毕法？

徐伟刚：

《六壬直指》是有课经与毕法，但在书中的篇幅已很小了。此书主要的内容是在720课之总解上，这就是壬占断课的基本程式，了解它，再活用它，自然会占断了！

李峰之注解自然不必去看，他只是个六壬书本理论研究而已！在纸面上谈壬而已！

现代学壬者若还是天天泡在课经中，一个结果就是：浪费青春！

天天讲课经，只会学成一个六壬"植物人"！

学壬不易：

徐老师能否从《六壬直指》的课体、课义、解曰、断曰、占断、毕法云几个方面说明一下应注意什么吗？哪部分应重点看？

徐伟刚：

一般而言，在这些部分中，以"解曰"与"断曰"两块最有价值！至于毕法部分大概可以看看，不可为典要。若干例子，可以钻研一下！

十、《六壬集应钤》简介

《六壬集应钤》是明代极其重要的一部六壬巨著，它基本全面的整理总结了唐宋以来到明代中叶期间的六壬研究成果，为我们了解研究明代六壬提供了重要资料。

《六壬集应钤》作者黄宾廷，字檗菴，号夷山老叟，其人具体生平不详。从本书的"壬课纂義序"可以知道，本书编纂于明代成化三年歲在丁亥（孟春元日），也就是公元1467年。全书收集当时流行壬书，"因以口鉴为主，以六十日为次，以七百二十课系之；凡口鉴、毕法、心镜等书有及是课者，则条列以后。"（《六壬集应钤》序），明史卷九十八志第七十四中收录了本书书名。现在世存此书是手抄本，共六十卷，全书约2500多页面，现中国国家图书馆和台北图书馆均有收藏。但两馆所藏版本有所出入，中国国家图书馆的版本更全更为完整。台北图书馆的收藏版本似为转抄本，内容上略有缺少，别字也较多。2007年前中国国家图书馆将此抄本做成胶片，可供普通读者公开阅读，但现在此书已不再对外公开了！

《六壬集应钤》这本书的伟大，就是作者依据当时明代中叶流行的重要壬书，结合各家壬书相应观点，对六壬七百二十课式一课一课的进行了全面的资料汇总与诠释，让读者坐拥本书就相当于可以阅览百家壬书一样，其历史贡献价值巨大万分。

从书中的记载中可以看出，《六壬集应钤》收集了当时几乎所有的名闻于世的六壬著作：《口鉴》、《金匮经》、《玉历钤》、《毕法》、《通神集》、《正疑钤》、《无惑钤》、《钤解》、《玉连环》、《中黄经》、《预见经》、《观月经》、《灵辖经》、《心镜》、《袁天罡射覆掌诀》、《集灵经》、《龙首经》、《集义》等，作者将这些壬书中的有关内容与观点分门别类的加注到具体的相关课式中去，形成了对720种课式进行一课一课的详细阐释。另外，《六壬集应钤》在每一课式中还加入了"象曰"、"义曰"、"真一山人云"这三个部分的内容，对课式全面的探讨进行了补充。

从六壬的发展历史上看，对六壬720课进行一课一课分开来作仔细研究，只有这三部六壬经典著作：《御定六壬直指》、《精抄历代六壬占验汇选》、《六壬集应钤》，此三部六壬著作，各有相对独立完整之体系。大概而言，此三部书各具特色，都是作者对前代六壬理论或实例的全面总结与整理。《六壬集应钤》此书以理论为经，实例为纬，构建起一个从六壬学术发展到明代中叶期间的集大成之作。《精抄历代六壬占验汇选》则全是历代六壬名家的占验实例汇合，不涉及任何六壬学理上的讨论，是本"棋谱式"的六壬实践指导书，其实用价值不言而喻。《御定六壬直指》则是以理论为主、实例为辅的六壬大成之作，全书对720课式、课义、课象的全面分析与总结，也是十分具有特色的。从理论研究的深度与广度来讲，《六壬集应钤》是此三部六壬著作中最出色者，其研究价值也就在此三部著作中自然最为重要了。

2007年是丁亥年，距《六壬集应钤》成书1467年的丁亥年已是正九个甲子540年了。此书自黄宾廷先生作成之后，一直未能广为流传为世人所知。直到今天，笔者有缘为此书宣传，也是件很高兴的事。我们知道，九数（壬课"九"宗门）、六十年（"六"壬、"六"十甲子）、丁亥年（"壬"寄于"亥"、"亥"就是"壬"），这些全是与六壬极有缘的数字。黄宾廷先生的《六壬集应钤》作于540年前的丁亥年，到今天2007年的丁亥年由我（辛亥命者）来宣扬此书，其中有天意乎？壬命在亥，壬旺在亥，其中有数乎？

十一、《精抄历代六壬占验汇选》简介

《精抄历代六壬占验汇选》一书是我在某图书馆通过友人取得的一部古代六壬经典课例集,是书全为毛笔字的手抄稿本,不撰抄者姓名。但从书中的行文来看,似是清代壬学家程爱函编排抄录的。

《精抄历代六壬占验汇选》一书主要是囊括集录了中国历代六壬名著中的所有全部经典占验案例,堪为古今壬书占案中的集大成之作。其书所引用的历代六壬名著有:《六壬口鉴》、《六壬指南》、《一字诀玉连环》、《指归灵文论》、《大六壬一针见血》、《郭氏占案》、《方本占案》、《苗公达断经》、《牧夫占案》、《六壬雪心》、《残篇》、《六壬说约》、《六壬捷要》、《壬归》、《六壬直指》、《青钱秘诀》等,相应的历代研壬名流名家也就全部网罗于其中了:邵彦和、徐次宾、祝泌、刘日新、陈公献、郭御青、王牧夫、苗叔芳、苗公达、元轸、楚衍、仲褒、张官德等。可以讲拥有此一书,就可以基本把握中国传统壬学的主要法脉所在。同时,我们也可以在此一"宝藏"中充分学习历代前贤壬占的智慧与技法,提升个人在壬学上的修养与品质。因此,我视此书是为壬学中的"九阳真经",只要勤学苦练,壬占水平必有大成之日。

全书共为六卷,是依六旬六十甲子日各自所系古例来分卷的:

第一卷:甲子旬十日课例集成,共计有91个古例;其中具体有:

甲子日20例、乙丑日11例、丙寅日14例、丁卯日6例、戊辰日9例、己巳日9例、庚午日4例。辛未日6例、壬申日4例、癸酉日8例。

第二卷:甲戌旬十日课例集成,共计有120个古例;其中具体有:

甲戌日15例、乙亥日8例、丙子日8例、丁丑日11例、戊寅日12例、己卯日12例、庚辰日15例、辛巳日20例、壬午日10例、癸未日9例。

第三卷:甲申旬十日课例集成,共计有126个古例;其中具体有:

甲申日11例、乙酉日7例、丙戌日15例、丁亥日21例、戊子日10

例、己丑日12例、庚寅日15例、辛卯日15例、壬辰日15例、癸巳日9例。

第四卷：甲午旬十日课例集成，共计有102个古例；其中具体有：

甲午日10例、乙未日19例、丙申日5例、丁酉日13例、戊戌日7例、己亥日8例、庚子日7例、辛丑日7例、壬寅日14例、癸卯日12例。

第五卷：甲辰旬十日课例集成，共计有97个古例；其中具体有：

甲辰日6例、乙巳日8例、丙午日10例、丁未日11例、戊申日15例、己酉日8例、庚戌日12例、辛亥日8例、壬子日7例、癸丑日12例。

第六卷：甲寅旬十日课例集成，共计有115个古例，其中具体有：

甲寅日15例、乙卯日7例、丙辰日13例、丁巳日8例、戊午日10例、己未日19例、庚申日9例、辛酉日11例、壬戌日10例、癸亥日13例。

以上六卷课案占验集成，总计有651个六壬古例，全书共1100多页。较之《六壬断案》、《六壬指南》的一、二百个课例，可谓是洋洋大观了。所以坐拥此书，就足可"学富五车"了；掌握此书，就足可跻身于壬占高手之林了！

十二、答读者"子平爱好"的提问

子平爱好云：

观世音菩萨的不可思议的感应神力,时有所见闻。至于临急抱佛脚,求佛来救助是否可行,就要看个人的造化了。请教徐老师,为什么学佛道之人与周易如此有缘,或者说学周易这人与佛道如此有缘？明明师傅说,这是小道,而总是抱着周易不放，难道这真是业力所然？

以下是我的回答：

易学与佛道为什么如此有缘？就是这两门学术有太多的亲缘性！

一者：两者都是以神秘主义为其学术建筑之根本基础；

二者：两者的实践行为方式在心灵考量上有相似的地方；

三者：两者都对世界整体有各自大一统之理论解释体系；

四者：两者很多方面是可以互补的。

易学不是小道，其本质是对人类、现实、器世界的整体认知。

中国传统学术以儒、道、佛三家为主，此三家中占主流者自是儒家。儒家学术又以四书五经为其学术核心，而四书五经中无疑是以易学为其核心中之核心。所以从此逻辑上讲，易学（广义）是中华传统学术与文明、精神之核心了。

至于佛道是跨越现世界的，它必然表现其超越性。它是学术与宗教的结合体，更多的是建立于个人信仰之上的。它们的面更广，思想更深入，但个中宗教的神秘主义（宗教的生活方式也就是宗教人的修行与生活状态）却是不为世俗生活（世俗生活理念与方式不是宗教所提倡的生活方式）所广泛接受的主要原因了。

世俗绝大多数人信佛修道，更多是出自功利思想。就是希望通过宗教来求得福分，完全不求名利、福分而单纯从思想上去接受信仰宗教的人是不多的。就像现实当中好多学者学佛修道，出发点是源自对佛道的兴趣或对生命宗旨的探求，可结果在现实中往往是以"佛"为事业为资本来博名利、学位、头衔，成为"靠山吃山"、"靠佛吃佛"之流。这种人比比皆是，其学佛修道的结果是"我慢"、"恶口"。所以，对这些人不必太在意，他们也是常人而已，他们之学佛修道只是众生生活方式中的一种而已，并没有多少神圣性。

宗教与易学之研究各有不同之分野！易学是重点关怀现实之整体或团队之利益为重，宗教更多是关乎个人心灵天地。孙中山先生讲："政治统治现实，宗教统治人心。"易学更关心的是世故众生的成败，宗教则是用心于未来世界。一者是当务之急，一者是未来结果；一者是眼前看的见、摸的着的故事，一者是百年幻化之后的冥想；远近轻重之不同，是皆为关乎个人要紧的。

所以，学佛者之常见弊端就是以为学易为小道，殊不知千里之行始于足下，对眼前之事不关心却奢谈什么心性、大道、成佛，此就是学佛者之通病了!

所以,我从不视学佛修道为神圣之大道(只是一种生活方式形态而已),也不视易学为小道。是法平等,岂有高下?

以上只是我一点肤浅认识!

十三、答"歌谷"等读者的命定问题

宗教是众生的一种生活方式,并没有多少神圣性。本质上也是一种命运现象,所以其象必在四柱当中。四柱命学中也有对其人好修行好宗教的具体推算的法则,这也就是算命可算出其人是和尚命的缘故了。

"行善"和"作恶"本身作为一种命运之现象,也就是在四柱中就有的。

《了凡四训》只是宗教的宣传书,是佛家命运观的体现。它不是专业的术数命运观,它本质上还是宗教的说教书,吸引人去信其宗教,它是有"广告"性质的。呵呵!

我要强调的是:各种宗教与世界上的各类术数都有各自的命运观,它们各自对命运的看法都是立足于本身学术才能成立的。宗教命运观与术数命运观是不同学术体系的观点,两者不必一定要统一起来;两者之间的对立也就是学术体系不同的缘故。你信那个,就会认可那个命运观!没有必要将它们一定要联系起看人生命运。如果一定要将宗教与术数命运观联系起来,则定会有冲突的。

宗教更多的是信仰,给人于希望。术数则是专业的命运学术,所以,术数命运观相对权威点。但术数虽然是专业命运学术,但它们也不是也不能包罗解决所有人生命运问题的,所以它的命运观有权威但绝不是铁定的。学术的不完善性就给其他学术(像宗教就是一类)留下了考虑命运问题的空间,如是种种学术就有了各自的命运观了。

相信术数命运观,就是提示人在现实环境中的局限。相信宗教命运观,就是给人于希望,一切未发生之事尚在未定之天,一切都是有可能性的,强调的是无限性。两者着眼点不同，就结论不一样了。研究术数同时有宗教修行，做到现实局限与人的主观无限的能动性的融合，不是也可行的嘛？

人生是要理想与希望的，不然人生太宿命与消极。人就是要活在希望中，宗教提供了希望。但希望不是没有穷尽的，术数就是对人生希望作了限定。

事实上，宗教总是否定现实世界的，它的理想彼岸都是来世，它的消极性也是显而易见的。四柱是注定的，但四柱也会带来人生希望的，这就是一个处于命运低谷之人所要期待的。现实很凄凉，来世太遥远，人生更多是无奈啊！

任何学术都是研究人生和现实世界的，任何学术都有其正面与反面之双重功能的。学习术数与宗教，就是要力求发挥此两门学术的正面功能，将其学术的负面性降到最低，这才算是得善法了，这才是算学好学通了。

对宗教与术数，应作如是观。

十四、读书难

近一年的时间，我一直在读书、看书，不断的充实自己，丰富自己的思想与头脑，以此来提升自我！

表面上看，读书是提升自我能力的一条捷径，可是，读书实质上很不容易。读书时一定要心静，才能读的下去，没有一点静气，看书只能是浮光掠影而已，只能在书面上走马观花，根本上是进不了脑海深处的。

尤其是学一门新东西，当时读进去了还不行，还要通过思考理解才能记牢，不然，读了还是白读，不入灵魂，这书终不是你的，还是人家作者的，只有记着记清了，才有可能成为自己的。所以，读书本质上是读明人家的书，其实际上就是要记下人家的书。读与记，是读书的两个阶段，读是第一步，记是后一步。记着了才能成为自己的，否则，只能是白读、死读书了。

一年来的时间，我不断地在子平书、壬书、催官风水书中打转，尤其是催官风水书，更是付出了大量的心力。风水这一门学术，它的思维方式完全不同于壬书或子平书。子平书、壬书可以说只是纸面的东西，骨子里是可以在脑子里想来想去作研究的，可以"纸上谈兵"的。可风水书完全不一样，不能仅仅从书面上的东西是可以想象的。比如催官风水中讲"龙气旺盛"，从文字上可以很容易了解到，那实际上地形上或峦头上，这个"龙气旺盛"又是如何表现出实象的呢？这是不可能通过纸面就可以了解的，这就必须要"过眼"实观才能了解到这个"龙气旺盛"的实际形象。所以，学习研究催官风水，除了纸面研究外，要到各处去跑，去"过眼"书中描述的象，才是理论回归到现实本体的正路。

古书是古人作出来的，全是作者心中流露出的意象，读古书就是读古人之心，面书就是面师，书在前，也就是师在前进行教诲，不认真、不用心不但学不好，也是对古先师的不敬。所以，读书如同面师，当然要静心屏气、聚精会神才有可能学的好。

正是因为读书难，所以，学东西就很难了。想要研究一门学术，不读书又无路可走，那如何办？找老师，老师也是要你读书的。只有好好读书，通过"认真"两字，实现"吸星"大法，将人家的知识转化为你的知识内存，这样你才能强大起来，这样你才能命运提升！读书改变命运也许就是这个道理吧！

第六章 六壬技法谈

一、六壬运用技术系统

在我长期的六壬研究过程中,也在不停地调整六壬研究的部分与重心之所在。到目前为止,据于六壬实践中的实际需要,我把我的壬学研究的作了应用体系上的基本划分。

一、六壬断事应用系统,也就是六壬占断常事的基本系统。

二、六壬调整应用系统,也就是运用壬理与民俗、神话、宗教等历史意象或故事对人事进行运筹、调整。

三、六壬择日应用系统,也就是将壬课特质与一般之择日学原理进行沟通,发挥传统壬学在人事时间选择上的先天长处,进行趋吉行为的选择与动作。

四、六壬风水应用系统,也就是利用壬占中占测家宅风水具体方法论与一般风水学理论进行结合或整合,进行环境预测与调整。

五、六壬课命应用系统,也就是用壬占终身一法与四柱命理进行合参的一种综合技法。将壬占之理用到四柱判断当中去,同样也可将命理融入到壬断之中去,进行术数方法的综合,从而来对人的一生进行全面的预测与了解!

此上五个应用系统的提出,是我大量实践壬学进行壬占活动后进行的思考总结,务在使壬学更具实用性与对人事占断或调整上有更大的针对性,确保学有所用,从而使壬学真正成为一个高效的人事咨询、选择、决疑、决策工具。

二、六壬破重关

研究六壬想进入高层次境界，是有重重关口的。我对之是有深理解的，大致学壬学的好，占验极高，是要对以下一些学术的"关口"要——洞开才有可能。

一、干支关，就是要对四课三传的形式特征要有根本的了解。现代人所认识到古人所说的一些课传规律是表面的，而不是本质的东西。

二、年命关，此是壬占中的核心一关。年命两者之不同、入式与不入式的区别、年命与课传的关系等。这一点我看古人是没讲清楚的，现代人所理解则是皮毛而已。

三、神煞关，神煞是占验的"克应"，也就是神煞关系到课应不应验的问题，如何取舍神煞个中是有深义的。

四、取象关。

五、运筹关。

以上五重关口是壬占的根本。看古人书是可以找到一些基本线索的，但古人并没有说清或说透，这些东西就要有个人深刻的体悟来丰富它，而这些东西的获得必要长时间的研究，如果说点"口头禅"，则实战就不行了。

六壬实占的应验之高是不可思议的，壬占验不验不是课的问题，绝对是断课者的技术问题的。所以，提高一个人对壬学的真认识是不容易的，看点壬书就夸夸其谈而不见一点实战本事，就说明根本未学到壬，只能是学六壬者中的"赵括"而已。要知道的是，"赵括"们是大有人在的。

学六壬算学的好，就是一个标准：就是《指南》中讲陈公献的水平，谈起六壬来可以做到"纵口而谈"，占断壬课来必须做到"无不翩翩其中"，这样就可以做到理论与实战水平真的是名符其实了。

三、六壬占断基本步骤与方法

起出壬课之后，就要进入基本的判断程序了。但在判断开始之前，必须要了解一些判断的已知条件跟解课之间的相关关系。

一个人有疑求教于壬占，占断者就必须根据求测者的一些已知信息进行前提性的把握，这对于占课中取象的思维方向与触角有着决定性作用。就中国大陆求占者而言，占断者必须要分明以下几中情况：

一、求占者是为南方人或是北方人，这是因为断课中必须考虑到南北方生活的差异。

二、求占者是为农民还是城市人，这影响到断课中取象的不同理解。比如亥水在农村人求占中可以解析为养猪一类象，但城市人求占就绝对不可将亥作猪来取断了。

三、求占者是常人还是官贵公务员，这也同样跟课中如何取象析义的关系非常密切。

四、求占者是中国人还是外国人，中国人与外国人的生活习惯与社会价值观根本不同，这对课中的分象解义也是有影响的。

对以上四个方面的已知信息与常识进行分析与判断，是壬课判断者在断课之际首先要考虑的问题。

从六壬构建的基本模式上来看，六壬共有七百二十种固定课式形态，任何人用壬来决疑预测都是运用此七百二十种课式形态的一种。当然，这些固定课式形态由于占断年月时日太阳年命的不同，就会导致了课式中呈象的万千变化。因此从这个角度上看，六壬中七百二十种形态内的四课三传都是静态之定象，而占断年月太阳正时年命就是动态之变象，"吉凶悔吝生于动者"；所以占断壬课的第一步就是观察太岁、月令、太阳、正时、行年、本命、旬空、落空此八个"动象"是否入课临传各自处于什么"地方"、处于什么"生态"、加临什么"方所"、乘临什么"天将"、赋系什么"神煞"

……这种占断首观此八个动象是否入课临传的方法,谓之"太岁代入法";简称"代入法"。

"太岁代入法"的关键是要把太岁、月令、太阳、正时、行年、本命、旬空、落空此八象紧扣占事之主题,结合类神于占断"六处""八门""十二处"进行分象析义。"太岁代入法"中的"八象"进入四课三传谓之"入式",不进入四课三传谓之居于"闲地"或"不入式";"入式"者最为亲切有缘,居于"闲地"则较为遥远因缘浅薄。同样道理,类神入式或居于闲地也关乎壬占之成效。类神入式,其事必有结果;其吉其凶,重视类神呈象而言。类神居于闲地,其事勉强无力,占断也不甚验。

初学者在断课开始,一定要老老实实把"太岁代入法"——贯彻到底,在天地盘和四课三传中逐一标出太岁、月令、太阳、正时、行年、本命、旬空、落空此八象或居天盘或居地盘或在四课或在三传的各自位置,清清楚楚明了此八象在课传中的分布情况。对于八象中的"入式"者要格外重视之,对于八象中居于"闲地"者则恰当关注就可以了。

做完"太岁代入法"工作之后,就要对求测者所问之事进行事物结构与逻辑发展次序的"解构法"。"解构法"的主要目的是要把人家所问之事进行各种层面上的逐步分解使其要素及发展次序和占断四课三传的形式结构进行有效对应,实现壬占预测形式(课传)与事物表现形式的统一。

"解构法"是壬占中的关键,它直接关乎壬占的成败与否。大致而言,"解构法"主要包括如下二个层次:一者主客定位与解构;凡明显涉及主客双方互动关系的占断,一定要用主客解构定位来应之,或用"横主客"或用"竖主客"因人因事而异来取析。二者事物始终变化之解构与定位;凡明显涉及事物过去未来变化过程的占断,一定要三传来因人因事而异地取析。"解构法"千变万化其有一定,惟变所适。

在"解构法"基础之上,就可以用"取象法"来有的放矢具体判断了。"取象法"就是择取类神进行实际判断的过程。比如占婚姻一事,干男支女就是"解构法",以干上神言男、支上神言女就是"取象法"。当然,"取象法"中间就要着重看是否有太岁代入法中的"八象"。

在"取象法"中间有简单与复杂之区别，单纯取一明确"类神"进行判断是最简单者，但取象法中用的最多就是对不同类神之间进行"关系"上的判定。比如干上神为父母爻，三传财局克之；财星克父，必主父母有灾，父母之病灾缘来自本人金钱事或妻妾事而引发的。

壬占中最难的就是对于各种类神呈象进行相互之间关系的判断，并且这种"关系"的判定就是用来表述事物变化发展的过程。如果讲取"类神"就是壬占中的"点"，那么判定类神之间的关系就是壬占中的"线"关系，将"点"与"线"结合起来就是"面"关系，将各种"面"关系结合就可以立体地多角度地描述现实事物的现象了。

壬占中的"太岁代入法"是基础功夫，"解构法"是关键一段，"取象法"则是判断活变阶段；此三段方法只要融会贯通的好，方可以断出比较神奇的课例。

四、壬占系统法

六壬断课是有系统方法论的，此一系统方法就是由浅入深的断课细法组成的。在我教六壬学员的过程中，我也在挖空心思的想法子，如何让学员更快更有效地掌握壬占的要点。这里讲的五法，就是壬占法的基本步骤：

一、认格法。认格法是基本法，就是要求断课者从一课中找出所有的课式基本信息，比如干支关系、三传组合等。

二、就是太岁代入法。此一代入法就是要将一定之课式中四课三传之象和占课时的年月、月将等"动象"结合起来观察，并且要知道这些动象才是壬占的注意根本点。

三、点将法。

四、解构法。

五、断象法。此法从原理上可分为先天断象法和后天断象法两大根本法，此两法是壬占取象的源头。

这里我新提出的认格法、代入法、解构法和断象法，在我的面授班、内部教材上早已讲过了。这些新名词的出现，不是我的任何新发明，只是为了方便学员们尽快理解掌握壬占要点而想出的权宜形容词，目的是让学员们从名词、概念上就可以直接地了解壬课占断的一些基本原理与技法运用了。

五、点将法正解

六壬点将法是我研究教学六壬过程中，为方便初学者们进行初级断课的一种权宜法，它不是壬占的根本法，只是一种方便法门而已。任何人想把此一点将法曲解、臆断为壬占根本法，都是别有用心的！

了解点将法此一方便法门，就是让六壬初学者掌握壬占中的要点所在。

一、强调壬占中天将之重要性，将之吉凶是最根本的。

二、强调壬占中对四课三传此一六壬预测形式特征中最要紧地方的重视。

三、强调壬占中对事体占断方向性结果的正确把握，利用将之吉凶来大致断出事之最终结果。所以，在学习班上，我对此是反复点明的。

四、强调壬占中对将之意义的充分了解与认知。

真学壬者们要清楚，六壬的核心就是十二神将。神不离将，将不离神；神行使生克权，将行使主宰权；将高于神；神将是一体的。

点将法就是对十二神将中的天将系统单独提出来，让学壬者们在学习六壬时，一上手就抓着壬学的根本而已！

学壬者们要学好六壬请真用心力去研究，不要进行"口头禅"式的研究，或者陶醉于网上断课所谓"占验"的"快感"之中，真功夫的断课只有在生活中为人占验才是实事。网上说话容易，可以任性想说就说，可生活中就不一样了，如何取信客户、朋友、家人不是靠网上瞎侃可以取得的。学壬就是要立足于真实生活，不要自以为是陶醉于自我感觉极好的"网上高手"当中去，真学壬者们切戒呀！

六、课命法

在古壬书中，古人把用壬课来占人一生命运的法式，谓之课命。其意就是想从一课中窥测人一生的穷通造化，课（考核）其命矣！

一课可否课出当事者的命来，从古人的实践来看，好像的是可以的。但我的实践当中发现，课命法是有条件的，不是在任何情况下，都可以想着来一课就能把人的一生就从课占出来的。

记得在我的经历中，用正时占一人一生的课有不少，个中有的课清晰异常，按课作断就很容易；但有些课象有时就是不明，对人的现实情况不搭界；这种情况的出现引起了我的警觉，从而引发了我的思考。

像我为人算终身，一般就是用壬课或其人四柱，什么情况下用四柱，什么情况用当时的时课，刚开始的时候我不注意这两种方法中的区别。后来，发现了情况的存在了：就是有时用四柱算人很对，用当时的时课就对不上；有时，时课占人很对头，用四柱就算不清或不甚明白；这两种情形的交错出现了多次，就让我对用什么占测方法来算什么样事或测终身就有了思考。

所以，我的课命法不是古代单纯的"课命法"了，而是《"课""命"法》了，也就是为人占事或测终身的时候，就有个测法工具上的选择了：或用时课、或用四柱、或课命四柱两法参，力图在测事工具上有针对性。工欲善其事，必先利其器，欲为人算事，必选择适合的测法，这就是我的实践体会。在占卜生涯中，方法工具的选择，的确直接关系到预测的准确程度。

课命法是我常用工具，时课也可占终身。课不离命，命不离课；无命不立课，无课不成命。课者，时占之学也；命者，时课之学也！

我一直强调的是：学术数不能单凭一门类，一招鲜吃遍天下的时代一去不复返了。一个易学职业者本身就是要有综合素质的，也就是要多学点东西的。课、命、相、风水此四门真通了，方有从业的资格；如果只通一门就想吃此行当的饭，应付客户时未免会很累的啦！

七、课命法引用例

这是我 2006 年 9 月 25 日下午为三个广东客中的第一位先生进行的预测事务，采用的就是"课命法"。

其人四柱：

乾造：**丁未　壬子　辛酉　己丑**

大运：5 辛亥　15 庚戌　25 己酉　35 戊申　45 丁未　55 丙午

所出课式：

公历：2006 年 9 月 25 日

阴历：八月初四

四柱：**丙戌　丁酉　丁巳　乙巳**

月将：辰将甲寅旬子丑空

```
                    父 卯 勾
                    父 寅 合
                    子 丑 雀

          虎  空  虎  勾
          午  巳  辰  卯
          丁  午  巳  辰

          辰  巳  午  未
          卯          申
          寅          酉
          丑  子  亥  戌
```

从四柱中的伤官合煞来看，且地支中全是夜神，可知其必是做偏门、不法生意之人。

从课中干上神日禄加虎，更知其从事必是风险之业。（注意我没用正时法，而是用的活时法。）

果然，其人是在广东做六合彩的老板。如此门槛一开，对他的占测就顺当了。一路算下去，其人之行运、近数年之流年运气，都好说了！

八、择 吉

在传统术学中，择吉是一门重要学问。

如何择吉，则是各个术家各有不同的基本方法！

我对之的理解是：学习择吉要有两个基本公共原则是任何术家都要考虑的！

一、须遵循择日学之一般原理与吉凶法则。这以《协纪辩方》中"造命法"为基本理论，但是此一法主要用于家宅与坟地的选择用事之上。一般人生庶事，还要在此法上提升。

二、要将择日应用与个人所学专业学术特点联系起来，体现出择吉的个性特征来。像我所学主要是四柱与六壬，所以我的择吉活动中，总是深刻考虑到所择时课与当事者的人生命运（四柱）与具体事体（壬式）的基本关系！

择吉的本质是由"现在来安排未来的吉凶"，这是因为未来总是以现在为前提才发展过去的。所以，择吉也就是"人为地预定未来"。

择吉的结果应该是以良好的预想效果成为事实，真正的择吉的确是可以起到很多关键性的作用。我近年的大量实践结果证明，择吉是大多会起正面作用的！

九、壬课格局论

在我的六壬实践中，对一定模式的壬课进行指标式的分类研究，是我一直进行的一项主要努力方向。

六壬课格说不是传统的壬课课经之类的东西，而是对于固定课式结合实占时的太岁、月令、太阳、正时、年命等具体参数而形成的特殊课式了！

这种课格说就是类似于四柱论命中的各种命局的大至类型了。四柱论命有：贵命、贱命、富命、穷命、吉命、凶命、寿命、夭命八类，所以，我这里提的课格也就是如此大概这样分的：

贵课：比如课中有贵人、太阳等主贵之象者；

富课：比如课中有财爻、六合等主富之象者；

贫课：比如课中全是天空、空亡等主贫之象者；

贱课：比如课中有太阴、蛇神等主贱之象者；

吉课：比如课中有龙神、六合等主吉之象者；

凶课：比如课中有白虎、蛇神等主凶之象者；

成课：比如课中有龙神、马星等主事之成象者；

败课：比如课中有天空、败神等主事之败象者。

以上八大课都有各类具体指标，可以包括古今壬学研究中所有有关壬理判断数据与指标。当然，实际课中必然是吉凶之象相混，这八个大课格的分类就是在课式中定出主象要素来区分就可以了！这种课格的分别有利于学壬者可以把握壬占时的大约方向！

十、"象类"与"类象"的说明

六壬作为课学之术，主要是运用神将来考课时事的！所以、个人俗务之事、终身禄命、家宅之吉凶就成了壬课中的主要研究对象了！

所以，在我的六壬教育中：课事、课宅、课命是我所谓的主要壬占中的"三课"，壬占之研究也就是研究此大三课而已！

节日作为传统一年中的特别时间点，自有其特殊之象征！

比如像一个国家之国庆节，在壬学中自是用太岁来表示之！再如国人之中秋节，则是用酉金来象之！由此推广，一年中之种种节日自然有其特定之象类来代表了！

壬占中常用类神来代表万事万物，类神又是从取象而出的。自《袖里乾坤》一书中用了"类象"这一名词之后，当今壬学研究家们无不依谈"类象"而作为旨归。现在想来，此一"类象"概念或名词并不如何合适，因为古壬书中只是讲"类神"或"象"之类的术语，而正是我拙著上的说法，就导致了"类象"一名的出现，自是开始在易学界流行起来了！

这个问题在我脑子中想了好久，觉的"类象"这个词不是特别的到位来描述事物的现象与种类之无数。在事物的表现中，只有现象出现了才可以分门别类，象不同才有类的分别。所以，我在这里特别说明，对于事物的描述在我的壬学研究中，一律用"象类"这个概念来代替"类象"这个名词，以来重点突出"象"的优先性！

以上说明，只是我个人的一些壬学观点与新想法，谨供大家参考！

十一、论年命的重要性

年命是壬占中的一个最重要的因素，我把它终结为四条：

一、本命重于行年；

二、年命本身重于年命上神；

三、年命和其上神是可以在四课三传中直接讨论运用的；

四、占日天干和年命是"体用"关系。

这些东西是我研究《六壬断案》、《六壬集应钤》诸书和个人实战所悟的总结！不知年命就不论了，此乃事机也！就是说，天意让你不知其年命，你自可顺天行事就课传去断好了！它是不会景响占断之准略的！

占人六亲，最好知道六亲之年命！若不知就不必强知了，理由同上！

十二、关于马的认识

天马、驿马、丁马、午火、六处马，以驿马为主论。

岁马，表示中央派员，如驻外大使等；月马，省级代表；命马，终生奔走。

驿马乘青龙，乃龙马精神。马背驮财，驮鬼等

马，表示上进心强，坚强的不断进取的精神。表示见多识广，有丰富的人生经验。行天者莫如龙，行地者莫如马。推行项目，要看马。还有公用的马，私用的马。丁马乃动摇的马，不如驿马有上进精神。游子课，若驿马发用，为全国奔走，不断进取。若丁马发用，为四处漂泊，居无定所。流离之象。

十三、神话与壬（神）课

解灾是壬学研究、占测中的一个重要后续手段，但用什么方法这就值得人思考了！

神话故事是创造"神奇"的信息源，在壬课中可以发挥"奇迹"般的功效！不同的神话故事就可以应用在不同的人事占测中，用神话故事来解灾就可创造现代"神话"故事的！

我常用三种方法在壬学中进行运筹或解灾，利用神话故事是我近期以来常用的手法之一！

现代俗说风水中用什么动物、生肖、吉祥物等放什么方位，这等肤浅之法，稍有作用，但也要谨慎用之。

建议大家要重视一些神话故事或民间传说，这些信息对研究壬学或其他术数研究是大有好处的！

十四、从壬学角度去看印度洋大海啸

从传统壬学和中国传统民俗角度去看，2007年年底发生的印度洋大海啸，无疑是大海之中的恶龙兴风作浪，掀起汹涌波涛洪流来为害人世间了。这种恶龙最终是要送上屠龙台的，因为是触犯了天条！

五湖四海之内，皆有大小龙王镇守，行云布雨都受令于玉帝是绝对不能擅自行事的。六壬课内，鬼神不能遁形！

说明：以上观点只是我一家之见，是按民俗神话角度来注释海啸的。这和古人在壬学中以为青龙主雨是一个逻辑概念，不是我本人刻意去宣传"迷信"，明智者当理解之！

要特别指出的是，在中国传统术数体系中，纯理性的学术研究方式是从来没有过的。所以，当代研究者想运用西方的统计学或等理性或科学思想来研究中国术数，注定不会成功的！在任何术数中，神秘主义或神学思想都是术数世界中最重要的一个组成部分，其表现形式就是神话故事或民俗传说或各地风俗等，研究壬课更要注意这个重大特点的！

我对神话、传说或风俗的看法是，其都是人事的渲染或传奇而已，背后都有确实的一定的人事故事作为基础的。所以，重视神话或传说，就是重视古代原始社会人事的消息。现代人重视研究神话或传说，本质上是个人心灵向人类自身来源的寻找或回归。

十五、幻　化

我的六壬应用体系中，主要将六壬占课分为四科：课事、课时、课命与课宅。

课事：就是壬占一般常见之人生百事。

课时：就是课吉，用壬占来选择吉时进行人生重要活动。

课命：就是用壬课来占断人生前程大事。

课宅：也就是课地，主要用壬式来课占阳宅、阴宅吉凶。

今天有空，打开了我的壬命实践日记本来回顾 2007 年上半年的一些记录。也有兴致，就取出其中一壬式课吉的例子给广大易友参考。

2007 年 3 月 15 日，呼和浩特的王姐来电，要求为其一去世的亲戚选择下葬的吉时吉课。仙命在癸巳。王姐说，最好在 3 月份之内，时间较紧张的。

闻此情况，我就打开学生给我编的专用六壬软件，进行了全面的计算。特地选了阳历：2007 年 3 月 29 日卯时，作为下葬吉时。

吉时：丁亥　癸卯　壬戌　癸卯

时课成式：仙命癸巳

```
          午 后
          丑 勾
          申 玄

后 勾 贵 龙
午 丑 巳 子
壬 午 戌 巳

子 丑 寅 卯
亥       辰
戌       巳
酉 申 未 午
```

课理根据：

一、立成用事干支四柱按造命法看无大忌讳。

二、卜葬用地支为主。仙命巳贵加于地支戌墓，本命归于本命之墓，正是其人适得其所。

三、干上午为仙命神魂，加天后，自然神魂安静。

四、末传申者身也，入于空地，幻身已化为太虚。

本课中幻身、仙命、神魂全憩于休息之地，不正是"葬者，藏也"之本来旨意乎？

今录此笔记一则，以见用壬之奇妙！

十六、略谈阳历、农历之易学运用

在术数研究中，无一不是以干支纪时法为运用根本法。此法固然是术数之基石，然阳历法与中国古传农历法就无一点之易学功用了吗？

研易与时俱进，乃是每个时代易学之必然要求，任何易学都会打上时代的烙印，当代易学自然不会例外的。

在壬占中、四柱断命中、择日运用中，完全可以充分运用阳历日期与农历日期的特性进行断课、断命与择吉避凶的。比如我外公所讲的：初三、二七，不改好日。此一法就是讲在择日中，无论当日干支如何，农历中的任何月的初三与二十七都是黄道吉日，取用此日，百无禁忌，不必多考虑当日的神煞宜忌、用事人的年命如何及用事性质的。这是一条建立于农历立法基础上的铁律，个中自有深理，只是一般研究者不易了解而已。

再如在四柱择吉中或与人取四柱进行剖腹产时，除了要考虑具体的四柱之外，对阳历日与阴历日的考虑也是必须要的。

所以，由此阳历与农历日期的运用，就是提升到对数字吉凶分别的特殊理解之上了。比如现代流行的"发数"——"8"，就可以有特别的运用价值，我们研易者不能以为其仅是民间流行一般称谓而不在意个中所有的时代特性之易理。再如2007年世俗盛传是"金猪年"，一般易者就会搬出万年历，讲今年是火猪年才是对正确的，讲金猪年是错的。可我的理解是，火猪年的是没错，却是死法子。2007年给算流年主要应该用金猪来算才会对头，壬占同样如此，今年不能仅作丁亥火猪年算，更要用辛亥金猪来算才会更合乎时代变化之易理。

当然，这些用法是绝对有着深刻的易理存在的，不是当今一般死学古人的书呆子们所能真正可以想象或理解的！

十七、关公生日

昨天是个什么日子？没人知道也没有人在乎的！

昨天是农历五月二十三，关公的生日。

关公是谁？三国时代的关云长也，五虎上将第一人！

历史上真有关公其人，所以在这个宇宙中，关公是永远会存在起着作用的。

关公从人上升到武圣人，再从武圣人上升到关帝，是其历史信息功能在人世间的强化与升化。

关公在民间又成为武财神，人人敬爱之！

在一些巨富的家宅中或公司中，可常常见到关公手执大刀威风凛凛的形象。我见过的多个巨富之人，最少的资产也在数千万之上，家中所供的皆是关公关圣人。看来，巨富与关公之间莫非真的有神秘因缘？

看了这些巨富人的四柱，发现了他们命中所具特性确实与关公信息有关联，这才明白什么样的人供什么样的神明是有讲法的。壬课中的神将类神在这方面的指导意义尤大！

按术数、宗教的角度来看，一个人的成功好像确是与神明有关系的，可事实上按我的理解是：所谓的神明，更多是一种历史意象（信息）在起作用。所以，在六壬或四柱的所谓"解法"技术体系中，用历史意象是最关键的核心法。

当然，昨天是关公的生日，可同时还是父亲节呀！现代的节日是真多，没有去关心节日在一年的特别意义，我也是如此的。现在悟到了，节日不是普通日子，它是有特别之意象的。在术数运用节日，可起到神秘的不可思议之作用的。

如何请关公？什么样的人可以来请供关公？什么时间请？都是有一定之原则的。

十八、国庆与择日

国庆节是一个国家最重要的日子，也就是一个政权的生日！对于老百姓来说，国庆节是有实际意义的，也就是在易学择日中，国庆是个极有应用价值的日子！

我有个西北的学生，准备在下半年结婚，要我为他择个日子。我就向他推荐了 10 月 1 日国庆节与 10 月 2 日这两个日子！

从干支历法上看，今年 10 月 1 日是癸亥日、2 日是甲子日。按择日学理论来看，癸亥日作为六甲穷日是大不适宜作为结婚佳日的，2 日反而吉利多了！

但我向学生还是推荐了 1 日国庆节，以为此日更宜结婚的！他问什么原因，我就讲此日主要就是国庆节！因为其中就有就高于一般择日学原理的易理存在了，他听我的细说，就欣然接受了此日结婚！

另外，企业与人合作做生意也是最适合取国庆日子的！

在我的择日理论中，国庆节往往是作为结婚吉日的首选。

十九、特异功能与壬课

前天，与国内以前极有名的一位特异功能大师张先生见了个面。为他占了一个课，课中有关特异功能的类神十分明显，而且与其命年也有关系。

从课中看出，其人功能的出现方式是很有特点的，与其生长的环境有关。当然，其人功能背后的来源也是可看出来的。当我说出其人功法背后的主要力量源头后。他大惊，以为我也有什么特异功能的。我笑着讲，瞎说呀，我是占出来的。他惊叹不已，觉的这算卦算的不可思议！

以前看梅花易数的时候，书中讲鬼神不能出乎卦数之外，近年来占了这样的课有好几个，好像壬课当中也有描述这方面的东西，鬼神好像也出不了课之范围！

当然，六壬是算人事为主的，六壬的断法是以象占为根本法。但细分下来，壬课的所有占断不出乎先天断法和后天断法两大方法论。掌握了先天断课法和后天断课法，方才真正地可从"天人全合一"的高度去全面把握壬占观象的要旨了！

二十、中介人

今天下午，四川某先生来访，讲要跟我好好学壬。先求占一课，问其儿子可否考上军校。

从课中看出，其人本来发了大财，但让人骗了，如今日子不好过，不过生活还是没问题的。建议其人减肥，因其相是勾陈样，主运滞。做事做不了，且走的是伏吟运，运气很背。

其儿想要考上军校，必定要找人花钱打通关节的，中介人必是属猴人，且是在部队混的人，果然奇准。

从其儿本命行年看，其人"大利北方，不利南方"的，报考的必是陆军院校，是第三志愿。到了其时，这类军校还是可以考取的。

这个课中断出找的帮忙人是属猴人，且此属猴人的地位极高，是军队的，但人品不行。这一点断的很是到位，果然事实就是如此，此属猴人是总参某高官的秘书，神通广大，让其帮忙干事，还不是小事一桩嘛！

二十一 丹田之气

去年，北京一学生带着儿子到我家。其儿学京剧，学的不错，占了一课，其学如何？

儿子年命是丁丑生人。课中所得丑命发用乘雀发用，命上太岁作马星驾临，大有前程之象。

此课妙处有二：

一者：丑命发用，而"丑"正是"丹田"之象，此子唱功中气十足，必是丹田之气。让其唱上几句《婶娘》片段，果然是气沉丹田，高亢响亮，韵味很浓。学生不解，问丑字为何有丹田之象？我笑曰：其象有三啊，合之才是啊，讲给她听了，果是壬象极真。

二者：丑命上见太岁，不料其师正是丁亥命人。遂断，其师必是国家级大师水平。果然如是：其师是中国京剧院的名角，从小学唱京剧，10多岁就为毛主席、周总理表演，在京剧界大有名气啊。

课式不错，遂勉之好好学习，将来大有前途！

二十二、预测"神舟五号"发射及断课

2003年国庆期间，欧阳提供了一例他起占的"神舟五号"载人飞船的课式，让笔者判断一下，此课极富研究价值，笔者十分重视。

癸未年七月己巳日巳将酉时

```
          元首   曲直

         丁 卯  虎
         财 亥  合
         兄 未  后

    虎 合 龙 蛇
    卯 亥 丑 酉
    己 卯 巳 丑

    丑   寅 卯 辰
    子         巳
    亥         午
    戌 酉 申 未
```

109

断象：六壬占课的最高境界就在善于"观象玩占"，在于式中寻找类神来结合现实进行判断。

今占断载人飞船，就要寻"神舟"、"飞船"之类神来代表。《大全、太冲卯》中云："太冲，所主驿马船车"，古人既有定义取象，自然寻找干上神卯木来代表"神舟"、"飞船"之象了。

今卯乘虎带丁神，丁主动摇不安，虎主疾病、灾难、事故；按一般之理解，卯乘丁带虎，此一飞船发射恐有大事故发生。这种分析并无大错，问题在于没有紧扣"观象"此一主旨与灵魂。笔者对此的认识是：卯为舟船，又卯为震为动力，也即发动机，卯上加丁神，丁火主点火之象。虎取象惊天动地之虎啸，结合丁神、卯太冲、白虎此三象，我们就会身临其境地看到：飞船点火后发出惊天动地的轰鸣之声，虎啸般地向太空冲去，场面十分壮观！

丁卯虎发动冲天，中传亥为天门，又为空亡，正为飞船射向太空苍穹之象。末传未土为天上日干，正适合象征太空中飞船内的航天员。未为羊，又为杨姓字，未乘天后，天后安闲舒适，明表宇航员在飞船中感觉良好，一帆风顺。又丁卯加未地发用，未为太岁，未为酒食太常之位，未又为"井"象"泉"象，"神舟五号"发射定于酒泉卫星发射中心岂偶然哉！又未为太岁，代表国家元首，又卯为大将军，代表国防部长；三传叠见，有国家元首亲临发射现场之象。

丁卯发动，必应于合月，是以在戌月发射。酉日冲卯，又丁火长生于酉，甲寅旬中子丑空，辛酉日，发射升天。以地支上神丑旬空，飞船离地之象也。辛酉日冲卯丁火长生即点火，是以断决于此日发射升空。

飞船回收，又要定载人舱之象。今支为大地，支上丑为腹为子宫，子宫中藏孕儿女，正极契合载人舱之象。今丑乘龙，龙为吉祥之神，丑龙受巳生助，明表载人舱回到大地十分顺利平安，出乎一般之想象。

对上述的判断，是在今年10月3日上午分析的；课之奇验于10月15日、16日，令人深感壬课之鬼神莫测，其拟象之丝丝入扣毫无牵强附会之一点点，令人不可思议。大哉、六壬！神哉、六壬！

后引：此课曾在网上公开发表过，引起了个别"别有用心"之人的猜忌，诬蔑此课是"造假"而来的，这实在荒唐可笑至极。笔者研究壬学十余年，从来都是实事求是的，不弄虚不附会，就是我一贯的研壬风格。

本课占验背景：这一课的占出，是我的学生欧阳斌在8月份他在看电视时心动而占出的，当时，他的感觉是大凶，就将这一课保存了下来。

欧阳在2003年国庆学习班的第二天中午和我吃饭时，他就问了我一个问题。

他讲：老师，像神五飞船当取什么象或类神呢？

我答道：神五飞天的，壬学中可取青龙来代表。为什么呢？因为在壬学中青龙就是万里翼，就有飞天之象的。

欧阳接着讲：他在八月份占了一课，就是占神五上天一课，他觉的大凶的。

我问：为什么如此说来呢？

欧阳讲：断课不就是最重第一课，现这一课就是干上神克干呀！

我说：断课不是这样的，这种断法很原始很简单的，你可以明天将课拿来，到时我再具体看断。

第二天上午，欧阳拿来此一课的打印稿(是欧阳从自己电脑存储中找了出来并打印的，此一纸页正反面共有4个课，神五课就是第一课式。)到今天，此一稿纸我还存着，在学习班给学生们看的。网名叫"小石头"的自己竟因为无能，不能想象这一课的神奇与占验，就以小人之心来揣测我这一课的来历，毫无根据的来想象来污蔑我说我造假课。这种事真的我是想不到的，人心竟然会如此卑劣的。当然，现在我知道是谁是小石头了，他的真实身分与情况我很清楚的，这种小人的阴暗心理是叫人不可思议。

欧阳拿来了课让我看，我一见这一课，就改变了昨天讲的以青龙来类指神五飞船这一断法，就直接按干上卯木来定，为什么呢？就是壬书中不就是白纸黑字的写着"卯为太冲为车、舟、船嘛"；况且，神五全称就是"神舟五号"飞船，名称中就是有"舟""飞船"之象，这当然要取卯来当作飞船来定了。

这一课当时我的断法是一目了然的一眼看到底的，没作大思考就作了上面的全面结论的。

当时，欧阳还问：这一神五的发射会在酉月嘛，也就是近几天，为什么这样说呢？因为过几天就是戌月了，这个月酉冲卯，不就可断酉月发射嘛？

我讲：这肯定不会在酉月发射的，定是在合卯的戌月酉日才会发射上天的。

欧阳问：为什么呀？

我答：卯在酉月是月破不是冲动，而只有的合月之时才会成事成功的，到了酉日的话，才算是冲动了！（事实上，此一应期的法则，我是用了《六壬指南》书中一占出狱课的法子来变通用的。这一断法，今天第一次在网上公布）。

另外，我对欧阳还讲了三传中亥作天门空亡的解释。其实，亥作天门、空亡作空间的断法取象，我是用了《六壬断案》书中一占天气和一占家宅中对亥、空亡取象，将此《六壬断案》中邵公的一些类神取法移植过来了。

对于这一课的取象，我为了让欧阳清楚取象的活法，就针对这一课的三传卯亥未及天将作了新的阐释：就是一个女人抱着孩子在树木繁茂的动物园看大老虎（天后女人象、亥是小孩子、木局就是树木繁茂、白虎就是老虎象、三传就是聚合象）。欧阳听后，很受启发的！

这一课在网上（六爻联盟）发表了之后，就引起了"小石头"这种小人的无端猜疑与诽谤，这一课是真的很神奇！但我对欧阳讲，这一课在断法上并没有什么特别过人之处，只是这一课的述象真是太到位了，让人感觉到壬课的不可思议，真是"神课"了。在断法上，我只是借鉴了《六壬指南》书和《六壬断案》书中诸干个占法综合了一下而已，并且紧紧结合现实事象与课中象进行了取舍，其就是一个象占的过程而已了！

网络上的网友、易友不在少数，但大多人的人品是真实的，说的过去的。但就是不少害群之马自大无知，自己不会的就认为别人也不会，心理变态与扭曲让人觉的连做人的基本人品都没了，还整天在网上叫嚣胡闹，这种人我是极端鄙视的！

今后，我想有机会、有时间的话，我会对我所占验、公开发表的课作些回顾，重点讲讲占事的背景与断法的技法来处，让有缘的壬友们仔细研究研究！

二十三、相似之课

公历：2006年9月3日

阴历：闰七十一

四柱：**丙戌　丙申　乙未　辛巳**

月将：巳将甲午旬辰巳空

```
            财 辰 勾
            财 未 虎
            财 丑 蛇

    勾 勾 虎 虎
    辰 辰 未 未
    乙 辰 未 未

    巳 午 未 申
    辰         酉
    卯         戌
    寅 丑 子 亥
```

这个课是个回国的西班牙华商问占的生意事，也占了终身。其命是癸丑年生人，同来者是两个西班牙人：一者是壬子命，一者是己酉命！

这个课可看出其当事者必是个人干的老板命，生意很大的！至于做什么的行当，课中也是很清楚的啦！

巧的是，下午我又接待了一个客户，是四川人。给他占的课与上一式相类似的很：

公历：2006年9月3日

阴历：闰七十一

四柱：**丙戌　丙申　乙未　甲申**

月将：巳将甲午旬辰巳空

```
        财 丑 蛇
        财 戌 阴
        财 未 虎

    蛇 阴 勾 蛇
    丑 戌 辰 丑
    乙 丑 未 辰

    寅 卯 辰 巳
    丑         午
    子         未
    亥 戌 酉 申
```

这位先生是丙申生人，课中初传空亡，只好依中末传来断其人生意事业的。中传戌为狗、末传则是未羊，对此课的断法就从这"挂羊头卖狗肉"的思想来占卜之了！

这一段时间占了好多有意思的课，这里就贴以上两课出来，玩味下来定有收获！

二十四、一课值千金

下面此课是深圳某集团老总夫人于七月份到北京来求占的一课，此课可谓是壬中的"巨富之课"，可谓价值连城了！

为什么这样说呢？主要是其集团一年之收入在7个亿左右，做的事业可以讲很大了！

现将此课奉献给大家，有心者可以看出个中此课的妙处来的！

公历：2006年7月28日

阴历：七月初四

四柱：**丙戌　乙未　戊午　壬戌**

月将：午将甲寅旬子丑空

```
          兄 戌 合
          父 午 后
          官 寅 虎

      空 雀 虎 合
      丑 酉 寅 戌
      戌 丑 午 寅

          丑 寅 卯 辰
          子         巳
          亥         午
          戌 酉 申 未
```

本课可以说真的是"一课值千金"了！在我的记忆中，去年给香港钟表协会会长先生占的课可以与本课相提并论，而且似乎比此课格局更大了！

二十五、丁柔克六壬占追捕

清人丁柔克的笔记里读到下面这篇题为"六壬"的短文：

通州刺史请予占一六壬，欲捕一讼师。时甲戌六月初三日，甲戌日甲戌时未将也。

```
          官 申 虎
          子 巳 勾
          兄 寅 蛇

      合 空 虎 阴
      辰 未 申 亥
      未 戌 亥 甲

          寅 卯 辰 巳
          丑         午
          子         未
          亥 戌 酉 申
```

予断曰：初五丙子，必获于西南，在酒楼看画。后果毫发不爽。

友人某惊曰：何其神妙也，愿闻其说。

予曰：三传为申巳寅，干上亥，亥上太阴，太阴为获拿之神。申金官鬼为讼师，临于亥。亥为楼台，亥中有壁宿，有文书字画，所谓东壁图书府也。而水当死时，字为有用之物，图书皆然。画为无用之物，故知看画。勾陈为官长，乘巳火克申金，故知必获。申为坤，在西南，应初五日丙子也。

客大悟，再拜而退。

二十六、鬼临天乙乃神祇

说明：

这是我烟台大六壬及四柱面授学生田永丰的一占验壬课。田永丰两次参加了我的四柱及六壬面授高级班，学习精进，为人真诚。基本上掌握了我所宣教的现代壬占中的象占、理占正法，因而在壬占中实践中屡占屡验，取得了理想的效果。

公历：2007年3月2日

四柱：丁亥　壬寅　乙未　丙戌

年命：甲子命丑年

月将：亥将甲午旬辰巳空

```
        官 酉 后
        财 戌 阴
        父 亥 玄

    后 贵 朱 合
    酉 申 戌 阴
    申 未 亥 玄

    午 未 申 酉
    巳         戌
    辰         亥
    卯 寅 丑 子
```

晚上，老邻居舅母突然来电话问儿子得病，是肺炎发烧，并且反复不见好转，问占。

缘起：去年这位老邻居就儿子考研问过一课，当时确定其能考上，最后嘱咐她其儿子要大病。不巧的是今年大年初二上午还好好的，中午吃完饭，就突然高烧，就去我们这里最大的医院。当时医生诊断为肺炎，是何种肺炎因何而起，医生不知所以。住了一个星期不见退烧和好转，又转院我们这的传染病医院，经诊断怀疑是肺结核，暂时住下，但是高烧一直不退，始终在38~39度徘徊。这么长时间的治疗不见好转确实让人焦心，不得已想起去年我说的话，给我打来这个电话。此课一出，我心里就觉得奇怪，让其马上来当面说说。

问：得这病这么长时间一直不见好转，会不会有生命危险？

观此课，支上申鬼初传酉官，明显是肺炎。支阴酉金发传，病来的突然，没有丝毫征兆，课象非常贴切。

干上巳午火为死气死神，天医虽入课但生病鬼，子孙爻又空亡，医生恐有用药不对症误诊之嫌。巳火又有螣蛇象，肯定发烧不退，反复发作。好在本命与生气并作一处（仗着年轻？），死神死气空亡，末传太阳，病虽重不致无救。

实际情况是：在医院中一天要打3~5个掉针，用上药后体温就降一降，用完了药，不一会体温又升上来了。如此反复，确实让人着急。

问：什么时候能好啊？（焦急的心情，理解）

当时看到课中有子孙爻，天医，太阳这些救神，当时认为只有子孙爻能治鬼，也就是巳午两日能见好转。

又问：他年纪轻轻怎么能得这么个怪病？追问之下试言之：

首先我问，他过春节放假是直接回家还是出去玩了，然后再回的家？

她说：直接回家的。

我又问：你们家供养的是佛，菩萨还是其他神祇？

她说：是观音菩萨。

我问：在西南方位？

她说：是。

我再问：床在什么地方？

她说：房子小，床在菩萨的正下方（平常都是他一个人住）。

我说：你儿子带着女朋友回来一起住？你把地方让给他们了？

她说：是。

事情到此就基本明了，这就是我认为此课奇怪的地方，所以才有上面我提的问题，现在已经得到证实。

再观此课，支上申贵做鬼，家中神灵怪罪，为何事？合后上课，初传酉后，三传天将皆是隐私不正，肯定与女人有关（不必明说了）。

3月13日丙午日下午开始好转，直到14日上午也没发烧。

后注：此一课事实上，与我占"非典"期间北大附属医院护士王晶一课式基本是一样的。只是由于占课时间不一，所应神煞不一，所以占断结果就不一了。两课中还是有共性处，就是当事者皆是肺炎，且病情危重。

二十七、重注占测名演员付彪病情一课

2004年8月14日晚上，我和爱人上网查找一些资料。突然看到了一则有关著名演员付彪先生患上肝癌的消息报道，遂占了一课看付先生病情如何吉凶。

课式一出，我就大惊，为何？缘课中正对应肝癌的大凶信息。当时，我还不知付彪先生的本命，就对爱人讲，咱们搜寻一下看付彪是哪年生的，若付彪先生就是属兔人，他这命就保不住了。可搜寻下来的结果令人目瞪口呆，付彪先生竟就是1963年生人，生肖刚好就是属兔的。唉，我大发感慨，真是命啊！

一个晚上，我心中反复想着这一课象，实在找不到课中的丝毫生机，知道付彪先生是活不到2006年的。这课给我的印象特别的深，现把这课写出来，大家来看看课象。

甲申年申月乙丑日巳将戌时癸卯男命

```
             兄 卯 虎
             财 戌 雀
             子 巳 玄

        合 阴 贵 虎
        亥 午 申 卯
        乙 亥 丑 申

        子   丑 寅 卯
        亥       辰
        戌       巳
        酉   申 未 午
```

断象：

发用卯木正是肝胆之象，卯乘白虎正是患上癌症之象，极凶极恶也！卯木从第四课发用，主病发突然毫无征兆；且卯木受上下夹克，而且是两虎夹克，此种肝癌必死无疑！

可怕的是，付先生的本命就是卯呀，这种课说明：此一肝的生命力就完全等于付的生命，肝坏死则人必亡，凶无敌矣！

今卯木带丁，正是换肝做手术之象，丁火可暂时制克两虎，但到明年火死，卯被酉冲破，如何活下去？

从三传来看，初传本命传到中传戌成传空，明示到 2006 年（甲戌年）之前人就没了呀！

呜呼！哀哉！

后引： 关系付彪先生病情消息不断传来，我从不作乐观看。我在多期六壬、四柱学习班上多次讲，付彪先生这病是过不了 2005 年秋天的。

记得在 2005 年三月份的四柱学习班上，大家又谈起了付彪先生，学员告诉我，说付先生又要换肝了，问我吉凶如何，我就说，这个秋天付先生是过不了的！

2005 年 8 月 30 日 10 点多，我在网上大六壬 QQ 群中和人聊天，小乙哥突然讲，他们新浪网得到最新消息，说付彪已在今天上午 9：45 分辞世了，大家闻言，无不动容！

付先生辞世时间正是乙酉年申月丙戌日巳时，这个时间就在三传的"字眼"里，唉！这个肝病跑来跑去逃不出金的主宰时间范围呀！

重注：

本课已在网上公开发表过了，对此课的主要断法也在上述断辞中作了说明。今天重谈这一课，就是将我在面授班上对此课的仔细挖掘与深入分析在此公开一下，以让真正对壬学有兴趣者提供点新的思路。

此课之断法一上来就是以付先生的本命来代表其本人，而不是用日干，这就是我在壬占中重"正象"远"通象"的亲切手段。本命是正象，日干可以代表今日求占之所有人，是以日干为通象也！正象远高于通象，此是壬占第一重要之法则。

付先生本命卯木受上下申金夹克，主其命危，其因有二：一者将之白虎克命，此是癌细胞之象！为何虎有癌细胞之象？主要恶虎可吞食一切，而癌细胞也有吞食正常细胞之能，两者性能相类，是以虎主癌症，我在实践中是屡占屡验了。二者是付先生本命卯木下受克制于地盘申金贵人，此点最为大凶；为何？此申金作为贵人，占病乃是神灵，贵人克命，乃是神灵相呼之象。且本课占时之际，此申还是太岁与月令两尊"大神"，此两神相克本命，祷神必无方矣！所以，在此一夹克中，表象者虎之癌症，而实要命者，则是岁月之"大神"了！

本命发用作丁神，丁者丁马也，是凶动之象也！古壬书中以占病见驿马为神气出游之象，是为至凶！此说固然有一定之意义，而我对之理解以为其说并不到位。因为马之本象主行动远行，所以占病中对驿马之意义还是要用其本象本义来阐述更为到位的，这就是占病中逢马主"人走了"，我们在生活中用口头语言说人死就会说成"人走了"。所以，在我的六壬理解体系中，占病见马是指病者将要不久于人世"人走了"将死之重要信息主象。本课中付先生本命作丁马，岂不是"人走了"之象，如此课式呈象，岂不大凶？

另外，从日干通象来看，乙也自然可以看作付先生，则本命就成为日家之命禄神，命逢旺禄，自然成名成家兴发了！卯主车，而付先生最是爱车，其将个人爱车装成汽车旅馆成为移动之房子，岂是偶然？且卯木主车，卯木还代表房子，两象合一再合其命，付先生命远之主象不就一目了然了！

上述四点深入发掘，是我对本课的深入理解与研究，今天公布出来，供学壬者们参考！

二十八、《六壬集应钤》精义赏析例

《六壬集应钤》作为明代壬学一巨著，其价值不言而喻。一本好书，就是一个好的老师。研究一本好书，等于可以从一个老师身上可以学得好的东西。所以，不单是术数研究，包括其他学术研究与学习，找到一本好书是最重要的事之一。

在现代流行的壬书中，都收有《毕法赋》此一壬学占验的经典方法论。但是，所有的壬学研究者都知道，此一流行通本式的《毕法赋》，其论述都是纲要性的、笼统性的，其中更有不实之文、信笔之言。所以，对于要深入研究了解《毕法赋》，则必要对《毕法赋》的所有赋文与注解都要深化与拓展，如果壬学研究者仅仅从字面上了解《毕法赋》是远远不够的，也是学不好六壬的。可喜的是，《六壬集应钤》中收录的百家钤论中，就有好多深入内容对现代流行通本的《毕法赋》中的赋文与注解作了详解，可以让我们进一步了解到毕法之本来面目及其精义所在。

现从《六壬集应钤》中找出数例，让大家可以一解其中的妙义。

一例：对于六壬中"三传递生格"，现代流行的结论是很简单，那就是赋文：三传递生人举荐，其意就是：（一）主得隔位有人推荐其人，（二）利于举文章于上级。对于此格，《六壬集应钤》中在多个课式中反复讲明其义、深入其义的：

①解：三传递生，必隔位上人举荐而有恩泽，事必赖之而成，忧也懒之解释，惟忌空亡。

②解：三传递生，官者必有僚友推荐当道升迁，无位者必有贵人眷顾、

富人周给，尤利艺术之人多获照拂。

③解：官升，士登科，常人必获官长荣宠也。

④解：常人必获上人青睐而获福。

⑤解：递生职位提升，声价可以增重。

对照上面五解，可以看出《六壬集应钤》"三传递生"此一格在官运、谋事、解忧、常人占运、艺术人卖艺、士子考试、名声多方面的象意与推断结论，其意义之丰富较之现代流行通本《毕法赋》是更多更全面了。

二例：六壬中的"支乘墓虎有伏尸"一格，其格在《毕法赋》中的注释就是讲了占宅中主有伏尸鬼为祸或有形响，且以克宅者为的，比如乙亥日支上未，白天占乘天将为虎。《毕法赋》是作了如此结论，那伏尸到底是什么情况？那该如何处理呢？《毕法赋》只是最后简单地说了"法官行遣或安镇之吉"，学习者读了也不会处理方法。

对于这个问题，《六壬集应钤》在乙亥日干上子、支上未这一课中作了断解，并且讲了处理方法，其文云：

占宅必伏尸鬼，兴妖变怪，常现形响，以致人宅不宁。法必用此亥方挖去伏骨，用青龙土填之。却将伏骨具棺南郊之乡埋之，可以获福。

这一段释文中，就讲了当中详情：一、是指家中出现怪事、有异动声音或光影（鬼现形），令人胆战心惊、心神不安。二、是指出了此伏尸在家中亥方，下面有尸骨古墓。三、是要将此尸骨挖走，用青龙土来填之。四、是告诉术者要将尸骨重新装棺木中埋之，这样才能家宅安宁，可以获福。

当然，上述这个问题对于从农村平房如有伏尸是可以操作的，对于现代楼房或高层住宅中来讲，其操作性又不行了，因为你不可能将楼拆了来挖地下的伏尸？那么高层住宅占出伏尸作怪那又该如何处理呢？我在实践中就碰到了这样的问题。当然，这时的处理方法较之古法是要作调整变化的了！

从上面两个举例可以看出，《六壬集应钤》中是有好多精义、深义的，是现代流行壬书中基本不见的，是知此书的伟大价值。我想编撰的《六壬集应钤精英总录》，就是要收录相关这些书中精义妙论，将古人研壬的精华奉献给世人！

二十九、六壬诹吉

六壬作为人事之占，其效性世人皆知。不过，六壬主要是占术，所以，对于风水之吉凶自然可以占卜知之。不过，历来风水大家以为，用占术来断风水吉凶可以，但若以之来代替风水理论则是完全不可以的。《地理人子须知》一书中就有"论断验小数之谬"，其意风水可以占卜，但占卜术是不能用之来指导风水实践的，风水实践主要还是要用风水专业理论来做才对头。所以，像《六壬断案》中好多邵公占验阳宅或阴宅的课案，课式纵神，也不可谓只单凭一壬式就可以来确定或调理风水了。

六壬如何与风水结合？这是一个问题。我们知道，正规的风水理论有三：一者形势峦头也；二者理气天星；三者克择趋避；此三者就是中国风水理论体系中的"鼎立三足"。清代的张九仪先生就对六壬如何引用到风水中进行了研究探讨，而且进行了实践，取得了良好之效果。不过，张九仪先生是到了晚年才开始将六壬运用到风水的克择趋避之中去。具体地说，就是可以将六壬用来在阳宅或阴宅风水中进行择吉，进行催官催财，让山水之灵、地力效命于人事，起到参赞化育之功。

张九仪先生用六壬在风水中诹吉，主要见于其著作《仪度六壬择日要诀》一书中。不过，其书中还采用了斗首择吉法，要此法与六壬诹吉结合起来，才能够完美。当然，要想了解掌握张九仪的诹吉本事，就必先要学习研究张九仪先生的风水理论。

第七章　学生谈壬

本章主要是收录了我的部分学壬学生们在网络上公开发表的若干学习研究六壬心得的文章。他们是济南的（网名）上山上山兔（硕士）、北京的（网名）胜亮（网络设计师）二人的学壬体会，文章有长有短，也有一定的启发意义。

第一节　上山上山兔学壬文章

一、术数该抛弃还是继承

昨天还在跟媳妇讨论术数的事情。

我一直有这样的观点，现代的科学走的是实验室的路子。经过实验器材对某种规律形成的因素等进行重现、模拟，多次实验，归纳总结为某一规律。爱因斯坦也曾经被讽刺过是疯子，因为他的相对论无法用实验的方式来证明。前一段时间看过一个新闻，说美国的宇航器已经拍到时光扭曲的图片，可以作为相对论证明的依据。

术数同样也无法重现与证明。就比如说算命，不同的算命先生对同一个人的判断未必是完全相同的，因为他们自己接受的东西和内心的感悟不一样。同样，一个算命先生对不同的人的判断也是不一样的。要找到一位算命先生对具有完全相同命运的人来进行多次实验，显然是不可能的。正是因为古代术数与当代自然科学需要证明才能称之为科学的路子完全相反，因此走到了如此尴尬的局面。

接受过当代科学教育的人士，一般对术数采取一棍子打死的态度，认为他们都是骗人的勾当。很久以前，大约是在我小学生的时候看过一篇科普漫画。看手相的先生在给一位男士讲东西的样子，旁白有一行字，我现在还记得，说手掌上几条简单的纹理就能决定你的命运吗？小时候看了觉得这幅漫画真好，的确是一下子点出了看相的丑脸。现在一想却是觉得画漫画的人根本就不知道术数为何，甚至都没有自己亲自体验过看手相。

邓小平说过要实事求是，凡事要经过调研分析才好出结论。我们再回过头来看看这篇漫画，有一个最大的漏洞在哪里呢？手相是体现你的命理，不是决定你的命运。一个体现、一个决定相差太大了。对于手相我也不懂，但我知道对流传了千年的术数，如果它单纯是骗人的话，早就被历史的长河所淘汰了。要知道历史是产生于民间，文化也是产生于民间的。皇族文化很明显，都是民间文化的精粹。后来统治者一声令下，让民间不再传播类似文化，让宫廷独占。劳动人民的眼睛自然也是雪亮的，对于我不懂的东西，我不能再采取一棍子打死的态度了。其实有一个很简单的例子来说明手相这一点。生活朴素简单的民工，他们的手纹只是有很粗很深的几条，而整日埋于繁琐事务中的白领，他们的手纹必然是枝枝丫丫。

凡事只有自己亲自钻研了，才能真正知道它是对还是错，人云亦云鹦鹉学舌，我在小学的教育课本中都有一篇文章说是错误的。

通过上面的论述，我有这样的观点：被现代科学体系严格认证过的一定是对的，没有被现代科学体系严格论证过的不一定是错的。这一句话是符合逻辑学的规则吧。当年考山东大学的时候，可是狠学过一段时间的逻辑，而现在的一些人连这些最基本的逻辑规则都没有掌握，在他们眼里，没有被现代科学体系严格论证过的就一定是错的。前一段时间不是还为小学课本中出现过外星人的论述而引起某位名人的不满？在这位名人的眼里，外星人是不存在的，其道理当然来自于除地球外周围星球尚无适合生存的环境等等。我想反问的就是，在你有限的科学知识之内认识到的东西是绝对的吗？你认为不适合生存难道其他的物种就不能生存？短短的几百年现代科学能解释得了浩瀚宇宙的现象吗？对于现代科学无法拿出证据证明的就一定错了吗？这位名人就是因为科学还没有拿出来证明外星人存在的证据而理直气壮地说外星人不存在，那么科学拿出确凿的证据证明外星人不存在了吗？

　　严重的逻辑错误已经成为将术数湮灭的最直接思想根源。我们的教育不是教育学生要形成良好的逻辑思维能力，而是教育他们学会机械地接受知识。

　　两千年的封建社会，《易》一直排在诗书礼乐的前头，成为五经之首。举子们想要考取功名，这一方面也是必修之课。《易》一直是儒家的重要思想指导，自强不息、厚德载物现在还被挂在清华的墙头上，被来来往往的学子记在心里。破除迷信的那个年代，被一棍子打死了好多深有历史底蕴的前辈。近些年来，国家正在重新重视古代哲学，很多综合性大学都设立了古哲学专业，这是让人很高兴的一面。毕竟一种文化历经千年而不朽就值得今人去研究，如果仅仅因为刚刚兴起的科学体系与之格格不入便简单地进行否定，是很武断的行为。现代科学是西方人的思维，而我们的文化是东方人的思维，这两者差别太大，无法相互验证与考究。西方人喜欢严密的逻辑思维，因此他们的理论必然要经过证明一下；而我们的先哲更喜欢自己思想里的灵光一闪，这一点是无法重现与证明的。

　　想想看，以易为始祖传下来的各类术数，今人也是仅仅在机械地使用而没有理论的创新。就在这一点上，古人聪明还是今人聪明呢？不能仅仅因此经济社会发展了，就觉得人的智慧发展了，要明白一点，现在的科学家都是站在前人的肩膀上来做事的，如果没有原先的理论基础，什么事情也做不成。

　　四大文明古国都有自己到目前为止让科学还解释不了的事情。关于易书的撰文到现在还让人迷惑，为什么古人有那么大的通灵？先皇伏羲用独特的眼光来观察宇宙万物并将它记录了下来，这种思想深植在每一个中国人的脑海里，不管你是承认还是不承认。古代的圣哲们用自己的思维来解释我们为什么存在、事物如何运转、天地如何变迁，蕴藏在古代哲学家头脑中的智慧恐怕我们这些生活在现代文明下的学士永远也理解不了。

第七章　学生谈壬

　　那些单纯地以为术数是骗人的学者必然不是真正的学者，不要以为中华几千年没有术数的淘汰，最典型的例子就是太乙神数，太乙、奇门、六壬并称为三术，而太乙在经过历史的洗涤已经渐渐退出。命理方面的四柱、风水都有其自己独特的精蕴在里面，要解释古人的这些文明，恐怕不是一朝一夕可以做到的。

　　我学习六壬，接触六壬是很偶然的。从山大毕业后接触过不少高学历的人士，他们无不是对术数满脸卑夷。心存着验证一下的想法，我翻开了第一本六壬书，却发现原来不是世人传说中的那么一回子事，六壬术数没有十数年的功夫，根本就无法摸到精要，我现在已经学六壬一年，也仅仅懂得些皮毛。如果一门骗人的法门要你学十多年才能学会，那它也就不用骗人了。读得古书越多就越加接近于古人的思维模式，当渐渐具有了古人的思维模式才能看得懂古书中想要表达的意思，以习惯了阅读科普文章的眼睛来看古书，是看不出什么门道的。

　　术数中没有骗人的吗？有，没有骗钱的吗？有，学习它就是为了更好地认识，哪些是骗人的理论，哪一些又是我们该继承的。

　　之所以有上面的感想，是因为今天在中文经济类核心期刊《销售与市场》2006年第6期第18页看到一篇文章：德国《镜报》常驻亚洲的记者坦尚尼碰到一个算命先生跟他说，1999年对他来说将是个不吉利的一年，做事要小心，不可以搭飞机。于是他在1998年底下定决心，跟公司打报告，未来一年出差只搭乘火车或轮船。而就在1999年，就在坦尚尼搭火车的那一年，德国《镜报》指派另一位记者到泰国进行访问，结果那架搭着十几位记者的直升机失事，坠落在泰国山区，机上人员全部遇难，包括代替他前去执行任务的同事。

　　更加有讽刺意味的还在于，当你翻到这一期21页的时候，你会发现有一篇文章叫《一生万物与抱元守一》，宁立新用老子道德经做了文章的标题与开篇。所以我才有文中的一句话"这种思想深植在每一个中国人的脑海里，不管你是承认还是不承认"。

二、抬头三尺有神灵

我一直接受的是传统的西方模式教育,从大学里开始就学习西方的先进文化知识,一直到前几年还在学习先进的科学管理思想。我一直畅游在西方知识的浪潮中,世界观也是西方的思想体系,从很小的时候就学习马列主义,马克思主义的辩证法与资本论、社会主义的哲学理论在我的脑海里留下一道道的烙印。

以前的教科书教导我们,被实验证明了的,才是科学的;其他的都是伪科学,其实这就是它最大的非科学处所在。人总是会受到自己的认识能力、所掌握的资源、收集到的环境影响因素等的束缚而具有知识的有限性,对于不了解的事物,还没有条件没有能力用实验证明的现象难道它就是不科学的吗?这帮学者总喜欢将某种新事物写在纸上、体现在实验室里,用公式做做推导,归纳推理证明了,还要经过所谓专家评审了才觉得是科学的。这是多么的非科学,可以称为最大的迷信了。

中国一直以来就有自己的世界观哲学体系,可是中国自从进入20世纪以后就基本抛弃得差不多了,觉得那是腐朽的东西,要接受西方先进的文化。说起来很可悲,科技可以论先后、论进退,哲学思想论新旧就很显然的错误。中国的哲学思想已经发展了几千年,经过历代哲学名家的丰富与洗涤,剩下的都是对世界对宇宙的精辟认知。而西方的哲学思想呢?充其量也不过几百年的而已。这是多么让人痛心多么愚昧的一件事情呀,连我们的世界观都被颠覆了,我们还有什么可以拿出来与别人争呢?

一直在研究术数,学习它是一次很偶然的机会,同时我也不想再人云亦云。没有调查就没有发言权,只有自己经历过才能明白它到底是对是错,于是我就开始学习。学习的结果让我自己都大吃一惊,没想到术数并不是我们用原来的眼光看到的那样。

关于这个问题,我已经在《术数该抛弃还是该继承》这篇文章里讲过了,我就不再说了。只是对我们中华优秀的哲学体系被埋没有点可惜。

也恰是昨天,心情不好。我所在的易学群里一位朋友出课看我何事不

快,得如下课例:

公历:2006 年 12 月 10 日 20 时

干支:**丙戌　庚子　癸酉　壬戌**

冬月寅将

```
            父 酉 空
            官 丑 阴
            财 巳 朱

        朱 阴 空 朱
        巳 丑 酉 巳
        丑 酉 巳 癸

        酉 戌 亥 子
        申       丑
        未       寅
        午 巳 辰 卯
```

当一个老虎头(网名)即断与妻子争吵。也恰在这时,徐老师也上线了,便问小老虎为何争吵呢?呵呵,干上巳财作破碎煞,是为花钱之事。半仙(网名)兄云干加支被支脱,为房子事,确是因为房租之事与妻不快。

此课干支自作三合,支发用乘天空,巳财破碎做朱雀。成象如此,的确让人不得不信抬头三尺有神灵这句话。

徐老师一直在群里教导我们要做个正直的人,这样在术数上才能达到更高的层次。而众术之源《易》,更是从头到尾告诉我们做人的道理,学术数的人一般都会约束自己的言行,做事做得光明磊落,有胆子放开自己的心胸给别人看。试问,有这么好的思想品德课本摆在我们的眼前我们不学,学些西方外来泊来品干什么呢?更何况它们又是严重的水土不服,希望中国的哲学界早日认识到这个问题,还中华古老哲学一个真正的地位。

三、学壬先学做人

屈指一算,我习六壬已一年有余,其间曾经因为家庭事务间断过,幸又拾起。每日研读,人生之道理于眼前一一闪现,常于夜深人静之刻,冥思世理，得与六壬印证，不由长叹，古人之智慧今人难及也。

六壬断言，不可轻取不义之财。传财化鬼，有财物置于眼前，非我所有，欲得到否？取必引起其他的祸事，甚至是官鬼加干加支，得不偿失。古人曾得丁亥日干上申一例，财生支上之鬼，问讼大凶，后被杖毙于刑部。毕法中又云：因财致祸、懒取财、借钱还债等等，皆如其说。但也并非不义不可取，如末助初兮三等论中有一格，末助初为财；此格言，如赌博等最宜获此。可见，人都是有天时的，时机一来做事就顺当多了，这也可以解释为何摸牌之人有手风之说了。

不可做阴私之事，六壬中神煞桃花、奸私，神将六合、天后、玄武皆明表此事；做得再隐再晦，课盘一起，神明可见。六壬不骗人，怕的是你自己骗自己呀，抬头三尺有神灵，可见一斑。古人的婚姻制度是一夫多妻，有一正妻，其他为妾，在六壬中也表达了这种思想，如甲乙日占得酉为胎神，妾室有孕等。得后合占婚者多为不可见人之事。等等，格条太多，不暇细具呀。

人生之两大事，一财一色，古人都在书中做详细告诫，并且分门别类，说出种种情形。据此意义，都是明表世人要心怀宽广眼界洞明，达到人生的更高层次呀。

四、如何看待六壬的象

六壬中最基础的象是什么呢？

我们的老祖宗给我们留下了五行，将世界上的万事万物都归入五行。任何人都难逃三界外必在五行中。于是，围绕着我们的任何世事，我们的肉眼所能看到的任何世事，我们的耳朵所能听到的任何世事，我们能摸到的、能嗅到的必然就在这五行之中。这五行有一根本的原则，就是生克。六壬将这一生克纳入进来，而生克也几乎被作为课传吉凶的基础判断依据，但六壬并非简单地用生克来讲道理，我感觉六壬的生克是为它的象来服务的。

比如遇到克，我们说它是好是坏呢？你说是坏，它偏就是做催官使者，仕宦之人占遇之大吉；你说是好，它偏又做鬼，克宅克身病重难安。所以，以生克论好坏吉凶是很片面的，是看它表现出来的象。如官鬼爻，占官看它表现出来的官象，占病看它表现出来的病象，占婚姻就看它表现出来的夫象，诸如此类。在这里生克已经得到延伸，化身为象的一个重要因素了。

象的众多的因素，在六壬里能表示象的组成因素有干支呀、三传呀、天将、六亲等等。一课即成，那这些象就如雨后的"蘑菇"一般生长在课传的各个地方了。我们要找到它的规律，看到这些"蘑菇"到底要说明什么样的事情，而它要表达的事情，一般来说会有多个因素的叠加，很少有一个因素就说明问题的。

我试着举一个《毕法赋》中的例子，比如《毕法赋》中有曰：富贵干支逢禄马。禄是十二长生诀中的象，马是神煞中的象，这两个象如果占前程都是吉利的。如果这两个象又叠加起来，分别现于干支上，宅上有禄，能坐在家里吃喝玩乐，干上有马，出门必是奔驰宝马，怎一个富贵了得？所以，这两个因素一旦叠加起来就很能说明问题了。

六壬中的各个类象因素不同的叠加表现出各种各样不同的象。

一、如天将与旬遁叠加：虎乘遁鬼殃非浅。凡是白虎、螣蛇凶将乘神又遁庚遁丁为暗鬼，凡占百事均为凶兆。又如旬首还须贵作仪，乃旬首发用又为贵人，君子占课遇之，吉祥得很。

二、如天将与天将叠加：最有名的就是后合占婚岂用媒，当然这里还用到其他的类象因素，以后合分立干支。毕法中有云，谓干为夫，支为妻，凡占婚全看此，岂宜支干上乘天后、六合以应私情？

当建立了这种叠加看象的思想之后，再看各种古歌赋就觉得很有意味了。如哭神作虎有哭声，以哭神下见亥子水；又乘白虎死丧之神，以神煞、地支、天将组合而成一哭泣病死之象，何其鲜明也。如孝白盖妻头，年命上乘华盖作太常为日鬼死气，以十二长生墓、天将、六亲、神煞组合而成之象。如是种种，不一而足。

以六壬的各种组成因素相互叠加而成多种象意，六壬象意的丰富性、多样性常常让人眼花缭乱目不暇接，而这也恰恰是六壬迷人的地方。眼观类象叠加，在脑海中一一还原，将之想像成另类的看图说话，让思想之烈马游戈

131

于四课三传之中，不亦乐乎？

五、强背原文还是只求大概

前一段时间真是很忙，忙得团团转，晚间睡觉都在想着明天要干什么事。还好这样的日子总算也有个头，我要看到曙光了，春节就要来了，我就要休个长假了。最近一段时间里我常念叨的一句话就是：静等命运迁转。

越来越感觉到命运是个很有意思的玄妙之物，想真正达到我命由我不由天的地步，还真不是一蹴而就的事情。光凭着自己想一想就能让命运改变了？凭着一腔子热血拼了命去逆转就能起点作用？答案可未必是肯定的。很多人都是在自己的圈子里，看似是在向着飞奔，其实还不是一样在绕圈圈划圆。

去江苏跑了很多的地方，常州、苏州、常熟、盐城、无锡这些个地方都去过，上海也去了。这一路上他们在车里纵谈我们机构的发展战略，我却在努力地思索一些壬学的问题，希望能找到些答案。很可惜的是，我在这一路上一页壬书也没有看过，在一出发的时候我其实连一本壬书也没带。在这次出差之前，我每天晚上都将自己关在屋子里苦读古文，这次旅行倒是给我脑子放的一次长假，也好让我有空闲闭上眼睛，好好地将过往的知识串联一下。

出差回来后，再次拿起最习惯看的《六壬粹言》，却发现很不乐意看了，那些分类占的词句觉得已经没有什么好背的了。我往往只看前一两个字就知道这一句话要讲什么了，那些个贵神的叠加形象、天将的加临、干支的相互关系、三传的变动情况，就如放电影般在我的脑海里折来折去。于是，我就在想另外一个问题了，到底是应该强背原句呢，还是只求大概？

上大学的时候，学英语分精读与泛读，而我往往精读也成泛读了。后来才明白了，精读无非是范句好用，一种句式拿过来略加修改就可以运用了，六壬的学习是否也应该分精读与泛读呢？精读者，力求字字珠玑，烂熟于胸；泛读者，只求大概，拓宽视野？

只是我的六壬层次还实在是太低，也分不清楚哪些该是泛读哪些该是精读的部分。因此，我在我浮躁的情绪之下，壬书都读成泛读了。还好，现在《毕法赋》与《粹言》都还看得不少，对每个语句还算是比较熟悉的，虽然运用起来有点生硬，也不知道用得对与错，但最起码我是在运用了不是？

对六壬的感觉也是越来越强烈，觉得六壬里头是有特定的规律的，将这些规律掌握，壬书就可以放弃了。而我现在还摸不清这规律为何，只隐约觉得有点形象在那里，所以，要通过不停地读书，来将它的形象组织起来。而我们的先贤们也是希望通过文字的这种形式，将这种规律性，将隐藏在六壬背后的玄秘规律提示给我们看，我们不要逐本求末，反将重要的东西视而不见，而去在意古人的文字。我们看到的永远都是表象，看壬书我们看到的也仅仅是文字，而规律是需要用心去解读的。

第二节　胜亮学壬文章

一、壬道与王道

《未悟书》云：有云天一生水，天五生土，合而成六壬。字上一撇象水之朝东，下一画重者像地之厚载，中一画长者，纵则为天地，横则为宇宙，六壬与天地宇宙同用；加以水土生育之功，有厚载之至德，故云六壬者。

又有论王者，王，天下所归往也。董仲舒曰："古之造文者，三画而连其中，谓之王。三者，天、地、人也；在山里参通者，王也。"

壬与王字形上的一样，思想承载的相同，或多或少的有了千丝万缕的联系。

俗言：学会大六壬，可把天下问。当然，这里的"问天下"就理解为是：通达明理，思想的上升就是不败。

思想修为便是道，壬道与王道是有机结合的，中国文化混为一体的。道者，宇宙人生历史文化社会政治之实理实相也。王道要明了这些，壬道也是在讨论这些。

自古论道，应机而发；机有利钝，发有深浅。机利者发之深，机钝者发之浅。利钝有类，深浅无执；随问随应，成理成章。然古贤论道，意在机锋；今人根浅，不可深求。

二、占小狗狗生死

公历 2005 年 6 月 14 日

四柱：乙酉　壬午　己巳　癸酉　五月申将

```
        官 卯 青
        官 寅 空
        兄 丑 虎

    朱  合  勾  青
    午  巳  辰  卯
    己  午  巳  辰

    辰  巳  午  未
    卯          申
    寅          酉
    丑  子  亥  戌
```

上 MSN 看到同事的名字换成：神啊，救救麦麦！一问，原来是小狗狗生病了；兴起一占。

断：退茹课，四课之阴发用，突然生病，二重官鬼。小狗狗就是戌，太阳西垂，戌作死气，加于天门，归天。今日巳日，从巳递退，到寅鬼三日，断三日内死。验。

三、六壬与通感

通感是一个文学手法名词，形象的语言，将一种感官移到另一种感官上。人们通过眼摄取事物的外部形象，通过耳听取外界的各种声音，通过鼻闻到各种气味，通过舌尝到各种味道，通过身体触到身边的许多事物。由于生理原因，这些感觉是可以互相变通的。

形容中我们可以让颜色有温度感，声音似乎有形象，冷暖似乎有重量，气味似乎有锋芒。

譬如我们说"光亮"也说"响亮",光辉移到声响上。又说"热闹""冷静"这两个词的每两个字,感觉上有通同一气之处,牢牢结合在一起。

六壬取象,同样也是这种感同身受的思维方式。十天干、十二地支、十二贵神、天地上下交加的任何一种方式,立课于眼前,便去用眼耳鼻舌身口意去通感,六壬课象就会变得无尽的丰富多彩。心如平静的湖面,一石扔下便可扩展延升;一念发动,万象呈现,去通感,……好了,一切再平静下来。

第八章
《大六壬指南》占验案例研究

第一节 缘 起

早在上世纪90年代初，我就有缘接触了《大六壬指南》。记得头次翻阅此书的第一感觉是：如读天书，什么都不明白，字是个个认识，却不知道其所要表达的意义。但我当时就有个强烈的直觉：此书绝对是好书是经典。自那以后至今我研壬的十三多年的时间内，《大六壬指南》一书始终伴随我左右。尤其在九七、九八此二年期间，我就全力钻研《大六壬指南》一书来开始实践壬占的。就是到了今天，我一旦有空还是要把《大六壬指南》拿出来选上一段仔细参阅思考，跨越时空与陈公献先生神交进行心灵上的交流。

第二节 《大六壬指南》简介

《大六壬指南》一书由明末清初六壬名家陈良谟先生手著。陈良谟：字公献；江苏淮阴人。从《大六壬指南》一书"序""小引"中的片言则语内可以知晓，陈公献先生出身"维扬将军子，自祖父及昆季文苑武虎，着声海外"。并且，公献先生"生而旖勇，耽习奇技，太公阴符以及黄老之术，了然胸次"。在术数上，公献先生更是"潜究六壬，寒暑不辍"，可以达到"纵口而谈，无不翩翩其中"活泼自如的高超境界。

另外，从《大六壬指南》"六壬占验"中的有关课例中可以知晓，陈公献先生的长兄陈公明先生是为明末崇贞戊辰科武进士，后来官至大元戎，晋官衍封治安伯。陈公献先生正是由于长兄的关系，就有了不少机会接触了当时官场上的很多权贵，为他们占卜官运而且大多有验，遂公献先生之名冠盖京华。

从不少课例中还可以看出，陈公献先生一生主要游历在淮阴、南京、北京等地方，经历了从明代灭亡到清王朝建立的一段兵荒马乱民不聊生极其动荡的历史过渡期。因此，在《大六壬指南》的"兵占"中就记录了数例历史上非常著名的战争事件，这对我们后人研究六壬就有了巨大的价值。

《大六壬指南》全书分为五卷：

卷一、注释大六壬心印赋。"心印赋"此一赋文基本上是对壬学常识、元素、结构等方面的大体论述，是为基础性赋文之一。

卷二、注释大六壬九天玄女指掌赋。"指掌赋"的价值远远高于"心印赋"，它对较复杂的九宗门、四课关系、三传关系、课体、类神、占断要点作了全面论述，是为六壬中很有价值的经典赋文之一。

卷三、六壬会纂。"会纂"此卷是陈公献先生精研壬学对各类人事专题占法作的七言赋文总结，它基本上是公献先生将"毕法赋"与各类人事特点进行融合的产物。因此，它是方法论的集大成之作，言简意赅而又深入浅出，对于学壬者们深化对"毕法赋"的理解和实际运用有很大的参考价值。

卷四、六壬占验 (天时、地理、婚姻、孕产、考试、乡试、会试、仕宦、钦差、章奏、公讼、走失、贼盗、隐遁、逃亡、兵斗、出行、行人、疾病、岁占、应候、射覆)。本卷是全书中的重点与精华所在，共收录了六壬占验课例125式，其中包括陈公献个人占验123例，程翔云先生和庄公远先生占验各一例。这些课例从内容上看主要集中在孕产、考试、官宦、疾病和兵斗等方面，部分地体现了明末清初期间这个时代古人的一些生活状态以及当时的政治风云变幻。因此，这一部分课例不仅具有壬占之研究价值，更有历史文献之史料价值。另外，从这些课例中可以充分看出陈公献先生壬占的基本风格：易简精妙、举重若轻，一针见血、鞭辟入里，体现了陈公献先生高超的六壬占断艺术和深厚的壬学底蕴。这一部分内容对清代以后的壬学研究与发展产生了巨大而又深远的影响。

卷五、神煞全图（岁煞、月煞、旬煞、干煞、支煞、辨讹）。"辨讹"这一卷，由公献先生的好友庄公远先生编撰。本卷较全面系统的梳理了壬学中种种重要神煞，以年、季、月、旬、干、支为线索贯穿起全部神煞，并且作了比较客观的阐述与辨讹，为后世研究者们认知神煞和运用神煞提供了方便之门。

《大六壬指南》一书虽为五卷，全书篇幅不是很大，仅有七万字左右，但这丝毫不影响是书的伟大价值。事实上讲，《大六壬指南》一书起点极高，并不合适六壬初学者的研究，它完全是传统壬学研究中的中、高级教材读物。况且，在传统术数分科之中，尤以六壬最为复杂艰深而令一般术者敬而生畏，故而到近代以来《大六壬指南》一书一直是依"和氏璧"的形式呈现在世人面前的。但不论如何讲，公献先生的这部《大六壬指南》自清初(顺治九年) 成书以来，备受后世研究者们的重视，被公认为自宋代邵彦和、凌福之两先生以来的又一壬学经典著作，它的历史价值将会日久弥新永放光芒！

第三节　陈公献先生壬占思想研究

陈公献先生作为中国壬学史上的一位重要人物，对他的六壬学术思想进行研究是极其必要的。从现存文献一看，《大六壬指南》一书无疑是直接研究公献先生壬学思想的最好资料。因此，我对陈公献先生壬学思想的研究，也是紧紧围绕《大六壬指南》一书来展开的。

一、《大六壬指南》占验课例基本特点

《大六壬指南》卷四"六壬占验"中共收录了陈公献先生（及友人）平

生占验的得意之作 125 种课例。其中：天时 6 例、地理 1 例、婚姻 1 例、孕产 5 例、考试 2 例、乡试 3 例、会试 7 例、仕宦 37 例、钦差 2 例、章奏 10 例、公讼 13 例、走失 1 例、贼盗 3 例、逃亡 1 例、兵斗 13 例、出行 1 例、疾病 8 例、岁占 1 例、应候 4 例、射覆 2 例；现笔者针对这些课例的内容作一基本总结：

一、全书课例涉及事体层次极高影响极大，涉及到明代末期崇祯皇帝、田妃、公主、南明政权的覆灭、李自成农民军攻破北京城等一些重大历史人物与事件。

二、其中部分课例占测了明代各类层次的科举考试，集中地反映了封建社会科举考试作为学子们进身之阶的重要性和科举制度对中国传统社会的重大影响。

三、全部课例中的主要篇幅记载了陈公献先生用大六壬为明末清初一些政坛风云人物占测的宦海沉浮与兴衰，这些著名的明末政治人物主要有：周延儒、温体仁、杨嗣昌、王永光、曹化淳、沈云升、钱谦益、钱士升、钱象坤、董其昌、黄庆山、孙大有、赵福星、李建泰、黄得功、蒋畹仙、吴克孝、宋太斗等，这么多的课例对我们了解这些历史人物的生平事迹有一定的参考价值。

四、书中课例记载了一些六壬占卜重大战争的历史事件，包括：李自成农民起义军攻破北京、清兵扬州屠城、大同姜瓖反清复明、南明政权灭亡等众多战争预测，这对于和平时代的我们研究六壬用于预测战争有着比较重要的借鉴意义。

二、《大六壬指南》占例中常规用法

下面笔者对《大六壬指南》中的全部课例来作个六壬运用常识上的研究与认识：

一、陈公献先生壬占主要运用"正时"起课，但并不排斥"活时"一法。公献先生所用"活时"方法有：报时、拈字等法。比如："庚寅正月甲戌日辛未时口报未时"占天气例、"癸酉七月辛卯日庚寅时口报寅时"占乡试事、"戊子七月丙寅日己亥时,胡公祖令乔中军来占指一'晚'字算十二笔当亥时"占官运事。

　　从全书125课例的整体来看,陈公献先生壬占大量运用的是"正时起课法"而非"活时起课法",这是公献先生禀承前贤传统壬占用时的主流正宗方法。当今港台一些壬学研究人士一逢占课,就屡屡运用"活时法"而舍弃"正时法",这是违背传统的舍本逐末之举,并不明智的,故我在壬占中一贯主张要用"正时"来预测人事。

　　大量的实践表明,壬占用"正时法"来算所出的课式呈象能够最贴切最形象最到位的描述事实,这对提高预测准略率有着重要意义。

　　二、在昼夜时辰的分别之上,陈公献先生一律皆用同一标准来划分的:卯、辰、巳、午、未、申为白昼时辰,酉、戌、亥、子、丑、寅为夜时辰;并不考虑太阳在四季的不同实际出入时间。我现在用壬在昼夜时辰的分别也是这样的,完全和公献先生一样。

　　三、在贵人口诀方面,公献先生继承宋代壬学大家邵彦和、凌福之两先生的方法,完全采用"甲戊庚牛羊,乙己鼠猴乡;丙丁猪鸡位,壬癸蛇兔藏;六辛是马虎,此是贵人方。"的传统正宗法则,不信任何贵人口诀的种种"邪说",禀承正统发扬真知,实足后人效法!民国时期袁树珊、韦千里等人对古传口诀更改弦章,尽是文人书呆子式的"较劲"。这些肤浅之见,学者不必当真,今天我们学习壬式,自当效法邵、凌、陈三位前贤一样用相同的口诀!

　　四、在"九宗门"的涉害起法中,公献先生强调的是用孟仲季法则来取初传,不甚在意考里地盘涉害深浅的程度。例如"乡试"内"癸酉七月辛卯日庚寅时,扬州明经宗开先生占科场事",其四课为:寅辛、寅午、未卯、亥未;三传就是从支上神未发用,其考虑就是以三课下神卯为仲,四课下神未为季,故取仲上神未为初传来用的,三传就是未亥卯,而非用涉害深浅来取三传亥卯未的。举此一例,其他也可以类推也。

三、陈公献先生壬占技术研究

接下来我再来对陈公献先生的六壬占断思想进行技术层面上的探讨。

一、公献先生六壬占断基本思想是根于"毕法赋",但并不拘泥于"毕法赋"的,"毕法赋"是其壬占的技术基础。这就提示我们学习大六壬一定要脚踏实地的掌握"毕法赋",在此基础上再考虑壬占的高级"活变"能力的提高。

二、公献先生六壬占断基本上是依十二神将为中心来展开断课的,不太重视五行之间的直接生克关系和五行在时令中的旺相休囚。并且公献先生对神煞非常的重视,在占课中用的很多,用的很活,显示出神煞在壬占中的关键作用。这个就提示我们在壬学研究上一定要依十二神将为壬学之中心之灵魂,抓住了十二神将,就抓住了壬学的根,这个也就是我近几年进行壬学研究的重心所在。当然,神煞也是个中关键,对它的研究也是要紧的。

三、公献先生在占课中最重视壬占中最为常见的系列动态因素:太岁、太阳、月建、年命和种种神煞,把此种种元素会合于课传中结合事体进行活变占断,并且把不同状态下的这些动态因素作出不同层面的阐释。这一部分是每一课例中最精彩的地方,也是一课占断成败的关键之处,也是学壬者们最难于理解和难于掌握的着力点。

事实上,任何一课的占验都肯定有个断课的思维过程。在这思维过程之中也定然有个占断思想的"画龙点睛"处,占断者总是以这个"闪光点"为主线来贯穿起所有的占断理念,从而完成一个断课的过程。这个"闪光点"的产生,就是人心之"灵"的体现!当然,这个人心之"灵"不是凭空而来的,它是来源于对壬学的深刻理解之中的。

今天我们学习研究《大六壬指南》一书,就是要透过文字的"皮相"来和陈公献先生神交,在潜移默化中感受是书的"灵气"。

四、公献先生占课比较重视年命,特别是行年运用较之本命更多。并且年命的运用主要立足于加临的上神,不重视天盘之年命用法,这和邵彦和先生《口鉴》、《断案》中占课重视本命轻行年的作法已有了相当程度的改变。

且邵先生往往是直接运用天盘年命进入四课三传来断课的，这是公献先生与古人之间比较明显的差异。

必须指出的是，公献先生视年命是为占课的佐断因素之一，以为占课的重心还是在课传上；这与邵先生和笔者的实践经验是有区别的。这是因为我和邵彦和先生有着基本相同的认知：本命重于行年，年命重于上神。年命是可以入于课传中来直接议论的，年命是权衡课式吉凶成败的最主要因素之一。

五、公献先生占课基本是趋向于一事一课一断，适当地涉及一课多断占多事。从历代壬占的繁杂多变中走出来了，形成一条以"易简精妙"为代表的陈氏断课风格！

这种断课风格与古人所走路子大不相同，可以从宏观上把握事物的主要发展趋势，避开琐碎细节直指事物本质，方向感比较好。但它的缺点是初学者不易掌握，容易坠入"成"与"败"、"吉"与"凶"的选择式的"非此即彼"断课方式中去而不能自拔。这里笔者要强调的是，壬占的"易简精妙"是以厚实的壬学底蕴作基础的，"无招胜有招"是在大量"招法"的艰苦修习之上方有可能慢慢悟出来。一个人若无长时间地对壬学进行"参悟"、"揣摩"与"积累"，欲在壬占上得心应手、灵活自如，课断的"易简精妙"，这恐怕是不可想象的。

最后，要指出的是，当今一些六壬人士对《大六壬指南》的研究，都是比较肤浅的。他们的研究大多是围绕这几种方式进行的：一种就是对《大六壬指南》进行"说文解字"式的研究，这种研究就是对《大六壬指南》一书的六壬基本概念、术语、理论进行常识性的解释，并没有真正的深刻理解与体会。第二种就是对《大六壬指南》一书进行"白话文解释"式的研究，这种研究就是对《大六壬指南》原文进行进行现代白话注释，不作六壬任何方法、思想上的研究。第三种就是对《大六壬指南》一书（特别是部分占例）所涉及到历史背景进行史料上的考证、补充与说明，这种研究是种"外围式"的工作，没有进入《大六壬指南》书的核心。严格地讲，这三种方式都是对《大六壬指南》书进行的表层式、基础式、原始式的初步研究，是有一定的参考价值。但是的确不够深度，这对于真正理解陈公献先生这样高水准的"六壬大家"是远远不够的。正是据于如此的原因，我对《大六壬指南》书的研究一定要力求走入其书的内核之中去，要走入公献先生的"心中"去，去全面理解《大六壬指南》一书的真正内涵与是书背后的陈公献先生丰富的六壬底蕴。

事实上，陈公献先生有如此高超的六壬实占水平，也肯定是有一个学习、提高、积累的过程。我们要去想公献先生是怎样开始学的？他看了些什么样的六壬书呀？他对前代六壬先贤是什么态度？他对六壬的整体看法是什么呀？他对古人六壬有什么发展与推进呀？他的断课风格是怎样形成的呀？这些问题都是我们要想象要回答要理解的，这些东西的认识与体会就是对《大六壬指南》的真正研究了！

第四节　精选六壬占验课例研究

《大六壬指南》卷四"六壬占验"中共有 125 个课例，其是陈公献先生"潜究六壬，寒暑不辍"的实践结果。虽然这些课例占断易简，但是这种"易简"绝对不是浅薄而是精妙，个中包涵了丰富多彩的占断思想与技巧。书不尽言，言不尽意，我们只要用心仔细研究这些课例，就能深深地体会到这书这课例后面陈公献先生的厚实的六壬底蕴。为了更快更直接地掌握公献先生壬占的核心思想，我特地从这 125 课例中挑选出特别精彩的课例加以评注阐发，尽量揭其占断技术的奥妙所在。

我挑选"六壬占验"中的精彩课例有如下几个标准：

一、一课多占类；

二、古人有争论的课式类；

三、同课异断类；

四、有特殊占断价值课类；

五、反映重大历史事件课类；

六、涉及来意之课类。

对上述这些课例的深入研究,就是对《大六壬指南》一书核心思想的研究与认识。

一、一课多占类评注

所谓的一课多占类,也就是一课多断法而已。六壬占卜固然是依一事一课一占(断)为基础,但在实际生活中,人们占卜所问的事情往往是多方面的,所问的问题也会多种多样的,单纯就问一个事的课实际上是很少的。壬课作为一种带有"测运"性质的占卜程序,是完全可以从当下来人的时课中占出好多事情来的。程爱函先生在《壬学琐记》中就认识到了壬式的这一特点,其云"……有人来心怀数事,欲占类事,殊不知神将于一课中已俱报,不可不察……"又云:"……人止问我一事,殊不知此课事事可问,事事可断;盖世人来已将他通身逐件已包括在课中之意。"

一课多占在实践中运用的非常普遍,因此只有来人的确诚心有事请壬占断决疑,那么依照来人正时所出的课式(已经包括来人的全体消息),完全可以做到"事事可问,事事可断"。若对壬式无大的把握,就可以彼问则我答,彼不问我则不答;若对壬式有极大把握者,纵彼不言语我也可从容自如从课中选象作断,自然可以进入"来人不开口,我也知你事"的高级境界。当然,这种实践方式一定要遵循来人"诚心"、"有事"、"正时"数项壬占原则来进行的。若游戏之则课象渺茫,纵术者挖空心思任意附会,也不验矣!

下面举例说明。

第八章 《大六壬指南》占验案例研究

例一：选自"仕宦"一节

原文：庚午十一月己丑日辛未时寅将，予谒山阳父师富平朱西昆兄占入观考选何官。

```
        重审    斫轮

      官 卯 玄
      兄 戌 朱
      父 巳 虎

    阴 合 勾 玄
    寅 酉 申 卯
    己 寅 丑 申

      子 丑 寅 卯
      亥     辰
      戌     巳
      酉 申 未 午
```

断曰：考选不得铨部词林，定是风宪言官；且有贵子由科甲入翰院也。盖因日上官德空墓，阴神又制之，必有明暗相攻不得铨部也。发用卯乘玄武为官，中传朱雀，末见白虎，是以主黄门金锁风宪言官。后考入垣中，历转山海巡抚、都御吏。因支上子乘帘幕贵人又作辰长生学堂，应子由科甲入内院也。

评注：这课是一式二占，一者占考选何官；二者言其子科甲事；这个课是比较有意思的。

考选何官一占中涉及到"选择"的问题，这就要依课中"象"来判断之。大凡壬课占事体，必须要信任课式之象而不可凭主观感受或个人生活经验来按常理常情估计之。换言之，若要真正预知一些人事之走向，惟一可以信任的是只有课式，舍此课式别无他途。

今干上寅木为天吏，代表文官文职，正好可对应词林之官，不料寅木坐未地空墓之乡，又让阴神酉金制克，是以不得此职也。干上不可近就，不得不趋向三传中找立足有益之地，喜末传巳火生气乘虎来生日，日干逢生自可依就。虎者，言官、武职之象也；所以公献先生就推断此兄将会职于风宪言官，未来一路仕途大都是武职。

支上申金为式中子孙爻代表儿子，申金又为课内帘幕贵人，此神大利科举；且申为干支长生学堂，极利读书取功名，综合此三象，是以推算其子可由科甲获得功名地位！

这课从就于何种官职推到其子科甲事，估计当时占者必问到了其子科举一事的，故陈公献先生就顺势作了推算。

例二：选自"仕宦"一节

原文：壬午十月己亥日辛未时，徽友程孝延、东省沂州明经任、秦中州首王米山先生至埂子街访顾。

```
       涉害 曲直 回环

       兄 未 虎
       鬼 卯 合
       财 亥 后

   合  后 虎 合
   卯  亥 未 卯
   己  卯 亥 未

   丑  寅 卯 辰
   子       巳
   亥       午
   戌  酉 申 未
```

王米山携子某访谒陈东明求官，过小斋访道。

余曰：先生少顷须刻，有三客至，内必有杨姓者；果如所言。

余言：干神加支，传将逆行，郎君理应回东省取功名。且贵地不日兵动，且有攻城破邑之事，眷属宜迁他处避之。

曰：祝老母九十寿方可迁；曰：尊堂寿止八十有九，因乙发用与地盘己字合断为八九之数也；此皆日后之事，目今须防失脱。

米山接住弯子街同寅陈宅，书房果被盗。

王复来，余曰：玄武脱气居丑命，所盗者郎君物耳。曰：然；还防贼复来。果三日又来，将父子衣服尽盗去。曰：何以明其然？余曰：课传回环，故知其去之复来。

米山问曰：山东兵动者何？盖因三传纯官鬼，又鲁都虎鬼克支，贼符将星克干，是以知贵省中外兵动攻城破邑也。

果冬月一一如占，米山迁居淮安新安镇，其母未度九十而终。

评注：此课占断了五个事，可以细细作研究的。

一者：就是公献先生讲当下有客来，个中课理较浅显的；为何？缘天干己土加亥支，干主外人客象，支主住宅为内，故言外人入内也。己即未作正时发用，正时主当下，未为杨姓，所以断当下有杨姓客人来矣！至于说有"三客"者，很简单的，木局主三数也。

二者：就是占王米山儿子求功名适合何地？古人求功名有在本地者，也有在外籍外地者。今课中干加支，干为外乡，支为故里，现干加支就是从外回乡之象，故言求功名适合回原籍为好！这种占断还是比较简单的。

三者：至于陈公献先生占断王米山老家山东有兵动战争之事，这与明末天下大乱有关，全国各地处处有战乱。只要课中稍有"战"象，就必有战事起。今课传中官鬼、白虎、贼符、鲁都、将星都"现身"皆是战争之象，故断有战事起。战事应在冬月者，三合木局中亥当令，是知在冬天就会发生战争了。

四者：王占母寿，干为尊可代表父母，阳干可象父，阴干可象母。今己干（阴干）即未土发用就可代表母亲，且未在坤宫更有母象，是依未土论母较贴切的。现未土遁乙干，乙为九、未为八，两字合成"八九"数象。又未在鬼局中，是以定其老母 89 岁死。

五者：丑为王米山儿子的本命，今酉金脱气乘玄武贼神加临丑命，是其儿与盗贼"相会"，当然有贼来"光顾"，是知有贼来偷东西了。三传官鬼局回环主事反复，主贼来回反复，故断贼去而复来。

大凡一课多断的根本法窍是：把一课作多课看，一事之断和别外一事之断不要纠缠在一起，每事独立地看，各不相干，这样就可以了！

例三：选自"行人"一节

原文：乙酉七月庚子日甲申时，扬州兵盐道讳汉式刘公祖占课，不言某事。

涉害　顾祖

鬼　午　龙
父　辰　合
财　寅　蛇

龙　合　玄　虎
午　辰　戌　申
庚　午　子　戌

卯　辰　巳　午
寅　　　　未
丑　　　　申
子　亥　戌　酉

断曰：胜光同天马，来意问行人；过月望赤龙，眷属到门庭。曰：然；盖因中末空亡，是以月内不来，过月驿马克辰，故应丙辰日。

曰：此课看功名能复旧缺否？余曰：顾祖中末空亡，有空必无终；龙化为蛇例，请告始得荣。盖因初蛇末龙，止于兵宪；龙神克下，上官不足。

复任月余，被劾逮问。

评注：此课一式两占：一占行人；二占官运；俱验！

本课第一占，午火加庚作正时，午为月中天马主出行，午又为太阳主游行，皆主行人象，故断行人之事。关系壬式用阴阳五行来推算人事，一般人的确是不好理解的；为何？阴阳五行本身描述的是客观世界的现象，这与人类的活动现象是大不相同的，两者之间似乎不搭界，可事实不是这么回事。在古人眼里，"天人合一"是绝对之真理。"天"与"人"相为表里，"天"之现象与"人"之现象从规律上讲是一致的，所以从体现"天"之现象内在规律的壬课中，就可以找到在同此规律作用下的人事变化现象，这就是中国古人由"言天"来"知人"的占卜原理之所在。

本课当中，主要是午火刚好是为天马太阳。太阳此一"天象"每日在天上从"东方"出行，其"目的地"就是向"西方"。此一象就和地面上人类从一地到别一地的出行现象是完全类应的，所以从此午火类神上是的确可以推出行人的出行之事。

本课三传是午辰寅，就是当下和未来三旬旬首：甲午、甲辰、甲寅；末传寅落空，是以断在出旬之后的下月来就行人到。至于断为丙辰日者，乃是末传寅可以代表行人之"足"，今"足"临于辰支之上而不再传下去了，故作断于"丙辰"日到。

第二占是问官运事，发用青龙正为占官之类神。龙神克下，主上司不满下属；为何有这般说法？这是因为壬学中的青龙就是占官的"正类神"，就于此青龙上细论：龙是天将必系于天盘天神之上，而其天神又必会加临于某一地盘之上。这样一来的话，青龙所系必然就有天地盘上下两层了，则天盘就可象上司，地盘就可象下属了。上克下，主上司对下属不满；下克上，主下属悖逆上司；此二者俱不利官运的。只有天地盘上下相生，方会有利于仕途的发展。

况且本课中日干就可代表求占者刘公祖，上神自可代表上司，今午火龙神从上克下克日干，上司不喜，受上责罚之象甚明。这与单纯从青龙处看的信息是一致的，说明刘欲求官时运不佳。

从三传来看，初龙末蛇也是典型的仕途失意"退居二线"的信息呈象，若想进取大发展，反会弄巧成拙的。事实也正是这样的，刘上任一个多月时间，就被上司革职查问了。

大凡在《大六壬指南》中，陈公献先生多次用到了"龙神克下"、"龙退化蛇"两格来占人官运，都主失意于官场，不是革职就是退休，甚至还有逮捕入狱者，无一吉占。

例四：选自"考试"一节

原文：壬午五月丙戌日己丑时，予住淮安都府前，有江阴六壬袁友为宿迁陆详讳夺翼者占考试。

知一 度厄 不备

```
鬼 子 蛇
兄 未 常
父 寅 合
```

```
蛇 常 空 蛇
子 未 巳 子
丙 子 戌 巳

子 丑 寅 卯
亥     辰
戌     巳
酉 申 未 午
```

断曰：院试必取，科举省试未能遂志。

问曰：史抚台已升风督，去否？余曰：必不能去；盖因驿马坐墓、干神归支，静象也。

又问：女病？余曰：胎鬼发用，血忌加支；又四课不备，病主脉息虚弱，心胸不利以致失血，必因胎产所致，冬月不保。

又问：宿迁合岁安否？余曰：贼符加干支，冬月必有兵警。然日之阴神自是中传制初，来兵败怯而退。干神生支，居守保固无破城之患。

后四事皆验。

评注：此课就是典型的一课多占例子，课中共占了四事：一、考试占；二、升迁出行占；三、疾病占；四、兵占；陈公献先生就运用同一课式针对求占者的"一问"就择取"一象"进行"一答"。这种典型的"问答式"占测过程，在实践中是非常的普遍，个中的关键是占断者去逐步分解问题来完成判断过程的。也就是讲，占断者对于求占者的不同问题，必须要在同一课式里去择取相关类神进行相应的不同层面的阐释，这样才能完成一课多断的过程。

一、在考试占中以干代表陆夺翼，今院试就是本地考试，主要在地支上看的。支上巳火为日干旺禄，支戌河魁文明之象，以干会支，是以本地院试必中。至于省试则是更高一级的考试，就以干来看。今干上神子水螣蛇，子为岁破月破，破主失败，蛇主惊扰，如何省试会成功？

二、升迁出行占中的主角就是明末政治家史可法，此占乃是算崇祯帝欲调史可法去安徽任凤阳总督事成否？壬占出行升迁事，关键的象就是驿马；为何？以马代表行动，又马有乾天之德，永往直前可以代表升迁向上，故公献先生的占断思想就集中在驿马此一类神上。今课传中不见就到天地盘中找马星，恰好天盘申马作太阳加正时丑位之上，就以申马加丑此一组合来言之，申马加丑，丑为申之墓，马入墓自然不能行动，此象极明。

又看四课关系：以干为动支为静，此乃定则。今干加支以动就静从外入内，故主欲动不就，也是守静之象。正时之象结合四课干支相加之象，故占出史升风督"必不能去"的结论。

这个出行占中的关键主象就在于"驿马"此一类神呈象上，而四课内干支相加则是辅助之象。大凡在实践中，天盘驿马空墓皆是出行不能成行的典型信息。又干加支主动、支加干主静也是屡占屡验的课式呈象。比如丁酉日占得酉加丁，壬辰日占得辰加壬都是以支加干而出外，虽不见马星现象，也是屡占屡动的。

三、疾病占中的主角就是女病人，大凡壬占中不论任何人来自己占或替人代占，干皆可代表事件中的主角。今即以干丙火代表病人之身，上见子鬼且作胎爻，故知其病必缘胎产而致。又天盘巳火为年月双重病符又为血支（非血忌，原书印刷有误）加临戌墓入墓受脱，巳为天盘日干入墓主昏沉，受脱主衰弱，皆为病危之象。子鬼发用入冬水旺进气，干（人）与子（鬼）会，必死矣！

四、兵占中视有无兵动，关键是看课中有无官鬼、贼符、刑冲破害之神等凶神恶将。今地盘干支上皆见子、巳贼符加临"现身"，故必主兵动犯境。又以初传发用为动象可拟来敌，则以初传子鬼作来犯之敌，故主冬月敌兵来侵入境，喜中传制初又三传传空，故敌兵来而败退。又干为守城军民，支为宿迁城，以干加支且生支，表示军民守城保城成功城池无损之象，可知虽然冬月有兵动入侵之患，但定然城池无虞。

上述一课四占中，就是屡用天干丙火、天盘巳火、地支戌、初传子水鬼爻此几个象及相互关系来作多次阐释的。

例五：选自"疾病"一节

原文：辛未正月戊申日己未时，同乡亲彭城卫幕刘一纯占病。

```
         元首    润下

        兄 辰 玄
        子 申 龙
        财 子 蛇

      勾 贵 蛇 玄
      酉 丑 子 辰
      戌 酉 申 子

      酉 戌 亥 子
      申       丑
      未       寅
      午 巳 辰 卯
```

断曰：病起少阴，目今无虑，但绵缠难脱体耳；惟独病也，且防贼至。

病起少阴者何？但从魁临干为日之败气，是因少阴而败身也。病难脱体者何？传将合成财局生起日之官鬼也。占病而言贼至者何？玄武发用传归支上，主贼入内室也。

医当如何？曰：木作官鬼，火作白虎，心脾二经受病，当觅东方医理肝清心，切勿健脾补肺；何时当愈？曰：甲戌年方且不保，遑问愈乎？缘戊日玄墓发用是为收魂煞，又纯财生卯木死气克日，故是年冬可虑。

果后三月，一贼入室，刘复来言及。余乃以原数断去：贼北方道路往来，陈姓年少也，作贼无伴一人耳，然必告官方获。玄辰乘相气主年少，在子为道路，辰与陈姓同音，玄阴生水，水合一数也。官鬼遥克玄武，公命上神又制盗神，必告官而后捕捉也；何日可获？曰：告官三日即获。后果然，及询其姓名，则陈忠也。

评注：本课由占病占出盗贼事，是颇为精彩的一例。

占病中以日干为人，上见酉金败神脱气，则其必因女色而致掏虚身子；

为何？以酉金为少女也。发用三合水局是为财局，财旺必生官鬼，官鬼在占病中代表病症，今官鬼受生，即是病症加剧之象也。至戌亥年，上见寅卯官鬼克日，定于此二年见凶。今地盘戌上见寅，寅即是甲，合成"甲戌"两字，是以断在其年不保。

发用玄武辰土，辰土为日干兄弟爻主损财，玄武主盗贼，两象合成一"事象"，就是有小偷来作盗而破财了。至于讲小偷的情况，就重点在"辰玄"此一类神上。"辰"者，其谐音就是"陈"也，故断陈姓人作贼。大概而言，用"辰"字来对应"陈"姓人，应验率是很高的，我用之多次占验过的。

至于这儿断"贼一人、少年人、告官而获"都是占盗贼的常法，这里就不作详讲了。

这一课式我在实占中多次碰到：有占婚姻的、也有占疾病的、有占家宅的，断法多变都占验了，这些例子都收在我的六壬新著中。大凡而言，相同的课式从理论上讲可占无数事体的，可作出无数的不同层面上占断，关键是要结合实际情况，从四课三传的每一"字"上提出无穷的"象"来进行组合整理，构成一条理化的事件表述，这样就可以出占断结论了。换言之，一个课式中的四课三传内的每个"字"上有着无穷的"象"，把不同的"字"之间的"象"可以任意组合出不同的"信息链条"来。只要是此个"信息链条"是有符合逻辑的意义，就可成为一个占测结论了。当然，若"字""象"的胡乱组合就会成为不合常理的"信息"，这种就是课的"胡言乱语"了！

二、古人有争论的课式类评注

在陈公献先生生活的时代，由于官方的支持，术数之学在社会上盛行，再加上明末社会动荡民不聊生，老百姓对占卜的需求是非常广泛而且迫切。有点文化的知识分子、士大夫们就有很多人自己来研究术数，个中就有不少人来研习大六壬的。在陈公献先生的社交圈中，就有不少官员、朋友也懂点六壬，在公献先生为人占课时，这些人就有不同的看法。这些点点滴滴的占课歧见,就记载在公献先生某些课的断语中。

今天我们来研究这些课例就有特别之价值,为什么这样说呢?这是因为这些公献先生朋友与公献先生在壬占上的争论,就相当于古人替我们向公献先生提出了不同问题。我们来看这些课内公献先生独特的占断结论,就有可能去理解公献先生壬占的思路,这对我们去认知壬学思想是大有好处的。

例一:选自"会试"一节

原文:丁丑正月己巳日己巳时,滕县讳盛美张公祖有八门生会试,请六壬诸友所断之课持出与余占。

<pre>
         无 禄

       子 酉 合
       比 辰 常
       财 亥 蛇

    阴 合 贵 龙
    寅 酉 子 未
    己 寅 巳 子

    子 丑 寅 卯
    亥   辰
    戌   巳
    酉 申 未 午
</pre>

断曰:惟戊戌者必中,余皆不然。

众友与余争云:属牛、属虎者中。予云:发榜时自验。张公曰:公之断即与众不同,此乃吾房首卷,亦望其中;昨阅其文,恐未必然。余曰:初末暗拱戌命,月将日贵临年,是以中甲无疑;朱雀又生幕贵,其言甚贴试官之意。

及发榜果中,知为常熟蒋睕仙也。

评注:这一课的占试,陈公献先生的占断思路确是与众不同、不同寻常的;为什么呢?容我一一道来。

首先,此一戌命是犯了空亡的,公献先生不以为忌,这是第一个不同寻常处。

其次，用天盘的初末传来拱天盘戌命，也是少见的断法。这是因为用初末来拱本命，一般都是立足于地盘来讲的，这是第二个不同寻常处。

另外，天盘戌乘朱雀生幕贵申金，这个占断结论在这一课中对"八门生"来说，是个"公共信息"。换言之，这个说法对"八门生"中的任何一个举子都可套的上；这是第三个不同寻常处。

这个课中比较有理的占法，就是其人行年上见太阳日贵，且入于三课，此神较之幕贵更吉更是有力的，也是大利科举的呈象。

下面我们来讨论"众友"的观点：一者属牛之人有可能中式；"众友"为什么有此看法呢？这显然是丑命上见申金帘幕贵人，此神是壬占考试时的"第一象"，有此大吉象，"众友"自然以为属丑人会高中了。公献先生独不取此，为何？此丑命申金与日干及上神对冲也！此冲不可小看，以其冲天(干)也！

二者属虎之人也是有可能中举，个中原因何在？此极简单，缘寅命上见酉作亚魁星也！

大概而言，陈公献先生不看好属牛、属虎两人者，以其两人年命不亲于课传也。

当然，陈公献先生在本课上的占验，我估计是灵感的成分在起作用，这是公献先生占验此课的理由都不太"合轨"，有点"随意性"，好像是以"意之所在"来找占断理由的。换言之，似乎是公献先生认准了"戌命"人必然高中的，才去在课内找点理由出来。

必须承认，在占课之中是有不少不合常理的断法，这就是灵感在起作用，初学者最难学的就是这一点上。事实上，水平越高者对课的认知就会越深刻，断课时的感觉就会越敏感而就会越运用自如，不太会拘泥于好多占断上的"成法"、"定法"，随心所欲而不逾规矩，充分发挥人的灵动性去体悟课象的"天机"，这就是壬占的最高境界了！

我在这方面的体会不少，有时会觉的"课"是很可怕的，为什么？因为你不知道一课出来它会呈现什么的"象"来，你也不会知道你的心会往什么思路上去"想";一课就是一个"谜团",断一新课就是一次新挑战。当然,断课绝对不是简单的"重复劳动";可以讲,断一个课必要有一课断法上的"新创见",每断一课就是一次新的"创造"新的"发明"。

六壬断课跟下围棋似乎一样,下围棋是千年无同局,则断课就是千年无同课了!

例二:选自"公讼"一节

原文:丙子三月己酉日丁卯时,奥东少宗伯陈秋桃太史为宗藩建言被刑部占出狱。

<pre>
            蓦越   重审

          财 亥 蛇
          印 午 空
          兄 丑 后

      阴 合 常 蛇
      寅 酉 辰 亥
      己 寅 酉 辰

      子 丑 寅 卯
      亥   辰
      戌   巳
      酉 申 未 午
</pre>

断曰:目今不能脱难,交四月甲戌日巳时,方出狱也。

同难诸缙绅皆曰:指日即出。予曰:不然,发用驿马坐墓,且赤鸟犯岁君,如上疏,旨意必驳。众不然其说。

三月冯大司马上疏,旨意驳上。四月上疏,依拟脱难。因四月建巳冲墓中驿马,方有出狱之应也。

评注:这一个课完全是占出狱之应期,个中争论是出狱时间早晚的确定上。

出狱之人的定象,在此课中有极贴切的呈象。这就是驿马亥水坐辰墓,坐墓即是坐狱,马动即是出狱,此一马星从辰墓中发出,就是其人从狱中出来脱难也。

入墓之马要冲之方可动弹得了,但毕竟马被墓制,必要到冲马破墓之时日,则入墓之马方会奔腾而出来。故此课公献先生取巳月甲戌日巳时,此马才会奔出来。这个时间的确定是这样的:取冲马之月、取冲墓之日、取冲马之时这三个时间点而来的。

有的人在这个地方就会有疑惑了,陈公献先生为什么不取戌月巳日呢?这也不就是冲马破墓之月日吗?这个问题问的很有水平的。我们知道占断应期是有月、日、时之不同的,从力量上讲,月令气力最大,日则次之,时则微乎其微了。而入墓之马出墓的关键点就是在马上,马要逢到外界大气力者冲动,方有可能动弹,故入墓之马就必须要月令有力冲之方能发动,所以公献先生就定在巳月了。况且的是,发用亥马为初传,其应迅速,三月后就紧接着的就是四月,也不可能会长时间的拖到农历戌月去的。

记得我断"神五上天"一课的应期确定上,就是借鉴了这一课的占测思想。

例三:选自"奏章"一节

原文:戊辰十二月戊申日庚申时,予在燕京会高仁斋、夏客怀、张环玉邀蜀中礼部李载溪先生座索占。

<pre>
          元首   斩关

         官 卯 阴
         子 申 龙
         兄 丑 贵

     合 阴 贵 虎
     戊 卯 丑 午
     戊 戌 申 丑

     戊 亥 子 丑
     酉   寅
     申   卯
     未 午 巳 辰
</pre>

仁斋断曰：卯与戌合为大六合，六合加戌为小六合，喜末传月将贵人定然片言入相。予反其意曰：太阴临卯空即不能成名，此乃旧事又举，行者二月还宜慎重。曰：何以知其旧事？予曰：旧太岁发用，且四墓覆生，主已废复行、沉而又举也；嫌初中龙官战空，朱雀阴见玄墓，若上疏旨意不佳。

果后以改授上疏见驳，几至察处。

评注：从本课断语中可看出，其是一求占官运之课也。

从这位"仁斋"先生的占语中可看出，这位是懂点大六壬的，不过好像是仅懂了皮毛；为何？这是因为断语中的"大六合"、"小六合"之词是为"外行"口吻也。我所看的古今壬书也不少了，关乎这"大六合""小六合"的说法是从未见过的，可想而知这种说法纯粹是胡诌了。

当然，"仁斋"先生的"喜末传月将贵人主片言入相"这一句话还是有道理的。

这个课的关键就是取初中龙官来看官运，还是取末传丑贵来看官运的区别问题，若此两者取错，则占断结论就完全不同了。很明显，公献先生是以龙官来占其人官运的，而弃丑贵太阳不用之。一般情况下，占测官运是可看青龙的，也可看贵人的，不作严格区别的，但在本课中就不行了。这也就是本课中"仁斋"先生和公献先生在占断上产生歧见的原因所在了。

我的理解是：在天将这个体系中，贵人自是上司，青龙就是下属了；在一个国家中，贵人就是天子，则青龙就是臣子了。当然，代表天子的壬象就有很多：太岁、太阳、贵人、亥（乾）、天干等皆是也。在这课中看官运时龙神和贵人的信息呈象有冲突了，这就要依理来取舍了。这个课中的求占者是个贬职的旧官员想重谋新职，他就是个"臣子"的命，这自当以青龙为主来看他的仕途运了，则本课的占断就是应当以初中龙官为主了，末传丑贵又是太阳皆有君象，自是不可把它当作看臣子官运的类神了。

今初中龙官战空，显然仕路不畅矣！且末传丑贵来墓中传青龙，这个求占者谋求升官必被皇帝驳斥也。当然，从朱雀阴神的象上，也可看出上疏谋职会弄巧成拙的。

所以，这一课的占断是要点功力的，关键是明理而不胡乱来滥占瞎说。

附我占测"神五上天"一课

2003年国庆期间,欧阳提供了一例他起占的"神舟五号"载人飞船的课式,让笔者判断一下,此课极富研究价值,笔者十分重视。

癸未年七月己巳日巳将酉时

元首　曲直

丁　卯　虎
财　亥　合
兄　未　后

虎　合　龙　蛇
卯　亥　丑　酉
己　卯　巳　丑

丑　寅　卯　辰
子　　　　　巳
亥　　　　　午
戌　酉　申　未

断象：六壬占课的最高境界就在善于"观象玩占",在于式中寻找类神来结合现实进行判断。

今占断载人飞船,就要寻"神舟""飞船"之类神来代表。《大全·太冲卯》中云："太冲,所主驿马船车",古人既有定义取象,自然寻找干上神卯木来代表"神舟""飞船"之象了。

今卯乘虎带丁神,丁主动摇不安,虎主疾病、灾难、事故;按一般之理解,卯乘丁带虎,此一飞船发射恐有大事故发生。这种分析并无大错,问题在于没有紧扣"观象"此一主旨与灵魂。笔者对此的认识是：卯为舟船,又卯为震为动力,也即发动机。卯上加丁神,丁火主点火之象。虎取象惊天动地之虎啸,结合丁神、卯太冲、白虎此三象,我们就会身临其境地看到：飞船点火后发出惊天动地的轰鸣之声,虎啸般地向太空冲去,场面十分壮观!

丁卯虎发动冲天,中传亥为天门,又为空亡,正为飞船射向太空苍穹之象。末传未土为天上日干,正适合象征太空中飞船内的航天员。未为羊,又为杨姓字。未乘天后,天后安闲舒适,明表宇航员在飞船中感觉良好,一帆风顺。又丁卯加未地发用，未为太岁，未为酒食太常之位，未又为"井"象"泉"象，"神舟五号"发射定于酒泉卫星发射中心岂偶然哉！又未为太岁，代表国家元首，又卯为大将军，代表国防部长；三传叠见，有国家元首亲临发射现场之象。

丁卯发动，必应于合月，是以在戌月发射。酉日冲卯，又丁火长生于酉，甲寅旬中子丑空，辛酉日，发射升天。以地支上神丑旬空，飞船离地之象也。辛酉日冲卯丁火长生即点火，是以断决于此日发射升空。

飞船回收，又要定载人舱之象。今支为大地，支上丑为腹为子宫，子宫中藏孕儿女，正极契合载人舱之象。今丑乘龙，龙为吉祥之神，丑龙受巳生助，明表载人舱回到大地十分顺利平安，出乎一般之想象。

对上述的判断，是在今年10月5日上午分析的。课之奇验于10月15日、16日，令人深感壬课之鬼神莫测，其拟象之丝丝入扣毫无牵强附会之一点点，令人不可思议。大哉、六壬！神哉、六壬！

后引：此课曾在网上公开发表过，引起了个别"别有用心"之人的猜忌，诬蔑此课是"造假"而来的，这实在荒唐可笑至极。笔者研究壬学十余年，从来都是实事求是的，不弄虚不附会，就是我一贯的研壬风格。

附注："神五上天"这一课的占测，是我自以为的得意之作之一。其占验中就借鉴了《指南》、《断案》中好几个古例的点滴占断思想，把它们融合在一起作了新的组合。这些点滴就是"神五上天"占验成功的几个断课主要依据。关于我一些断课思想的分析，今后有机会我会写点文章奉献给大家的。

三、同课异断类评注

我们知道大六壬课式共有720种，任何人用壬来测事都是用这些课式中的一个式子，这样就会出现大量相同课式测不同事体的同课异断例。这些课例因为具有相同的式子就有了对比性，研究它们就有了一定的意义。

大概而言，不同的人用相同的课式在不同的时间下占测不同的人事，这种同课异断和一课多占有类似的地方。

一者：两种都是同一式子；

二者：两种都是来测多事；

三者：它们之间的区别就是不同的求占者、不同的求占的年月太阳和问不同或相同的事情。

在陈公献先生的《大六壬指南》一书中就有不少的相同式子不同人在不同时间测不同事的同课异断作品，我现把它们集合起来作一横向研究，从而来了解公献先生壬占的高超技巧。

课式集例一：

丙申日干上巳六壬式子

```
           伏吟 玄胎
               夜 昼
        兄 巳  勾 空
        财 申  蛇 玄
        父 寅  虎 合

昼将    空 空 玄 玄
夜将    勾 勾 蛇 蛇
        巳 巳 申 申
        丙 巳 申 申

        巳 午 未 申
        辰       酉
        卯       戌
        寅 丑 子 亥
```

①仕宦例：丁丑四月丙申日丁酉时，安庆阮实夫在燕京索占，不言所事。

断曰：仕途得此主有台省参劾，秋解任去；然系何命？曰：癸酉。余曰：此公必居相位，但不久留矣；何以知之？太阳日贵临命，非宰相而何？独嫌三传遁克，伏吟丁马，定有参劾行动之事。况太阳西坠，挥戈返景能几人乎？

后知为乌程温首揆占，后果被论，秋月准驰驿而归。

②仕宦例：丁丑八月丙申日癸巳时，皖中刘胤平太史占楚省袁副院及同乡大司空郑玄岳两先生，枚卜果否？

断曰：两公俱不能入相，且主台省弹劾而回；何也？三传递互刑克全无和洽之气，刚日见伏吟丁马，归象已兆，此非台省有言而回乎？

后两公枚卜不果，袁公当被参劾，郑公为钦件下狱，拟罪而归。因郑命见地网日墓，是以罹罪尤重。

评注：这两个课是占了三个人的官运，是颇具意义的。

从三传递克来占测当官人的官运如何，是比较灵验的；这就是其人必遭弹劾有官灾的。这种课案在《大六壬指南》中非常多见，并且是公献先生屡占屡验的。在720课式之内，常见的三传递克组合有这么几类：

一者：三传巳申寅，这在丙戌日最为常见。

二者：三传子未寅，这在丙甲日也是常见的。

三者：三传寅未子，这在丙戌日最多见的。

四者：三传卯申丑，这在辛日好像是较多的。

五者：三传未子巳，这也是常见的。

大概在四绝体的式子中，三传出现相互克贼的情形是特别的多。故而在大象上看，凡是天地盘是四绝体的壬课来占事，大多是凶多吉少的。这是一个基本原则，习者可以牢记。

像本课式子中三传巳申寅，就是典型的递克象，占官必逢弹劾是无一可以幸免的，这就有很强的规律性。

在①例中，由本命上见日贵太阳而断其人是宰辅之命，就是指的当事者明末大奸臣（即奸相）温体仁，此人是秦桧式的人物，在明史上是个遗臭万年的角色。

这里要注意的是"太阳西坠"一格，所谓的"太阳西坠"就是指天盘太阳加临地盘酉字上，其象就是太阳落山了。当然有人也把天盘太阳加临地盘戌上也叫作"太阳西坠"，这大致是可以的。但不特别严密，为什么呢？这是因为西方酉位是"日入之门"，太阳在此位的确是光明不长了，谓之"西坠"是十分到位的。可是地盘戌位上，则不太可以这样说；为什么呢？这是戌字在地理上象征的是"高山""山岗"。所以严格地讲，太阳在地盘戌上谓之"太阳入山"是更为到位精确的。当然无论是"太阳西坠"还是"太阳入山"，都表示着光明即将消失黑暗就要来临，其象征人世间的荣华富贵、生命、权力、金钱等好事马上就要走到尽头了，接下来就是掉官、失职、破财、失败、死亡等倒霉事（暗无天日）了。这两个"格"对于占官运、求财、考学、治病等事都不是好兆头，都表示正在进行着"消已福，生新凶"的转化过程，这实在是个不好的凶格。陈公献先生在实践中多次用到这两个"格"断人官运前途，几乎无一吉占。

这里的第②例有一定的方法论价值，是什么呢？各位听我道来。

这个课就是在同一时间下问两个人相同之事，这种情况在我们的实践中也是会时常碰到的，那我们该怎么办呢？公献先生的占断就给了我们答案呀！毫不犹疑就依同一课式作出相同的占断结论，就是这么简单！为什么呀？请大家自己去好好考虑吧。当然这儿公献先生用了两人的本命来作了些微区别，但这仅是这课占验结论中的"枝节"了，并不能影响这课大方向的占断结论（即两人基本上是同样下场，只不过在结果上略有些轻重而已）。像这种课是真值得学壬者好好深思的例子呀！

课式集例二：

甲申日干上巳六壬式子

```
              重审  玄胎  交车
                    昼   夜
           官  申   龙   蛇
           父  亥   雀   勾
           兄  寅   后   虎

      昼将 常  龙   雀   后
      夜将 阴  蛇   勾   虎
              巳   亥   寅
              甲   巳   申   亥

                   申   酉   戌   亥
                   未            子
                   午            丑
                   巳   辰   卯   寅
```

163

①天时例：甲申十二月甲申日癸酉时，予往淮阴，时风阳施挥使相召守岁，见天气昏沉，占元旦有雪否？

断曰：不但元旦有雪，今晚亦雪。

因天罡加丑，阴象也；况申为水母发用，生中传亥水又乘螣蛇，乃如雪头弯曲之形，是以断今晚明日有雪。

②考试例：庚寅七月甲申日丙寅时，宜陵景兄占府院试可入泮否？

断曰：不但府试高取，院考定然首荐。

盖因月建旬首发用，龙朱乘旺相现于初中，末传德禄驿马，又干支交车生合传将进引，半罡天喜加行年，朱雀乘丁神进气，文字必贴主司之意。且格合天心主非常喜庆掀天揭地也；是以首荐无疑。

又问：该就府送考？该就司送考？余曰：六合加于辰未，商籍稳妥。后果首选。

③仕宦例：辛未三月甲申日辛未时，莱阳迟芝莱、吉安王旋官两父师代占升迁。

断曰：此课大吉，推升官爵必的；何以言之？课中龙常并见城吏全逢，初传青龙内战必有奇遇超迁；中传朱雀生日，中有公卿交誉；末传驿马德禄俱入天门，居官定然显赫；且寅为天吏天后为恩泽，非天官而何？

后屡旨另推七次，终点闽总宪为家宰。然式中贵履地网，龙神下贼，主自欲退位。次年夏，果请告归里。

评注：这个同一课式占断了天时、考试、仕途三事，且都全部占验了。

一般而言，求占者都有比较明确的要求来问具体之事，断者就可根据问事的性质来找出一条大致的思路。人家问天气，就把课从天时角度去作理解分析；人家问考试，就把课从考试角度去作理解分析；再如人家来问官运，则就要把课从官运这一角度去作分析理解了；诸如此类，皆按此而推。

在①天气占中，发用申金为水母，是为壬占天气中的固定之象；而在②考试中初传申作月建旬首看待，则是依占课之时间中的"月令"此一动象结合"旬首"此一定象作的综合；至于在③仕宦中初传申乘青龙内战，此亦是定象；不过是在此占中重点于天将青龙而已。从这三例横向比较中可以看出，同一个字即初传申金，陈公献先生就根据不同的占事要求就从不同角度去取了这个"申金"初传的不同象意，作为占断课式的入手点。

在中传亥末传寅上，②③例内就作了不同的阐释：一作朱雀文星看待，一作三传递生看；至于寅则两课皆是取德禄驿马来看的。

一课多断和同课异断的区别，就是主要在于不同时间下来占课的，其入占的初始条件就不一样，这就导致占断结论的差异了。

课式集例三：

甲戌日干上卯六壬式子

<pre>
           比用   联茹

        财 辰 合
          子 巳 勾
          子 午 龙

     雀 合 阴 后
     卯 辰 亥 子
     甲 卯 戌 亥

    午 未 申 酉
    巳   戌
    辰   亥
    卯 寅 丑 子
</pre>

①天时例：庚寅正月甲戌日辛未时，途中偶遇一人因天气亢旱，问何日有雨？口报未时。

断曰：明日必雨，六日后连雨。

天罡加卯、日居贵前，虽三传火土亦主大雨；况龙神飞天、贵人居子皆行雨之象；第神后加亥，故知明日必雨。辛巳居中传、壬午临巳位，巳中丙火暗与辛金作合化而为水，又辛壬上见亥子，壬癸加临巳午；果六日后连雨。

②仕宦例：丁丑七月甲戌日己巳时，浣中刘胤平太史占经筵讲官曲沃李括苍太史枚卜果否？

断曰：太史将来大拜，目今尚未可得，还有丁艰之事。

刘太史曰：梧苍无父母，如何丁艰？答曰：仕宦逢罗网主有此应；目下未得入相者，盖嫌初传辰卯六害，中传勾陈脱气，喜末传月将青龙，是以将来大拜。

后果屡次枚卜未点入阁，己卯丁庶艰至。癸未冬月始拜相，奉命督师剿贼。

评注：这两个课的可比性就在于末传龙神之上，当然它们各有特点，容我一一道来。

①例中占天气可给我们的启示是：壬占中当是依五行为主来占断，还是依天将为主来占断？一般的术数体系自然是五行为主了，这好像是个常识了！但大六壬就不是这样了。从这占天气的例子中明显可看出，壬占是以天将为主来占事的。从本课三传辰巳午的五行属性去看，这个占天气当是天大晴了。可若从天将角度去看，末传青龙当应大雨了。这两者的信息呈象是矛盾的，当以何者为主呢？陈公献先生是着重于天将的。

从这个课中可晓得，壬占的主要目光当在将上。不仅仅是占天气，就是用壬来占人事，也应当以天将为主。这就是下面占官运的例子表现出的壬占特点。

②例中占仕宦官运，三传也就是辰巳午。若从五行角度去看，这三传就是日干的子孙局，是占官的大忌神。若从这个角度去看，求占者的官运就不行了，更不要去说未来有什么大的发展了。但公献先生的占断就告诉我们，壬占人事也是以天将为主的。这个课的末传就是青龙此一大吉将，龙主飞天，可象征有大前途。末传主未来，是以公献先生遂此而断其人将来官运亨通。

这两课是大有深义的，同样一将在不同占法中就有不同之象意：前例占天气就取龙主雨之象，后例就取青龙主仕途通达之象。各因事而取之，分门别类自有条理，学者明此，壬占有何难哉？

别外，这个课内末传龙神是加在天盘午火之上。若据"青龙居午曰烧身"（神将叠加的固定信息，这类似《周易》中的爻辞，主要见于"心印赋"内）一说，则这个青龙就大不吉祥了。现在中国有些人研究六壬，就是依这些"爻辞"来套的。这种占法就是受某些六壬派系的渲染而被误导，这完全是不入门的末流，学壬者当警惕之。纵观《大六壬指南》一书，其中陈公献先生的所有占例，有哪一个占断中用到的这种死板的"爻辞"来套的。是知持此说者一脉根本未得《大六壬指南》真谛，徒是外行人来"指点"六壬了！

做学问是很艰难的事，绝对不能不懂装懂玩"深沉"甚至就来写书，让外行人看了好像很有水平似的；可让内行人来看呢，就是贻笑大方了！

我在六壬实践中，基本上是和公献先生一般，也主要是以神将作中心来占断的，不太重视五行生克，基本上是不用"爻辞"的，把它看的轻之又轻。

课式集例四：

乙酉日干上酉六壬式子

乱首 涉害 不备 天狱

财 未 龙
父 子 贵
子 巳 虎

合 阴 阴 龙
酉 寅 酉 未
乙 酉 酉 寅

戌 亥 子 丑
酉　　　寅
申　　　卯
未 午 巳 辰

①地理例：庚寅五月乙酉日戊寅时，痒友刘二兄占风水吉凶。

断曰：此风水在西山，无真龙正穴，然不备中亦有好处；何以论之？玄武为龙，临卯加戌是西北山岗也，未为来龙，虽空乘进气，螣蛇为穴加亥落空，喜乘旬丁长生主穴活泼有情，然美中不足亦有可取，贵人左旋逆水之局。四课下寅之对冲为对案是申，理合艮山坤向兼丑未分金也。

勾陈主明堂，阴阳二将见财官幕贵，朱雀河魁建丙临巳是对案山出富贵文明，利于二房也。但嫌子爻空战，定艰于子息。酉为日之胎神，阴见寅木生巳火子爻，辰年十一月酉日主婢妾有妊，连生两儿，因巳为双义故也。

但玄武建辛，主坟边小路克比肩与兄弟宫有碍，况龙虎空战，长季房分人财不旺。

后阴为水口，螣蛇作罗城，喜与紧关包固。但初中两传财贵逢空，一二代虚名虚利，末传子爻为支之长生学堂，阴神河魁乃文明之宿，三代中房长子孙必出青衿科甲之贵、文兼武权之职。

荐此一案，以俟后学依而断之。

②公讼例：丙子二月乙酉日辛巳时，淮扬巡抚讳振缨、浙湖吴公祖因贼焚风灵被逮刑部已定重辟，索占吉凶。

断曰：目今必遇恩赫，在六月必有出狱之征。曰：何以言之？盖因皇恩临干、天赫居支，又中传太岁作贵人生日，罪虽至重，亦能转凶为吉，但嫌戌临孟位又为本命，谪戍未能免。

后因大司马礼奉命热审开豁改戍。

③岁占例：辛巳正月乙酉日癸未时，程翔云在新安见雪寒极甚，途多冻馁，因有感而占。

翔云断曰：据此课象，今岁天气亢旱，风大雨少，田禾欠熟，且有疫疠死亡之患。

盖因初中风伯会箕神，神后空陷，末传虎乘遁鬼。又因未为田园，自四课发用即田庄交界，子属稻谷亦空，故知田禾欠熟；又天鬼支来克干，此为上门乱首，种种凶象。而况劫煞入辰，三传递克全无和气，凶荒之征也。后果如占。

评注：这个式子占了三个不同的事情，都比较复杂的，这就要来好好的研究。

关系第①例是《大六壬指南》中惟一的占风水的课案，判断是较繁琐的。这个课在全书所有例子中看是很机械的占断，没有灵动之气。

不过这个课式说明了一些壬占风水的"定法"，是我们可以学习的：就是在风水中的"龙"、"水"、"砂""穴"、"向"、"明堂"、"案朝"、"克应"如何在壬学中进行"定位"与"对应",这些东西是有一定之价值。至于用三传来对应三代人,也是可以理解的。

大概而言,用壬占风水是完全可以的。在阳宅方面的人事、家庭运程,《毕法赋》中尤多阐述。用壬占阴宅,也是有可行性的。这是因为一个壬课出来:四课三传、天地盘、神将、神煞等壬式"元素",不但有"人事"方面的象意;从它的来源上看,这些"元素"的本身就有"方位"、"环境"的原始意义。比如"子"这一个字,它就是"北方"的"水"。再如"午"字,就是"南方"的"火"。诸如此等推开出来,一个课中就有种种"环境"象了。若再进一步从五行的"色彩"、"生肖"、"人物"等来看课,这一个课式就是一个五光十色的"现实世界"了。壬断风水就要有这样的思维去考虑占断。

在第②例占断中,它的主要判断依据就是用的系于年月的动态因素"官讼神煞"来决断的:一者天赦;二者皇恩。从经验来看,这两个神煞的是非常有效的"吉星",在牢狱之灾上可起到解厄去难的大作用。在本课中,两颗"吉星"会临干支,则天大的讼事也会解释了。况且太岁作贵人入课临传生日,主天恩源自天子,这自可转凶为吉了。

至于第③例占断国家年运,所有断辞完全是空泛之论,无多大意义的。我一向不赞成用术数来妄占国家大事,作为老百姓来言国政"是否"都是不合适的。就是一定要来研究国运,古人也是从不用"小数"之术的。从正史的记载中可看出,古代先贤占测国家运程都是用的正统"星占"之学来了解"天意""天心"的,基本上不用其它乱七八糟的杂法。现代有些人用所谓的"八运"(玄空风水学的"地运"说)来说中国的未来发展(国运),这是很肤浅很可笑的荒唐说法。当知,术士占国事,百伪无一真;妄言惑人心,自招飞横灾。

课式集例五:
乙未日干上巳六壬式子

```
         遥克  连茹
               夜  昼
   官    酉   后  玄
   财    戌   阴  阴
   父    亥   玄  后

昼将  龙  空  常  玄
夜将  合  雀  贵  后
      巳  午  申  酉
      乙  巳  未  申

      午  未  申  酉
      巳      申  戌
      辰          亥
      卯  寅  丑  子
```

①会试例：丁丑二月乙未日丙戌时，安庆保举明经阮实夫代刘若宜先生占会试。

断曰：为人代占，今年必中。盖发用日鬼皇恩，中传河魁天喜，末见长生太阳，最利试场之象；支见幕贵官星，又朱雀生太岁，文字华藻合时。

课名革故从新，更乡科而中甲榜，必无疑矣。但嫌干支互绝，居官未能远大。后补刑部主政，恬退不仕。

又为代占会武试中两名，亦此课，余占病亦死两人。

②隐遁例：甲申五月乙未日癸未时，东省费县讳四知张相公，因高镇兵马屯北城外，借住府河公署，占进退行止。

断曰：东南水乡，居住安稳。盖因岁贵劫煞临支，贼符驿马临干，此地异日还有兵戈扰攘；幸日上罗网逢空，相公必解脱而去。然昴星乘玄武克日作来年太岁，革故从新应在酉年必矣。相公遂渡江而南。

③疾病例：己丑八月乙未日辛巳时，徽友程孝延为同乡郑姓者占病。

断曰：占病不治，且临于床，八、九月之会是其死期乎？何以知其病之不起？干支互乘绝气，课传革故从新，且二马临身宅乘青龙太常，谓之孝服纸钱煞也。病人见驿马，又非所宜。何以知其卧床？因身加卯上为床为棺也。何以知其死期？二阴一阳，中传戌加酉位，是八、九交会时。

果交九月节日死矣。

评注：这个式子的价值，就是课中的一些固定信息是千古不变的。要知道的是，任何课式都是有其"共性"的，不会因占时的不同、占人的不同、占事的不同就会发生变化，这就是我们研究固定课式的主要价值之所在。实际上的壬课占断，就是把固定课式作动态分析而已，也就是将壬课式子的固定信息联系实际生活的一种思维过程而已。

这个式子中有三个定象：一者就是干支互绝；二者是鬼临三四；三者则是三传酉戌亥为革故从新自昼传夜。此三象对于占病来说就是大忌了，故而陈公献先生在①例中附云"余占病亦死两人"。至于③例中程孝延先生为人占病断人死的占验，也说明了本课在病占方面的凶恶程度。我也曾在占北大附院护士王晶染上"非典"一病时碰到了这课，其结果也是人亡。现附上这课，大家可以比较从中得到一些启迪。

预测王晶病情

2003年5月22日，笔者读北京信报。其报报道人民医院护士王晶同志为救护"非典"病人不顾个人安危，在工作中不幸染上了"非典"，引起了媒体和社会大众的高度关注。我见报道真实感人，遂按正时起出一课来占王晶病情吉凶变化如何，希望她吉人天相渡过难关。

癸未年巳月乙未日申将未时

官 酉 玄
财 戌 阴
父 亥 后

龙　空　常　玄
巳　午　申　酉
乙　巳　未　申

巳　午　未　申
辰　　　　　酉
卯　　　　　戌
寅　丑　子　亥

断象：以干为病人，干上巳火子孙爻作医生看。今巳火作月建乘青龙，可知为王晶治疗之医生必为北京地区最杰出之名医专家。但巳火空亡，恐一切劳而无功。

支为病房，支上三四皆申酉鬼爻，申带死气，酉带死神，明表病房充满病毒之象。又申为肺阳，酉为肺阴，申酉全逢死气死神，明表王晶肺功能已全部坏死了，难于回天。

发用酉金作鬼克日，凶应迅速。且三传酉戌亥自夜晚传入幽冥无声无息之地，其人必应死亡。酉金作鬼，难过庚戌、辛亥两日。

后引：占出如此凶象，笔者对爱人大发感慨，好人不一定有好报，生死有命，气数难逃。后每日我买报去看王晶病情之连续报道，辛亥日中午购阅信报，其报赫然登着王晶于昨日下午3：15分不治的消息，果应于庚戌日申时王晶去世。

详注：关于这一课的占验与分析，我曾与某武汉学员议起过此课。后在翻阅《指南·会试》章节中发现陈公献先生讲此课："予曾占病，亦死二人"云云，此占恰与古人相同。又《指南·疾病》最后一例也是此课，占人疾病亦主死亡。可知只要课大局一定，古今人事就有可能"重演"。

大凡要想真正提高壬占的实践水平，除了在理论研究上要用功外，要用更多的心力去看去研究古人的经典课例，反复揣摩玩味从中去体察壬占的真诀窍。现代人学壬的不在少数，用功的人也不在少数，但是学好的人少之又少；为什么呢？就是这些人学东西仅凭热情而不注意学习方法。一般学壬者最易犯的毛病就是学了点六壬的理论之后，就急急忙忙地去"实战"了，以为这样就可以水平大幅度的提高。事实上这是大错特错的！对于传统术数文化来说，仅学了点理论就想在实践中运用自如，这是不太可能的。理论和实践之间是有距离的，要把理论真正运用到实践当中去，中间必要有个连接的环节，这就是跟着古人去"依样画葫芦"。在壬学中就是去看人家的占验课案，这一步是很关键的，绝对不可或缺的。记得当初我走过的路，就是在《大六壬指南》一书的占验课例上下了大功夫，为今天自己所具备的壬占能力打下了坚实的基础。

第八章 《大六壬指南》占验案例研究

这里要说明的是，看古人的课例是要有选择性的，不是任何古人的东西就可拿来的，要取古人占验课案内的精华。何为精华？就是去看这个课案的占断是否根于正理：何为正理？就是占断根据合乎基本壬理，不牵强不附会不模糊，一言中的。这个样子的课就是好的占验课，就值得反复钻研去模防。像《大六壬指南》、《六壬断案》两书的课案就是我们今天好好学习的壬占教本。

要特别指出的是，当今一些大陆、港台人士的所谓六壬占验课例，最大的特点就是含糊其词牵强附会，丝毫没有半点壬占古法之神韵。这些半吊子的六壬书或六壬家们，就是我们学习的大敌，千万不要去学他们。

无论学什么东西，一定要注意学习方法。学习不得法，就是事倍功半；方法得当，则就是事半功倍了！学术数不是做官，做官时间愈长，则资历就愈老；学术数可不是这回事，时间长短和学习成就不一定成正比。时间长不一定肯定水平就高了，当然时间短也不一定水平就低了；只有时间长了再加上学习得法，这才有可能真的水平会走的很高很高。

课案集例六：

辛巳日干上午六壬式子

<pre>
        元首   炎上

        官 午 贵
        财 寅 勾
        父 戌 常

     贵 勾 龙 玄
     午 寅 丑 酉
     辛 午 巳 丑

     丑 寅 卯 辰
     子   巳
     亥   午
     戌 酉 申 未
</pre>

①仕宦例：丙子二月辛巳日辛卯时，湖州陆金吾占总镇陈东明奉命出师

江东。

断曰：春得炎上进气，又合元首三奇，高爵宰官不复言矣。但干败支墓且乘火鬼天魁合中犯煞，透易旅之九三：旅焚其次，丧其童仆，贞厉；不惟兴师无济，且有他虞。即官至卯年，亦不见利；由卯上乘白虎驿马，名为回马，虽是剥官之煞，幸结木局生初传官星，故仅撤回剿贼。庚辰太岁受克，子水司令制伤火局，退位俱验。

②兵斗例：己丑正月辛巳日辛卯时，榆林王总兵讳朴者，其子金吾官在扬，闻大同姜总兵乱占吉凶。

断曰：游都居支前，贼符侵酉地，且贵人克干发用，又合中犯煞，西北兵动据城无疑。初传旺相生合末传，定主内外奸人勾连，中传月建克末传，必然破城杀将。又旬遁丁神临辰阳入辰阴，更有当地边界盗贼蜂起，后来终于归降。盖因游都临合处也，但火局旺相于春夏，死绝于秋冬；又大吉日墓临支，是主受客愚而坠客计，交秋冬事败归降矣。

评注：这两个课要特别注意的，个中都有各的特点。

在①例中，从表面上看是占官运的，可这不尽然也。由于测官运并不是抽象的，一个人的官运总是和个人所负的责任相关的。所以在一定程度上，六壬占官是不喜见官鬼成局的，因为其俱主有灾患发生的。本例中当事者是主兵战的，则官鬼就象征了敌人。日干受三合鬼局克制，则自然主仕途艰难了，即主必因兵败而退官了。

在②例中占兵乱，自当以官鬼代表贼人了。官鬼旺相则战事激烈敌人猖狂，若官鬼休囚则战事就会平静敌人受制了。

要特别指出的是，壬占官运是不太用官鬼爻的。在陈公献先生的很多占例中，一个人官运亨通主要是贵人禄马、青龙得地之故，而一个人从官场中出局则是这些重要吉将吉神犯了空亡死绝。至于有些人在官场中不仅丢官失职而且更会犯事下狱者，则在课中较多是被官鬼制克的原因。当然有些课中犯罪出事者，也因为是占日天干或占人年命与太岁、月令冲克的缘故。

《大六壬指南》书中的兵占是其书的一大特色和长处，这是一般壬书无法可以比拟的，这是因为陈公献先生身处的时代造成的。和平时代的人研究六壬，自然集中于老百姓的生活常事之上，没有多少机会和可能来对种种战争进行壬占实践的。任何一部著作总是深深的带着时代的铬印，壬书也同样如此的。《大六壬指南》书带着明末清初的时代特征显而易见，而《六壬口鉴》、《六壬断案》则明显有着宋人的生活气息。不同的时代会产生不同的时代作品，不同的作品总是不同时代的产物。古往今来的所有六壬书是都有这个基本特征的。

大概而言，在术数研究方面，在和平时代太平盛世的日子里，研究者有时间有精力有闲情雅致来钻研术数；故而在这种时代术数往往会发展到很高的顶峰，这种情况在唐宋明清几个王朝都重现过的。相反的是，在改朝换代的历史动荡时期，社会对术数的依赖和需要是最为强烈的。但身处这种时代下的术数研究者们自身难保，生活不得保障太平，则他们的术学研究就往往会急功近利显得粗糙，相对于太平盛世的水准就会大大低劣了。从历史的演化来看，六壬的发展好像也是这样过来的哟！

课案集例七：

丙寅日干上子六壬式子

```
            知一  涉害  周遍
                  昼  夜
        官 子  蛇  合
        子 未  常  阴
        父 寅  合  龙

夜将    合  阴  贵  虎
昼将    蛇  常  阴  龙
        子  未  酉  辰
        丙  子  寅  酉

        子  丑  寅  卯
        亥          辰
        戌          巳
        酉  申  未  午
```

①仕宦例：戊寅三月丙寅日辛卯时，东省沂州讳昌时王大行来燕京寓中

175

索占。

断曰：在朝官占得此课，主在台省弹劾。盖因官贵履天罗之地，禄马入空墓之乡；且身宅坐墓，必自甘受人欺终难解脱。又传将逆行，仕途得此理应告退，否则必挂弹章矣。

后知为田大冢宰而占，果如其言，伊子仍被下狱。

②仕宦例：戊子七月丙寅日己亥时，扬州兵监道胡公祖相召未去，随令乔中军来占，指一"晚"字算十二笔，用亥时。

断曰：日得夜时见官贵旬空，反为不祥之占。曰：何也？盖因太岁发用克日，传将遁互相克，提防台谏封章；且龙神克下主君上台谏不喜；况干支俱伤日禄空墓，秋末冬初，定有他虞。

后请告未久，随被北台参劾勘问。

③贼盗例：丙寅四月丙寅日庚寅时，维扬北关外建龙寺僧丽天在蓝园住持，偶晤间求占。

断曰：神后蛇鬼临干发用，必有阴人往来缠扰。僧默色久之，曰：凶吉若何？曰：干支首尾相见，一时不能拆离；且河魁加卯命，驿马临行年，必有相携而逃之意。然而传将互克，提防邻人有攻诉之事。

因而众施主送僧渡江，后复来扬州携妇而去。

评注：这三个例子中，三传都是子未寅，俱有递克之象，当官人主有弹劾，俗人主有众人攻诉之事，此乃一定之论也。

在①例中，三传递克必主有官人逢弹劾之事。但这个例子中，从干支角度来看，地盘干支即日辰干支丙寅皆受上神克制，又天盘之天干巳火、地支寅木又各自加临地盘墓乡，可谓占日干支既不得天时又不得地理，其受灾患必不可逃，是以纵当官也是有灾了！干为父掉官，支为子坐墓，故主入狱了。

对②例的研究主要不在于这课的内容与占断上，而是这一课的起课方式上，这一课的起课是用的"活时法"。一般常见的"活时法"有：报数法、拈字法、报时法、抽签法等。从古人的实践来看，古人用的最多的是正时法，活时法仅在明清之后才用的相对多起来了。我的实践经验是：在我的早期实践中用活时法是不少的,但近年来我绝大数是用的正统的正时法来起课的,活时法基本上是不用了。同样道理,我要求我的学生、学员原则上都用正时法,尽量少用活时法,因为正时法这种起课方式是最为稳妥到位的!

正时法和活时法的主要区别是:正时法是纯客观的起课方式,活时法则是带有主观色彩的起课方式。正时法就是直接针对现实客观事实来展现课象的,它会如实反映客观情况的存在现实。活时法则是和求占者的"心之所想"有关,课会更多的去直接显现其人的"心象"。这种"心象"有时会和客观世界中的"现象"合一,有时也会和实在的"现象"有差距不合拍的;这就会导致课象在某种情况下不贴切于事实。正是考虑到这种可能性的存在,所以我现在都是用正时法来起课占事的。

陈公献先生在《大六壬指南》书中是有少量的活时法占例,但它不是主要的起课方式。所以我们不排斥活时法,但不强调把活时起课法作为主流法则来运用。在邵公的《六壬断案》、《六壬口鉴》中,是看不见活时法课例的,所以我们跟着邵公走肯定不会错。

事实上,"活时法"的发明是和壬占实践活动是相关的。这就是在一个时辰中有好多人来问事,这样正时一课好像就不够用了,这样就不得不要去找"活时"、"活课"来应付不同之人不同之事了。这种现实情况确实是有的,所以一些人就"发明"了壬占的"活时法"。从表面上看"活时法"似乎很高明的,可事实这种"活法"实际上是壬占中的下下策,它是一些六壬研究者由于在根本上不明白壬占原理而不得不搞出的"产物"。我在六壬面授班上就讲过,从原理上,讲正时一课是可以包涵万象万事的。"一课可通吃天下",根本用不着起什么"活时"来占不同之人的不同之事。这纯粹是多此一举,劳而无功,个中原因这儿就不讲了。

对于例③的研究有意思的是不在于这课算的有多准,而是说明了一个事实,就是"和尚"还是在"数"中。当代一些术者认为一个修行人(和尚或道士)经过宗教修证之后这命就变化了,四柱就算不准了。按这种歪理来推,则这类修行人的一些具体事用其它占卜方法也应该是算不准的,那么六壬算这些人的事也应同样不准,陈公献先生这一占例就有力地说明这种说法的不成立。

事实上，任何修行人只要在地球上，它就逃不出"五行"的主宰；为什么呢？这世界上最大的"五行"就是春夏秋冬四季循环，有哪一个修行人能跳出这"五行"这"四季"呀？是知欲通过修行来改变命运来梦想"跳出五行外，不在三界中"，无有其事，只是颠倒梦想而已。

课式集例八：

乙亥日干上亥六壬式子

重 审

```
        子 午 空
        财 丑 后
        官 申 勾

    蛇 空 阴 合
    亥 午 寅 酉
    乙 亥 未 寅

    子 丑 寅 卯
    亥       辰
    戌       巳
    酉 申 未 午
```

①公讼例：丙子三月乙未日己卯时，马监冯允升被逮刑部，已定重辟，索占。

断曰：此课必遇恩宥，仍拔重用之兆。

盖因日上皇恩，支见天赦，又太岁贵人生日，罪虽至重亦能转凶为吉。传将递生，初末引从子命，定主上台推荐。

果五月奉热审开豁，谪戍发京营立功。后监洪黑二将及追剿有功，复职。

②公讼例：丙子二月乙未日己卯时，东省登州戚都司诇司宗者因失机，已定重辟八载，占吉凶若何？

断曰：六月遇赦，转凶为吉之象。缘长生临身，天赦加支，况太岁贵人俱作恩星，罪虽重亦减矣。尤可喜者，传将递生，初末暗拱未命，仍有公卿推荐他日出仕之兆也。

果六月奉命热审，开罪谪戍，发京营立功自赎。后辛巳年升甘肃镇中军参将。

评注：这两个课的占课时间上是有出入的，疑第①例中的占课时间不对，因为在万年历上没有这一个日子的，这个看课的人要知道的，我们这里主要研究这两个课的占断内容。

这两个课的主要占断是很类似的，都是两个已犯重罪的人问占吉凶如何。陈公献先生都是据于课中的皇恩、天赦、太岁作天乙贵人生日此三者来断当事人的重罪可以转凶为吉。另外，公献先生又根据三传递生象来言当事人还是可以重新做官的；这两个结论就是这两个课的主要判断思路。

这种课式相同、入占条件又相似的占同一类事，就占出了类似的结论了，这种特点就是壬术乃至所有术数分科建立的基本原理之一。

课式集例九：

壬戌日干上申六壬式子

```
        元首   玄胎

     财 巳 贵
     子 寅 合
     兄 亥 空

  玄 贵 阴 蛇
  申 巳 未 辰
  壬 申 戌 未

  寅 卯 辰 巳
  丑       午
  子       未
  亥 戌 酉 申
```

①仕宦例：癸酉八月壬戌日戊申时，丹阳贺中怜先生居大寅台时，占升迁吉凶？

断曰：目今必然荣转，日后因他人之事请告。

盖因传将递互相生，城吏两马出现，定有公卿推荐。但嫌鬼临三四，必主他非退位。曰：应于何年？曰：丁丑行年蛇墓克日，必自惊扰而退。

月内升天津巡抚。后以标官劫皇销事发，请告归里。

②行人例：戊辰十一月壬戌日乙巳时，余在燕京，江都倪子玄占父何日到京？

断曰：行人已抵燕界，丙寅日方到；但途遇马贼劫夺。

盖二马临于课传，末足临寅乃幽燕之分，二阴夹阳中传见寅，故主寅日到。玄武驿马临干遥克庚午命神，主大路有马贼劫夺之应。

果寅日至，平子门外雪中遇马贼，劫银四十两。

评注：这两个课各有各的特点，是很有意义的。

在①例中，关键是这一课的判断上有着不一般的意义，为什么这么说呢？这是因为一般断课的游戏规则是以四课来言现状的，三传是应将来的，但这课就不是这样断的。请看此课：以发用三传来讲求占者近期必然是可以升官的，但升官之后的相对远期的未来岁月里就会掉官失职的。这种断法依据就是从四课中的鬼临三四来作断的，也就是讲本课公献先生就是用三传来断近期，四课来断远期的。这种断法在《大六壬指南》的占官运课中是较多见的，这就是陈公献先生在断法上不同于古人的一个显着特点。

这种断法个中就说明了课传两者之间谁是最根本者，这就是四课了！课重于传，这就是本课的一种提示吧！这种突破常规方法论的思想实际上是很深刻的。任何一个有成就的壬学家，都是根于古而不泥于古的，活法无穷但占验比比皆是，这就是一个人学壬有成的标志之一！

从这课可以知道的是，壬占是无一定绝对不变的定法。所谓好多的原则都是相对成立的，不是绝对的。比如说壬占中的干支分为主客、男女这就是一般意义上的"天经地义"了，可我精研六壬到今天，才知道这种"天经地义"式的原则要想在具体实占中成立也是要有条件的。不少时候的课象会打翻这种"天经地义"的，当然打翻这种原则是看课来定的，不能随随便便来的，个中也是有规律的。这种课理的发现与发明，是我十三年研壬的心得所在，也是个人体悟的产物，来之不易啊！这些高层次的课占之理，是择人而授的！

我有个目标就是到了我老了之后，集我一辈子研壬的体悟与心血，写一本较之古人有所发展且能跟上这时代变化的六壬书。继往圣绝学，为后学开一正道。当然这是我的一个理想了，能不能如我所愿，还要看看天命天意如何了！

在②例中，陈公献先生就是根本不用天干来代表行人当事者的，就是用传中的丁马来象行人的。行人的特点就是从一个地方到另一个地方，最后到达目的地，用三传来拟象一传换一传再变一传是最为亲切的，所以就用末传来象行人之"足"了，本课占验的思维着力点就在这儿。至于用干上申金驿马玄武来象"马贼"，其象之精妙不可形容；妙哉！

这课中断验行人到达日子是用的"二阴夹阳"这一法，其意无非是取"静中动"之显象而已。我个人以为这断法不精淳，不如取合末传之"足"的合日来应之，好像更到位点，当然这是我的私人之见解而已，学者可依公献先生的断法是为正宗！

断应期是一切术数中最难的"招法"，这个相当于足球比赛中的"临门一脚"，这是最难的东西了，很难讲有一定的"成规"可以借循，六壬中更是如此。壬书中古人传下来的种种壬占应期方法，大多是不靠谱的，我现在基本不用这些"教条"了。说实话，断应期是一个课一个法，没法固定化的。怎样提高断应期的水平，只有一条路，就是熟研壬理到一定程度，一课拿来了，自己的思维触角自然自动地往正确的方向上去想了，这就算掌握了方法。我到现在自觉用壬来断应期好像不是什么难事了，一课来就按这一课自然而然地去想来定出某个时间了，这就是壬占的"心法"。

换言之，断课的思想一定是要行云流水，婉转自如一气呵成，任何多思多想或长考是很难断对课的！围棋中有"长考出恶手"的说法，壬占中也是类似的。断课不是"开会"，不要反复思量讨论的，课是要"断"的，就是要像一刀两断样么干脆利落，一下子就给出结论了，这才是真水平真能耐真到位的断课状态！纯知识分子之所以学不好术数或六壬，就是他们的思想太丰富而不习惯不适应占卜的心理状态。我们要做到真正的"多谋善断"，这样水平才会真提的上去！

课式集例十：

癸亥日干上辰六壬式子

斩关

官 辰 后
官 未 雀
官 戌 龙

后	雀	玄	贵
辰	未	寅	巳
癸	辰	亥	寅

申	酉	戌	亥
未			子
午			丑
巳	辰	卯	寅

①公讼例：辛未四月癸亥日戊午时，商城讳奋渭熊兵长垣为戊寅命人占。

断曰：课象虽凶，终不为畏。曰：较张玄课何如？予曰：张公课好，此课太岁克日，君上不喜，须得木姓人解救方可消释。何也？三传纯官鬼又关墓覆日，岂不为凶？喜两贵拱身，福德仪神临支，又丁马贵德居命且是皇书天诏，定转凶为吉。

其后，刑长垣讳觉斯李先生上疏救之，减死谪戍。后知为云间钱相公也。

②隐遁例：乙酉四月癸亥日戊午时，余住淮阴，欲回扬搬家眷，田百原恩师：汝占课，看该城住？乡住？

断曰：此课正宜归隐，住乡安稳，住城虽有众贼飞攻，亦不足畏；何也？因游子斩关发用，阳将传入阴位，理应归隐之象。住城虽有贼攻，实赖支上寅木以敌之，不若就西北水乡卜居安稳。

及到开关，船被兵据。入城，史阁部命守西城。城破，一家人投水，未死。

评注：这两课虽是占的两个不同之事，但不同之中还是有相同之处：这就是这两课都算的是面临灾难之事后，想提前了解其事的最终结果。这两个课中灾难的象征就是干上及三传皆是官鬼爻，可谓是"四面楚歌"寸步难行，如此大难之课中，好在支上有寅木子孙爻来一夫挡关克制众鬼，是以方可临危不惧转凶化吉了。

至于具体的灾患，在这两个课中是有不同的情况说明：①例中众鬼是代表的其人所犯的重罪；②例中的众鬼则是代表的敌兵攻城了；至于具体的化险为夷的事象，也是从两课中的实际情况来作的决断：在①例中，是取寅的五行属性来定解救者的姓氏的；在②例中，是取地支寅木正好处于亥支之上，故言宜"西北水乡"来卜居。

事实上，在这第二例中的占断之内就涉及到了利用六壬进行趋避的活动。利用壬式进行一定的趋避是有一定程度的可行性，但具体如何处置是要看具体的课式来决定的，非三言两语所能讲的完说的清，所以这儿只好点到为止了。

课式集例十一：
乙酉日干上申六壬式子

元首 九丑 润下

官 申 勾
父 子 贵
财 辰 常

勾 贵 后 虎
申 子 丑 巳
乙 申 酉 丑

酉 戌 亥 子
申　　　丑
未　　　寅
午 巳 辰 卯

①逃亡例：庚寅四月乙酉日辛巳时，弯子街二人来占子逃，看何方找寻？何日得见？

断曰：此子逃于西南四十八里亲戚之家，其家近水楼房，门前有羊二双，柳数株。其子与金山僧往来。寻之，丙丁日可见。

盖申为金加辰为山，又水局围绕，岂非金山乎？玄卯居亥，即近水楼房，亥支居未上下相乘，即西南四十八里，玄阴未加卯门，未内有鬼柳两宿，故言门前有羊有柳。

后四日，其子方自金山回，于所云处见之。

②兵斗例：乙酉五月乙酉日庚辰时，予避难福终庵，同盟副帅杨九苞督航师随征，修书差官相召同事。予因幼儿随身，固辞，仍占一课寄之。

断曰：南都定然归顺，放心前行；但防东南有兵变之虞。

盖因末传旺相财交生合初传官贵，且结水局生日，又合中无煞，是为主者必归顺而贡降也。且干支休囚则旺气在内，其城不可拔，亦无屠城之惨。辰阴见太乙白虎建旺合克酉支，因而防东南兵变也。

后果如其占。

评注：这两个课的占断是各有一定的特点的，但这两课的占法不是我们所常用的，这点我们是要注意的。

在①例中，对于走失的主角定位，公献先生是有"亥"这一类神来代表的，据说这一法则是用李九万的"百章歌"的思想来定的。我的理解则是为："亥"字一方面是有小孩、子孙的基本意象，另一方面"亥"字又是玄武的本家，本身就有走失的象意；两者合起来就有了典型的"行人走失"之象了。至于用天盘亥加临的地盘字来定其人目前所在的地方，接着用玄阴来讲其地的环境，则就是一般之壬占法了。

在②例中占兵斗之法，则是用初传代表进攻一方，以末传来代表受攻一方，用初末传这一固定模式的关系来看出战争的大致结果了。

一般而言，对于《大六壬指南》中的有关"兵占"的例子，我们不要多用心思去多作研究。这是因为我们身处和平时代占测战争的机会不是很多，我们要把有限的精力用在主要老百姓的生活常事的壬占研究之上，这才是我们今人研壬的重心之所在。换言之，每个时代的壬学研究总是要围绕着时代要求和实际生活中人们的需要来展开的。

课式集例十二：
己未日干上子六壬式子

八专　铸印　绝嗣

父 巳 虎
兄 戌 雀
官 卯 玄

贵 虎 贵 虎
子 巳 子 巳
己 子 未 子

戌 亥 子 丑
酉　　　寅
申　　　卯
未 午 巳 辰

①仕宦例：辛未四月己未日戊辰时，东省吏科宋太斗先生在仇兵科宅中占功名。

断曰：月内定转长垣，居官难于久任。

盖因月建虎马发用，其力更见雄矣。又铸印乘轩定应迁转；但嫌贵临空害，故难久任耳。

果随转吏长垣，后因提武场事，降大行。

②仕宦例：辛巳十月己未日癸酉时，东省莘县工部孙兴功父师仕扬刻文时占功名。

断曰：仲冬月令必有起官之征；曰：何以见之？干上贵人虽空幸乘进气，交仲冬子水司令真实旬空矣。且喜虎马丁神发用作岁君生日，又四墓覆生巳废复兴之象，起官何疑乎？

后果然。凡有官君子得此，定主迁官地转职面君奏事。次年冬，推补兵部车驾司。

评注：这两个课在《大六壬指南》中的编排是很有意思的，刚好都在仕宦占中，其两个的位置又刚好在一前一后，这种可比性真是太强了。

在这二课中占断的两个主要依据就是：一者是干上子水贵人；二者就是发用驿马巳火。在①例中，陈公献先生以为子水贵人是临空害，所以其人仕途不能久远。在②例中，公献先生则以为是子水贵人虽旬空，但幸乘进气得仲冬月令填实，是以不惧贵人空害的。在①例中，发用巳马是月令，故其马力量巨大，转官必矣；在②例中，则巳马作太岁生干，其吉为福更是不得了，所以其人未来官运发达无疑。从这两个占断点的比较可看出，同一课式由于起占人始条件的不同，其课断就会出现较大的不同与区别：入占条件好，则课格就大，占断前程会更佳；入占条件差，则课格就小，占断结论就会不太理想了。

大凡而言，在壬式中欲想有一定的政治前途来发达自己，在课中是要有条件的，并不是任何人想随便就能成功的。一个政治人物想进入一个国家的上层，是一定要太岁来扶助方有可能性的。反之，若让太岁冲克压制者，则不仅仕途不畅更要注意有官灾的发生。

在这两个课式中，可看出公献先生是怎样运用六壬中的"空亡"这一技法来断课的。结合《大六壬指南》所有的占例来看，在"空亡"这一占断技法上，陈公献先生还是按照传统的用法来用"空亡"的，即有"填实"一说。在我的实践经验中，一般是不讲"空亡"有"填实"一说的，只讲是有"应空"一说。

要特别指出的是，"空亡"一法是壬占中的常用占断技法之一，用其来判断事物成败是非常应验的。其在所有壬课占断中大约要有 30% 的高比例，所以学壬者一定要重视之。事实上，"空亡"一法是壬占中实现"铁口直断"的硬指标之一。壬占技法中是有好多"铁口直断"的硬法则，我是作过总结与归纳的，这些东西只在面授学习班上宣讲的。

四、特殊占断价值课类评注

我在这里讲的《大六壬指南》中的特殊占断价值课类，是用我的眼光和标准去看待《大六壬指南》内的全部占例从中挑选出来的，带有我的主观色彩与爱好，这点研究者们是要注意的。这是因为不同的人去研究《大六壬指南》，必然会有不同的感觉与体会，同样对于《大六壬指南》中的所有占例，自然会因人而异而有不同的认识。在这方面我们不必强调千篇一律，完全是可以百家争鸣的了！

我所理解的有特殊占断价值的《大六壬指南》占验课，就是指其课的断法有新意有启发之重大意义者，若按一般壬理占验的课例就不在其中了。事实上，就是这些有新意的断验课方可证明陈公献先生的六壬功力，古往今来所有的壬学家的水平不是用嘴吹出来的，都是用实战占验课例来表现出来的。一个壬学家在壬学历史上的地位，也就是用其平生所占验的若干个经典课例就可以确立了。当初的邵公是如此，公献先生也同样如此，程爱函先生也是如此，今天的壬学家要想在壬学上有所成就，也必然是同样如此。

我们今天学壬是要点勇气、志气和一定目标的，想来邵公、陈公献先生、程爱函先生等众多六壬先贤们的在天之灵都是会希望我们这些学壬的后人们有所出息吧！从我的个人体会和实践来看，陈公献、程爱函两位先生的六壬水平是完全可以达到或超越的。我平生的学壬目标就是：超越陈公献，直追邵彦和；也就是"超陈追邵"。我们学壬的人面对先贤们，既不要自高自大目中无人，认为古人什么都不行；也不要妄自菲薄认为自己没法和古人比，特别是不要把一些公认的历史权威"偶像"变成学习路上的"大山"，认为自己绝对不可能跨过去。这种自下一等的想法只能是阿Q式的，我们只要有能力真超过了古人，这才是真正的光大发扬六壬了，想来在天之灵的六壬先贤们也会感到欣慰的吧！

我们要把"六壬"当作一个从古至今传承不绝的大家族，九天玄女、邵公、陈公献、程爱函等更多先贤就是我们的历代先祖，我们就是他们的后人。我们今天研究六壬就是继承先祖们的事业，我们要有点出息吧，不要老拿祖宗来炫耀六壬如何如何的好。只有学的像个样子，方才对得起这些我们的老祖宗们。

例一：选自"仕宦"一节

庚午十月丁未日庚戌时，迟王两父师偕予入 时，行至东门，请占之课。

```
        八专    斩关

        官 亥 阴
        子 戌 后
        子 戌 后

      后 常 后 常
      戌 丑 戌 丑
      丁 戌 未 戌

      申 酉 戌 亥
      未       子
      午       丑
      巳 辰 卯 寅
```

断曰：所占必是显宦；何以知之？盖因发用官贵日德而式中贵人又居岁禄旺位，断非寻常之官。曰：此公将来若何？答曰：不能久任；何也？干支乘墓、禄马空陷，又太阳入山，岂能久居庙堂乎？

次年三月，因言请归。后知为大冢宰王射斗先生也。

评注：这个课的研究价值是在于课中是用两条线路来指代当事者：一者是用天干是类指；二者是用式中的天乙贵人来类指的。

在这个课中，式中天盘上的天乙贵人就是刚好加临在地盘太岁之上，这一象就象征其人就是朝庭的大员；为何？以地盘太岁就可以象朝庭也。另外，此一地盘也刚好就是日干丁火的旺禄午火之上，也表示其人食禄于朝庭也。这个课例取天乙贵人来代表占事的当官者，就启发出了我的贵人类神观：即就是在壬占中可以直接用天乙贵人来代表当官者了。

看了式中天乙贵人的地位之后，还是要回到日干上来看其人的官运前途，也就是还要用日干来代表当事者的。这个课中干支俱墓就不妙了，大有前程不通晦气之象。况且天干的禄马全部空墓落陷，太阳丑将加临正时戌土之上，刚好就是"太阳入山"一格，种种不吉之象都预示其人的官运将要走到尽头了。正是据于如此这么多的呈象，故而难怪公献先生要讲其人是"难于久任"的了。

例二：选自"仕宦"一节
癸酉七月庚子日丙戌时，云间董兑之为乃祖董玄宰太史辞大宗伯课。

```
        重审    润下

         子 子 龙
         兄 申 蛇
         父 辰 玄

      玄 龙 蛇 玄
      辰 子 申 辰
      庚 辰 子 申

      丑 寅 卯 辰
      子       巳
      亥       午
      戌 酉 申 未
```

断曰：此课不能升迁，请告也不能退位；却有加衔恩廕之兆，何用辞为？盖因三传全脱递生空亡，虽有公卿推荐，不过口头虚雀。且日禄归支、印绶逢空，故不得掌象正官；惟喜官星天诏德禄居中乘旺，必有加衔恩廕之征。

又课传回环进旺之气，岂退位之象？明年春末龙禄传墓，则当请告。
次年春晋官衔，驰驿归里。
评注：这个课陈公献先生是分四个层次来一一推演开的。
一者：先断董公不能于近期升迁；为何？以三传虽然是有递生之象，惜是犯了空亡不踏实，只能是有其事象动而没其实，只能保持原位而已！
二者：次断董公目前是不可能退位辞官的，以三传"润下"正为时下进气局，逢此进气之运欲想退位，恐怕无有其事。
这里须特别注意的是，公献先生是用这一日干的三合子孙局作进气局来定不能退步辞官。子孙局本是剥官煞，是最利退休辞官之事的，可公献先生偏偏作了不合我们"常识"的判断，这种判断法则真是大有深义，学者切宜反思！

三者：再断董公在"不进不退"的状态过程中，反而会有"加衔恩廕"之事；为何？以课中申金作日干德禄旺气也，且此一申金正为月令，可知此公必是一位德高望重的人物，以致皇帝才会给其"加衔恩廕"。

四者：最后断其真正退休之时，陈公献先生是以末传来定的，言简意赅一语中的。当然也可理解为进气之局到来春末就化为退气了，故而可断其时其人才会真正可以告老还乡了。

这种课是有特别研究价值的课式之一，大家好好想想吧，定会有收获的呀！

例三：选自"仕宦"一节

戊子六月乙未日癸未时，山右司化南在淮阴占得此课，己丑正月写出来求断，是何人所占？

```
            重审    曲直

         父 亥 蛇
         兄 卯 玄
         财 未 龙

    勾  贵  蛇  玄
    申  子  亥  卯
    乙  申  未  亥

    酉  戌  亥  子
    申          丑
    未          寅
    午  巳  辰  卯
```

断曰：此是林木舟车官也，非科甲中人却做科甲之官，将来功名远大。何以论之？夏占木局，枝叶正见茂盛；况蛇化为龙，定然居官荣耀。

因幕贵坐空，是以不由科甲也；卯为林木舟车见于中传，故知为舟车之官。曰：果是何官？曰：印爻发用，末传皇恩，必是恩荫之官；曰：可能升兵监否？

曰：正官在日，偏印居支，先升知府后转司道。曰：此清江刘工部所占也。

后果升镇江太守。

评注：这个课是极有研究之意义的，大家一定要对这种课加以特别的重视。学壬要学出明堂来，就是要从古人的书中看出门道来，应之于心，用之于占，一一分明，这就入行了。

这个课是人家占出来了，就来请教陈公献先生的，带有一丝的考问意味，人家首先问这是什么样的人占的这种课？我们学习《六壬指南》书一定要设身处地想，假如我们就是陈公献先生，那么面对这种课当该如何断呢？

对于人家的考问，公献先生就是依据三传木局的大象来定其人必是"林木舟车之官"，而不是从干上神的申金官鬼爻来定其人的官职，这就说明壬式中占官确是不太重视官鬼的。

其次，公献先生断其人将来前程远大，就是依据初蛇末龙来定的，这种断法在《大六壬指南》占例中比比皆是，在这儿当然是不足为奇了。不过我们作为研究者就要敏锐地发现这一课的特殊性：这就是三传从天将上看的确是初蛇末龙，但若从三传的五行及长生十二诀来看，这个课的三传对于日干乙木就是自"长生"传入"墓乡"了。一般而言，我们学壬者都是极其熟悉壬学中的"毕法"赋的，若按"毕法"之观点，则三传自生传墓肯定是不吉利的，同理按此一观点去看这一课来断其人的前途，则其人必然毫无发展了。

在"初蛇末龙"和"自生传墓"两格并荐的情况下，陈公献先生就是用"将"来作出定夺的。我研究六壬之所以特别提出"将高于神"的观点，就是来源于对《大六壬指南》中诸如此类的壬课作出的深入研究。当今中国大陆研究《大六壬指南》的人不少，可有几个特别肯下心血能够做到真正透彻理解公献先生的真实想法呢？环顾四海宇内，知音何在？

这个课中还有一个特别价值就是其人得官的来历，其人是恩荫之官并没有走科班路线的。按今天的话来讲，其人就是接了父母的班来做官的，这该如何找依据呢？陈公献先生在这课中的占法就给了我们启发，就是从父母爻发用来看出的。这一法则是可以直接用到今天为人占工作事中的，关键是要联系实际来活变。

学习六壬古书和众多先贤的壬占法则，并不是要我们去死记硬背，而是要从内发现诀窍来灵活运用到今天现实世界中来，这才是真正的学习研究方法。也只有这样做，才会真正能够有能力去理解古人先贤的苦心与用意所在。

例四：选自"仕宦"一节

丁丑七月壬寅日癸卯时，皖中刘退斋太史索占，看此是何人？

<pre>
      重审   斩关

       鬼 辰 后
       财 午 蛇
       父 申 合

   常 阴 后 蛇
   丑 卯 辰 午
   壬 丑 寅 辰

   未 申 酉 戌
   午   亥
   巳   子
   辰 卯 寅 丑
</pre>

余玩之良久，断曰：此近君阴贵人也。太岁常官临日，阴见夜贵太阴又居岁位，此必近君阴贵人也。

曰：此公主也；然有何事可一诀之？余曰：此必请封廕之事。盖末传皇恩长生，六合为孩儿，是以知之。曰：倘旨意不允？余曰：传将六阳登天，必事达天庭至尊之前；但嫌初中空亡，必须两次方许封荫。

果如其占。

评注：这一课的占断是有一定难度的，这是因为问课者首先请问公献先生的是：你先看看此是什么人问占的课？

对于这种考问式的占测，我们在现实实践中也是会经常碰到的。在这种情况下，就是到了考验术者真水平的时候了。

陈公献先生对于刘太史的发问，并没有立即回答，而是"玩之良久"后方断的，也就是公献先生思考了一段较长时间之后方讲判断结论的。公献先生如此郑重地考虑这一课的占断，可见此课的确是有一定的挑战性。

一般而言，这种课若用天干来代表当事人就不管用了。但换个角度看这个课就会很容易的，这就是用《壬归》占"来人敲门"之法就可看出何人来占课的：就是用干象外人，以干上神来观其人品类象。按此思路去看这一课就看出来了，干上神是为当年的太岁，这人就一定是很有地位的；再从干阴去看，恰好是卯木作占时，占时就是值事门可断来意的，卯为夜贵又为太阴，就可断出"近君阴贵人"这一句话了。

至于从三传来断出其人是要占"封荫"之事，就是决于末传之象来定的。这儿的三传是由"虚传实"的，则所占事体必然要重来一次的，这种断法也是常用法则了。

例五：选自"走失"一节

庚寅十月癸卯日庚申时，同乡王怀荫占失马往何方找寻？何日可回？

```
        知一    斩轮

        子 卯 雀
        官 戌 虎
        财 巳 贵

    玄 雀 虎 贵
    申 卯 戌 巳
    癸 申 卯 戌

    子  丑  寅  卯
    亥          辰
    戌          巳
    酉  申  未  午
```

断曰：此马黑青色，在西北山岗，三日内必获。曰：何以见之？盖因末传之马而乘旬中之空，必俟出旬乙巳日填实，方能得马也。何以知其色之为黑青？因马之阴神见子水乘青龙，故知之。何以知其在西北山岗？因马居戌地耳。

果后三日，自刘家集寻得。

评注：这个课是特别有启发价值的，为什么呢？就是这一课在"马"的类神上，陈公献先生的取法确是不同一般的。在我们的术学常识中，"马"当然是要用"午"字来代表的。可这课之中，陈公献先生是一反常态，偏偏是用了"驿马"这一神煞来类指"失马"的，而且是完全占验了。这种占断法则就要引起我们的深思和特别的重视了，这就是壬学中神煞的作用到底有多大？

神煞是怎样来的？古人是到底依据什么原理来发明"神煞"的？我们今天可不可以也来创造一些神煞呢？这些深层次的问题一直在我的脑子中思索的，而且我是有了一定的体会了。

对于本课我的理解是：用驿马来直接指代"失马"是极高明的；为什么？这就涉及到"驿马"这一神煞是怎样来的？我的以为是，驿马这一神煞它的来处就是古人观察现实中的各种真马的习性作了总结，并且将之用术学层面的语言来描述表达出来了。换言之，"驿马"这一神煞的来处就是从现实中来的，所以用它来象征"真马"是完全可能且符合原理和现实的，这也就是本课公献先生用驿马代替午马来象征失马且占验的道理所在了！

例六：选自"胎产"一节

丁丑年四月乙酉日乙酉时，嘉兴冯尔忠占六甲。

<pre>
        重审 伏吟 斩关

         财 辰 勾
         鬼 酉 后
         兄 卯 龙

      勾 勾 后 后
      辰 辰 酉 酉
      乙 辰 酉 酉

      巳 午 未 申
      辰   酉
      卯   戌
      寅 丑 子 亥
</pre>

断曰：产必双胎，一男一女。然男必生而女必死；何也？酉为日之胎鬼死气，偏房婢室之孕不待言矣。

但末传卯木作支之胎神生气，中传酉为兑为少女，末传卯为震为长男。其男子生者，胎财生气也；女子死者，作死气日鬼也。

评注：这个占胎课可谓是古今孕产占中的最经典个例之一，它极有力地说明了壬占与众不同的特性与长处，这种"可怕"的不可思议的惊人占验程度是其他中国传统术数所不能望其项背的，无论是任何种类术数与之相比都不得不相形见绌。而在这个课的六壬占中，一切占断都是那么井然有序而显得的十分易简精妙，占断结论又是那么丰富全面具体而详明，如此特征恐怕是壬学之所以被古人誉为"六壬神课"的原因之一吧。

这个课就是主要依据"毕法赋"中的"胎财生气主有孕"、"胎财死气损胎推"两格，来作为占断的中心点来展开思路的。陈公献先生的占断结论有如下三层，并且是一层推进一层的：

一、断此孕必有两胎；

二、断两胎中定是一男胎、一女胎；

三、断两胎生产过程中必是男胎生、女胎死。

如此精妙的占断推理过程，真是出人意料而又合乎壬课基本逻辑，的确是堪称经典。这个课事实上还可以推出以下两个结论的：

一者：据于三传的前后自然次序，中传酉胎、末传是卯胎，则生产中必是先生女孩，再生男孩的。

二者：据于卯酉上所乘的天将，可知此一男孩必然会有大发展的。为何？以卯作日干旺禄而乘青龙吉将也！

例七：选自"钦差"一节

己巳二月乙巳日辛巳时，楚黄洪半右先生占差，出一成课，已为何姓者批定大同饷部。

<pre>
        重审   斩关

         兄 寅 阴
         财 未 龙
         父 子 贵

      合 阴 雀 玄
      酉 寅 戌 卯
      乙 酉 未 戌

      戌 亥 子 丑
      酉   寅
      申   卯
      未 午 巳 辰
</pre>

断曰：此南行数也，彼以禄临戌土，故云北差；不知守土官则论禄，钦差官只论马。今驿马长生居午，必是南差。曰：明日堂上阄定，看该是先拈？该后拈？余云：后拈利，盖以初中传空亡，末见贵人生日故也。

次早，关中张主政先拈得大同差；尚荐九江钞关，洪先生得之。

评注：这一课式虽然短小精悍，却是富有意义的，我对这个课的理解是分下面两个层次来展开的。

一者：就是课中讨论的如何区别守土官与钦差官之间的六壬占断法？公献先生的观点就是守土官的壬占法重点在于禄神上，而钦差官的壬占法的重点则在于驿马之上。我们知道的是在一般情况下，六壬预测官运主要在于贵人禄马之上，三者之间是不作严格分别的，但这个课就告诉我们了具体禄神与驿马之间的略微区别，这对于我们如何用六壬预测官运古法来占现代人的仕途前程是有帮助的。这就是一般之在职官员主要是看禄神，若官员工作变动、升迁、出差、出国、考察等事重点要视驿马一星。

二者：就是利用课中的信息来进行一定程度的趋避。在本课内人家就是请教公献先生在"抓阄"时当如何选择？陈公献先生就针对提问者的问题进行了"剖析"。这个提问的核心是"抓阄"的"前后"次序问题，这种问到"前后"之事象，自然而然当由式中的三传来进行"匹配"从而来回答这个问题的。三传中初传自是表示"前期"之事象，中末传就是表示"后期"之事象，由三传中的神将吉凶来进行选择趋辟，就很简单了。按此原理去看本课中陈公献先生告诉人家当以"后拈"较有利，不就是一目了然的事吗？

研究古人的每一课，必要看出点味道来才算是真有收获，若从字面上去看一下子就翻过去了，这种只算是"口头禅"式的假道学"研究"，是不可能真学出名堂来的。

例八：选自"兵斗"一节

己丑三月，偶有六壬诸友相晤，间有持有丁亥日寅时课与余断，云有贼兵攻武昌。

```
         重审    极阴

       财 酉 贵
       鬼 亥 阴
       子 丑 常

   贵 阴 常 空
   酉 亥 丑 卯
   丁 酉 亥 丑

   未 申 酉 戌
   午       亥
   巳       子
   辰 卯 寅 丑
```

断曰：贼自西南而来，城必无虞。曰：游都离日辰甚远，何以知贼之必来？曰：酉贵临干发用，故知其来而自西南也。曰：有众几何？曰：游都离日辰远，干上贵又空，惟以正时上下合断，约有七九六千三百。曰：城无虞者何？曰：贵临干受克，故知贼之不攻城而退也。

此课乃晋元帝时，因毛宝叛兵屯邾城，命宰相戴洋占，后载之于史。予初不知，不意后人与古事相合。然纯阴之课，干之阴神鲁都克日，主贼有埋伏。又支为城，上神克之，而上神又被阴神所克，主居守不仁，且欲自相攻击。又末传生合初贵，主内有暗降之人。此数事皆前人未尽之秘，今不惜书之于后，以授后之学者。

评注：这个课的研究价值就是其课与"古事"相合这一点上。要知道的是，我们今天来为人占课，也会常常会与古人所占的"古课"相同。在这种情况下，我们该如何断课呢？在回答这个问题之前，我们先看一下《晋史·戴洋传》中记载的相关占课事，戴洋是在丁亥日寅将子时占的这一课。当时戴洋的占断是这样的：

十月丁亥夜半得贼问，干为君，支为臣，丁为征西府，亥为邦城，功为贼神加子时，十月水旺木相，旺相气合贼必来；寅数七、子数九，贼高可九千人，下可七千人；从魁为贵人加丁，下克上，有空亡之事，不敢进武昌也。

从这戴洋的占断中可以看出，公献先生的占断是与戴的占断竟然是真的完全一致，事实的发生也是相类似的。

大概而言，在大量的六壬占课中，不仅有"古课"会与"今课"重合，同时也会有"今课"与"今课"之间的重合，这种情况是很普遍的。对于这些课如何作出占断，也是有章可循的。这就是对课进行客观的分析，不作任何附会与主观想象，绝对不作重合之课之间的随意比较，一课就是一课，不求同课之间一定要相合；意之所至，就是断课之言，注意断课一定要有相对的独立性创意性。

五、反映重大历史事件课类评注

我们知道的是，《大六壬指南》一书是陈公献先生在明末清初改朝换代的社会背景下写成的，因此这一书和这一段历史有着相当密切的联系。而且公献先生出身世家，所以有很多机会接触上流社会，随即就有了好多关乎重大历史事件的壬课占例。这些课我在前四节中就讲到的好多，这里将从是书中全部课例中再择取若干个进行注解一下，这对于了解明史、明代社会肯定会有所帮助的。

例一：选自"天时"一节

甲申五月乙丑日庚午时，偶见日有大晕围绕，众皆曰：此祥瑞之气，应于福藩，予袖传一课。

元首　迎阳

```
鬼 卯 玄
父 巳 虎
兄 未 龙
```

```
合 蛇 玄 虎
酉 亥 卯 巳
己 酉 丑 卯
```

```
未 申 酉 戌
午     亥
巳     子
辰 卯 寅 丑
```

断曰：发用玄武贼符克干克支；盖干为天位而乘败气，支为社稷而见死神；且岁君临灭没之方，贵人又不得地；中州必失封疆君国败亡之象。

后福藩登位一载而失国，此其应也。

评注：这个课中的"福藩"是指明末崇祯帝在景山上吊自杀之后，由当时中国南方明朝大小遗老们扶持的南明政权皇帝福王朱由崧，一年之后（乙酉年）朱由崧被清兵俘虏，并于当年五月处死。

这个课就是用天干来代表当时的南明政权（上层统治级层），用地支来代表南明政权的统治地盘，今干支皆受上神克制，是以有国家被推翻覆灭之象。

就是依太岁和贵人来代表福王及其手下大小官吏们，两者皆受下神相克不得地，也是失败死亡之兆也。

当然，这一课是公献先生纯粹是用课式来断的，并没有看这一课之所以起出的缘由，那就是"日有大晕围绕"一象，我可以在这儿替公献先生作一补充式的解注，这就是看"太阳"这一类神在式中的呈象。这课就是如此的奇妙，为什么这么说呢？这是因为这一课中的"太阳"申金正好就是当年的太岁，刚好也绝妙地对应着"福王"。此一申金就是加在地盘正时午火上受制，也同样预兆着"福王"可怕的下场呀！

这一课是占在甲申年，第二年也即乙酉年福王被俘，南明政权彻底灭亡。从课中看，也就是应于天干己土被上神酉金所败的年份。唉，一切皆在定数中，一切全是天命啊！

例二：选自"兵斗"一节

甲申四月庚申日庚辰时，如臬铨部李六生先生占燕京安危。

八 专

财 卯 阴
父 丑 贵
父 丑 贵

贵	虎	贵	虎
丑	午	丑	午
庚	丑	申	丑

戌	亥	子	丑
酉			寅
申			卯
未	午	巳	辰

断曰：贼自西山出奇，用驴车木韫先攻西南，后攻东北；且有凶变之虞。

盖贼符自戌发用克中末干支贵人，而天空临寅，此地疏虞，贼必乘虚而入。两阴神虎鬼克干支及岁君，左右献城之象。

后闻李贼明攻张掖（疑是彰义门），暗踰东直，城中鼎沸，开门出降，帝自缢。

评注：这一课占验的是李自成农民军攻破北京城导致崇祯帝煤山自缢明代灭亡的重大之课。

从史料来看，公献先生所占的本课可以说是全部应验了。这是因为的确是李自成的农民军先取了北京城的西北昌平，然后从西山开始攻城的。后来守城的明太监在大太监曹化淳的支使怂恿下，打开彰义门出降，导致城破国亡，崇祯帝自缢景山。

六、 涉及来意之课类评注

用六壬来占测来意是有一定之方法的，在《大六壬指南》一书中就有若干个公献先生测出来人为何事而来占课的例子，这就是典型的占来意的示范。

一般而言，壬占中是用天盘正时作"先锋门"来看其人来意的。当然这是一般性之规律说法而已，在实占中尚有一定之变法。因此，对于测来意我作了以下总结：

一者：依天盘正时所值六亲、天将为主看来意。

二者：依发用初传为主看来意。

三者：依干上神为主来看其人来意。

四者：依三传三合局六亲象来定来意。

以上四法若能融合变通，则断来意可做到不离八九了。就是公献先生在《大六壬指南》中占验来意的例子，其判断方法也是在上述四法当中的。

例一：选自"乡试"一节

癸酉七月辛卯日庚寅时，扬州明经宗开元先生偕张向之来占科场事，报寅时。

涉害　曲直

父 未 蛇
子 亥 龙
财 卯 玄

常	贵	蛇	龙
寅	午	未	亥
辛	寅	卯	未

酉	戌	亥	子
申			丑
未			寅
午	巳	辰	卯

余曰：即今中矣。曰：何以报一时即知其中？盖因先锋为幕贵且临日上，月将官贵又加寅命，是以必中。然发用未作旬空，必俟未年太岁填实，方中甲榜。

评注：这一课占来意自当首看正时寅木，妙的是这正时又是为干上神，两者合一定来意是必然对的了。更绝的是，这一寅竟就是当事者的本命，寅为课中的帘幕贵人，结合本命，这就是在这个时空内的寅命人就是帘幕贵人，也就是等于说这种课式内的寅命人必是科甲中人了。

这一课绝的是寅木一神包涵正时、干上神、本命三象，连起来的"信息链条"就是：寅命人在这个时辰内占课，就表示其是未来的科甲中人。

例二：选自"仕宦"一节

辛卯三月癸酉日乙卯时，偶有扬州府粮厅周公祖相招占课。

涉害　斩轮

子　卯 雀
官　戌 虎
财　巳 贵

玄　雀　蛇　空
申　卯　辰　亥
癸　申　酉　辰

子　丑　寅　卯
亥　　　　　辰
戌　　　　　巳
酉　申　未　午

断曰：太岁乘朱雀发用，主有文书动干朝庭；嫌中末财官空陷，功名必有始无终，第支上月建蛇墓克日，主上台不足。幸初末两贵拱支，中传虎鬼冲螣蛇以凶制凶，自今虽为少解。然贵人空墓，龙禄克绝，终非善后之象。且太岁坐克方，玄申临干上，必有喜里成嗔贪污败名之事。

后果被总漕吴公祖参罢。

评注：这个课也占出了来意，这是因为这个有关"来意"的信息太明显了。为什么呢？这就是发用卯木作太岁朱雀是为初传，这一初传恰好是正时也；合此两象，自可断出有"文书事动干朝庭"也。

大凡而言，若是上述占来意的四法刚好有二者乃至二者以上的法则重合的话，这断出其人来意是必应必验的。这一点可说是不庸置疑的，是百发百中的绝招之一。我在实践中如果碰到这种情况之时，就会充满信心地讲其来意，常会令人感到惊讶万分。可说穿了这个壬占上的小秘密，就不会觉的有什么奇怪了。

第五节 《大六壬指南》占例中常用神煞汇集

在陈公献先生占验的全部课例中，是常常用到不少神煞的，这些神煞运用之妙是为占断的一个有力依据。我之所以特别强调神煞在壬占中重要作用，就是受了公献先生的影响；我之所以在实战中用的神煞非常多而且灵活多变，也就是向公献先生学习的结果。故而从这二点上来讲，神煞的确是壬占中不可或缺的一环，学壬者一定要学用神煞，这是学壬的关键一招。

现把《大六壬指南》书中全部占例中用的神煞作个整理与汇集，以帮助大家对神煞的理解与掌握。要明白的是，我之所以要这样做，就是要告诉大家这些公献先生用过的神煞必然是十分灵验的，这些神煞也就是所有神煞中的最重要神煞，是学壬者学用神煞时首先必须掌握的神煞部分。

天时：风伯、雷公、电母、水母、雨师。
婚姻：天喜、成神、会神、月破、月厌、桃花。
求财：天财、大耗、小耗、破碎、劫煞。
阳宅：月厌、生气、天目、火鬼、死气。
出行：驿马、天马、天车、天坑、大将军。
疾病：生气、死气、丧门、吊客、血支、血忌、天地医、丧车、飞魂、丧魄、病符。

考试：驿马、学堂、印绶、皇恩、皇书。
官禄：生气、驿马、德禄、天喜、丧吊。
词讼：关格、吏神、天赫、皇恩、关神。
盗贼：天目、游都、贼符。
战争：游都、鲁都、太岁、将星、羊刃、天鬼、大将军。
耕种：天转、地转、劫煞、破碎、生气、死气。
阴地：生气、死气、龙神、驿马、丁马、天鬼、飞廉。
谋望：德神、合神、成神、会神、天喜、岁破、月破。

第九章 百家讲壬

一、六壬拟易

六壬与《易》无殊，《易》以阴阳消长明进退存亡之道。六壬以日干为本，生克为端。生即阳，克即阴，生即长，克即消也。干上吉，支上凶，三传凶者宜静，宜守。干上凶，支上吉，三传吉者，宜动宜行，此即进退存亡之道也。故深于易者，见六壬而问；然深于六壬者，即壬亦可见易也。（录自《六壬说约》）

二、六壬占要

诚占必准，不诚则否；诚者，心一而已，焚香虔祷，心固一矣。仓猝惶急而占，心亦必一，故此占皆准。若懈怠游戏而占，百无一准。为人占事，必取课金，非为贪财，良因不取课金则人随便来占，不免懈怠；限以课金，则世人惜财，非不得已，则不占；不得已则心诚，诚则准矣。

一事只占，再占则渎而不靠矣。设占后未见应验，或事中又生变化者，一不必再占，即以前课尽心推求，无不昭然若揭。

常事原只一占，若遇疾病危急，灾难逼迫之际，虽迭次占之，亦必皆准。于此见神明仁慈，怜其慎恻之诚，故略其再三之渎也。然亦必所占顺理，非理之事，神岂来告？（录自《六壬说约》）

三、一个时辰内如何为多人占课

一日之内，常有数人来占，俱拈得一时者，于是有次客之法，古时不用占人之年命故也。迨后凡占俱列占人年命，课同而年命不同，此余闻之前辈者。余细思，课虽同，而各人所占之事未必尽同，则应各按所占以断。若课同而占事又同者，应以各人年命上神将与课传参较作断。至次客法，不一其说，有云第二人又拈得此时，取此时之前三辰为正时；第三人又拈得此时，取此时之后五辰为正时。四五人又从二三人正时上前三后五取作正时，俱以月将加时布课。有云阳日取前三辰，阴日取后五辰；有曰阳时取前三辰，阴时取后五辰，亦以月将加时布课，此皆换时不换将也。有云阳日取地盘前三辰为月将，阴日取地盘后五辰为月将。金口诀阳神为月将，取天盘后辰辰为月将；阴神为月将，取天盘前五辰为月将，俱除本位算，各加正时布课，此皆换将不换时也。纷纷扰扰，无义可寻，全无取焉。（录自《六壬说约》）

四、一课如何多占？

一课占数事者，古人原有此法，舍却课传，就盘内类神推看而已。如一课既问求财，又问娶妾，又问疾病，则于盘内看财爻不空亡，与命上生合者，求财必得，否则无望。太阴乘神不空亡，与命上生合者，娶妾必得，否则无成。白虎乘神旺相者，病重；虎阴有制无妨，无制者凶。

一课数人同占者，古亦有此法，亦舍课传就盘内各本命推看。如举子数人同占一课，问何人中，于盘内看各本命，得朱雀乘神生合本命，或两贵拱夹其命，或贵人加命，或德禄加命者，此人必中。若命上见刑害之神，乘凶将者，此人必不能中。（录自《六壬说约》）

五、六壬取类神法

类神人事纷纭不一，岂能预定？须临占酌取一神一将以为类神。前于类神门已为及矣，第如何，酌取必须略未端倪，使学者有取则。庚申七月有人占贩硝为生，宜速售抑待价。余思硝色白而味辛、性躁而不毒，应以酉为类神，酉临地盘水上，则产硝少而价昂，可以即售。酉加土上，则产硝多而价平，自应待时。因此又思若占贩磺，磺色红黄而性毒，应以巳为类神。若占火药，应以巳酉丑三合为类神。盖此璜酉硝三合，纯金肃杀，动辄伤人也。又有人占觅蟋蟀能得健斗者否，余思应以勾陈为类神，乘旺神则健，乘衰神则否，入占可觅，不入占不能觅也。占鸡鸦好斗之物，皆如之。又如占祭祀神祇来享否，神阴灵，应以夜贵为类神，夜贵临支者神到，不临支者神不到。生合士子者得福，冲克者反有殃咎。又如占同年，系远人相驭，又皆仕途中人，应以三合带贵为类神，三神中旺相者显达，衰废者偃蹇。或问：占本身同年、他人同年如何分别？日本身同年视干三合，他人同年视支三合，支三合无贵人，然己可作贵者。如子日申子辰逢乙年，则申子皆可作贵人矣。 (录自《六壬说约》)

六、六壬占此现彼

有为人占一事而其人性情、事业以及日下、将来之景况一一皆现于课中者，此时或有之。如己未夏间，余附粮舟回南，同舟一人已得官，占选期。六月壬寅日戌时未将，三传巳寅亥。余曰："选期视长生，申作长生临干，亦临亥，主亥年得选。"此本事，余细推。干上见申作马，申主躁动，作马尤甚，此人性情必躁。申作长生乘元武，元武卑鄙龌龊，其官必不由正路得。申作马而干归支，其行而归家乎？支上亥为日禄，本是充裕之家，今天空，殆无蓄矣。支阴重见申马，归家后又必出行。申与用神巳六合，巳作日财乘贵人，行必投贵人求财。但巳值空亡，又是绝神，必无遇。中传寅脱气，末传亥仍归支上，徒劳往返，仍回家中耳。又推申为干之长生，巳又为申之长生，此人必祖与父俱在堂。但值空亡，其祖恐不久。巳又为妻，值空亡，当尚未娶。当时萍聚，日久见其浮躁，无一刻闲。询其出身，由供事议叙得官，供事卑鄙，其非正路的矣。今欲归家，家中昔开布行，久歇。拟归后往投四川某知府。祖父俱在堂，祖已八十外，定亲未娶，一一皆准。然投贵无济，恐不能久。二节别后不知第，已往皆准，恐未来亦必验也。

占一事而相因之事牵连出现者，此时时有之，特人多忽而不经耳。乙卯春间，舍弟在山东东平州署馆，况颇佳，因占何时来接舍侄赴署。闰二月初二甲申日午时亥将，干上未，支上丑，三传子巳戌，余看课传全无来接之象，此本事也。又视干上虽逢未贵，但干视未为财为墓，贵现干为鬼贼为寇仇，宾主岂能相安？兼子为败气发用，似已分手，寅加酉，主酉日到家也。果于次日乙酉舍弟回家。回后一月舍弟索占何时得馆，余即以前课推之，命在未上，见子水生干，主有人作荐。子与丑夜贵作合，主有官相延，俟子丑月可以得馆，后十一月由沈湘葵荐就江苏布臬台之招。盖贵临申，申主刑煞，故为臬台。然丑遭太岁克，亦不能久于此任。

占此事又现他事者，又有为他人占，牵连及我者，此间或有之，真变幻之极，非明眼人不能见也。余占幕馆，甲寅四月初一丁巳日申时酉将，三传申酉戌。申为道路神，主有行动；酉为月将作长生，乘朱雀，主途次有大力人谒荐。酉生亥贵，荐必允从，此本指也。又看申为妻，乘六合内战，主妻患病。申遁庚，庚而为重金，主患腹疾；阴见太阴，不致伤生。后于七八月间妻果大病，始疟后痢，几几不保。又妻病重时为占死生，七月二十七日，壬子酉时午将，三传午卯子，午为妻乘天后外战，幸午为太阳，病虽重无妨，此本指也。又看干为我，申作长生临干，主有人作荐，巳作贵人临申六合，余亦有馆矣。旋于八月初九日癸亥由沈湘葵荐熊臬台来延，此皆占此而现出他事也。

又余家人毛丹占终身，八月初八日，壬戌寅时巳将。余曰："干上寅为衙门，寅阴巳为月将乘贵人，大贵人也。遁丁与干五合，汝一生只能在衙门中得贵人微财，不能别作营生。"此本指也。余又曰："寅巳集于日上，事在月下。汝俟厮候，安能骤进衙门见大贵人？此必余有馆，汝随进耳。余今日本欲占课，今汝得此，可不必再占矣。"果于次日得馆，初十甲子日毛丹跟进，此为他人占及我也。

又余家馆师周鹤池占求财，庚申六月十八己巳日亥时午将，三传酉辰亥。余曰："亥财在末传，又值空亡，求财不能即得。"此本指也。但占财常事，忽得四上克下，大不吉，次日庚午其女骤病，再次日辛未遽亡。询其女年命在寅，酉金临寅克之而起，酉又乘蛇外战，故不可支也，其终于未者，寅临未入墓，未又遁辛克之也。

大抵事属相因，或期已近，往往如是，否则神明不漫及也。

占此现彼之课，有细微曲折皆现者，亦有仅现端倪未能详尽者，再祝祷神明，正占其事，则昭然矣。（录自《六壬说约》）

七、六壬十八问

问：六壬数也，而亦有理耶？

曰：一部羲经，无非即数以观象，即象以明理，岂无理之数。

问：壬课占断多门，非若专以官鬼、子孙为用者，各有把鼻也。甚至一课诸格并见，吉凶混淆，占者已不胜狐疑，更何以决人之疑？

曰：向占每坐此病。近玩《系辞》："方以类聚，物以群分"二语，颇有会心，盖吉凶各从其类。如家有喜庆事，不止一人欢欣，必有亲朋跻堂称贺；亦不止一身吉服，必有鼓药喧填，彩烛辉煌，虽行路见之，皆不问而知为喜事。又如谳狱，一般斗杀，必有器具邻证，户婚必有媒保书券，不徒决于两造控辞也。夫壬课惟其占断多门，而后可以穷极事变，曲达物情。故四课、三传、正时（即所占之时）、年、命俱当参看，以辨其类。如占家宅，遇玄胎课，未便决其有孕。再看胎、财上课否，有生气否，或带天喜、血支，等煞否。有三两处见喜兆，方可决其有孕。余占准此。

问：方以类聚固是，然或干枝吉、而三传不吉，或三传吉、而年命不吉，将何以决之？

曰：吉凶相倚，未始相离。《泰》卦不无凶爻，《否》卦亦有吉爻，天地间因喜致忧，因祸致福者，比比皆然。占者须辨别出喜中忧，忧中喜来。如占功名，贵、朱得地，又逢虎、鬼乘旺，往往断吉不是，断凶又不是。须知吉凶互见，各从其类，自有并行不悖之道。如得功名俊，或丁忧、或自殃，此吉处藏凶也。又如文王囚羑里，却因而赐弓矢，专征伐，此凶处藏吉也。

问：方以类聚，是吉多从吉，凶多从凶否？

曰：吉凶类聚，如已著者也，吉凶微兆，此难辨者也。吉多固从吉，若"合中犯煞蜜中砒"，吉多凶少，却以凶断。凶多固从凶，若"众鬼虽彰全不畏"，凶多吉少，却以吉断。

按"合中犯煞蜜中砒"者，乃三合发传、支干上所乘之神或与发传犯刑害，或与发传犯冲，吉内藏凶、故曰"蜜中砒"也。"众鬼虽彰全不畏"者，乃三传皆鬼、干支上所乘之神，或为伤食、或为印绶，一可制鬼，一可生身，故曰"全不畏"也。

问：课或以局断，或以象断，或以类神断，或以天将断，或以支神断，纷纷不一，果以何者为准乎？

曰：易有卦体、卦象、卦德、卦爻、卦名，其所占亦不一，象传、及大小象、所释卦之辞，或举其全，或从其一，或参其半，各以亲切而著明者取之。

即如雷以动之，言其象、兼言其德；风散、雨润，日暄、则专言其象；艮止兑说，言其名、兼言其德。若乾以君之，坤以藏之，言其名、兼言其体，亦各有所宜耳。

问：十二天将所属甚多，果知为何物耶？

曰：看所占者何事、何人、何时、则如为何物矣。如同一青龙，占天时，则为行雨之神，占功名，则为吉神，占病，则为煞神。

又看其所乘何将，所加何方，乘水则为舟、为鱼，乘陆则为车、为庙。

又看衰旺何如，虎乘驿马旺相，则主通路，乘囚死则为病丧，乘官鬼则为讼，亦随时为变通耳。

问：课得吉象，如为何言，课得凶象知为何凶？

曰：青龙旺相，又得财爻，如有进财之喜。若会太常，如有婚姻之喜。合贵神，如有功名之喜，凶可类推。

问：壬课重天将，但视天将之吉凶，可也？

曰：天将之吉凶，亦当分别看。如贵人固吉，占病则凶。白虎固凶，占官则速。

尤当视支神上下盘衰旺生死何如。

问：衰旺以时为断，抑以地为断乎？

曰：时旺、如舟遇顺风；地旺、如舟行顺水；比旺如远行多伴，不畏欺陵；合旺、如妻从夫荣，不畏强暴；四者皆可参看，而时、地则尤重焉。如风水俱顺，舟行如飞；风顺水逆，风力胜仍以顺断，风力微则以逆断。若青龙乘寅卯，春占是得天旺，如亥子寅卯是得地旺，天地俱旺全吉。其乘寅卯加申酉，又逢刑冲，虽春占得时，如鱼失水逢春不跃。若青龙阴神得亥子，则能泄申酉之克，而助寅卯之旺，地虽逆而风力胜，一日可行数百里。

问：神将二字，有以贵神为神者，有以天将为神者，果宗何说？

曰：登明亥，河魁戌、从魁酉等，此为十二支神。贵人、螣蛇、朱雀等，此为十二天将。《六壬大全》卷二支神总论，天将总论，明言之矣。读者不察，见其有登明亥正月将，贵人天帝之神之说，遂谓十二支神为将、十二天将为神,其实大误。

问:乘与临何别?

曰:天将所遇之支神为乘,所加之地盘为临。乘则视天时之衰旺,临则视地利之得失。

问:做工夫当如何?

曰:学、问、思、辨,缺其一皆不可也。平时要有心得,临事要有天机。

问:何以有心得?

曰:熟看古人条例,细察人情事故,久而疑虑能悟,窒处能通,则有心得矣。

问:何以有天机?

曰:人心虚则灵,滞则不灵;静则明,躁则不明。故平日要不离古人,临事要不泥古人,泥则滞矣。贵而名公臣卿,贱而田夫乞儿,皆以一心应之,若有高卑之见,则躁乱矣。此如射法,不可贪中,只须心正体直,望的而发。不贪功,不近名,虽不中不远矣。为人占课,照理而断灵不灵,不可设以成心;一有成心,便无天机。

问:紧要何在?

曰:三传要明其候,四课要辨其位。占断从其类,吉凶要如其分数,课、传、年、命、等处,要分开,又要联络(此数句须熟玩)。

问:分数何说?

曰:所难者此也。如占官,知他更是何品级;占选举,知他是何等第;占财、是多是寡;占病是危是死,于此见得确当,便骎骎乎一贯矣。程子曰:韩信将兵,多多益善,只是分数明耳。大凡天下事先要分得明,然后会得通，如治丝然，必理其绪而分之，后比其丝而合之。故一贯之道，其功不在一而在万，不能逐事理会，便要求个一，终是囫囵混过了。

问：断课以机，机果何在？

曰："爻象以情言，吉凶以情迁"，机即情之动处也。故得机由于得情，得情由于得数。

问：事有定数，占之何益？

曰：祸福在天，吉凶由人。《易》曰：贞吉，言正则吉，不正则不吉也。《易》曰：无咎，言如此则无咎，不如比则有咎也。除死生富贵，自有天定外；一切进退取舍，介乎休咎之间者仍在人，而不可专诿于天，故易言其象，亦视乎占之者何如耳。　(录自《大六壬探源》)

八、六壬如何论终身

干支传课作提纲，先审安身无所伤；事业一生经历处，存亡隐见莫胡详。

六壬课以干为主。干者，我也。其干支课传上神皆我之用，有以首课入传为终身经历者，有以支起入传为终身经历者，有以干之阴神起传为终身经历者，有以支之阴神起传为终身经历者，有以初传末传作鬼归干支为终身经历者，皆以生干比干为上吉。若干克干上神，支课用上神为次吉，是安身无所伤也。此为上吉之数。若干支上神、用传上神或克害刑冲破干，是我身无所安著，以至绝嗣败家灾讼丧命，终身无成，下等之数也，务宜详之。若占功名，则以克我者为官，又从贵论，不在此限也。

干禄得地可荣身，略有些伤支用寻；寻到好地方住脚，有些疑惑不堪停。

承上言，既审上无所伤，尤宜看干上之禄神，得地则求名有禄，有禄可享。庶人有禄可用，九流百工技艺生意可资，要不空陷，并年命干支传用又不来刑冲克破，此禄斯谓禄无所伤，终身可守富贵，乃美数也。若禄被刑冲破陷，是禄有伤，既无所靠；则寻支上神之禄，或无禄则寻用传上之禄神，无空陷刑冲破克害为吉。盖干禄乃自身营为之禄，支禄家中现成之禄，用传之禄往来营求之禄也。三者得一为美数，如三者俱无或有禄不吉，则无所立脚，不可停守矣

或财或比或生身，无伤无克细推寻；得个稳中堪下脚，莫令衰败又无存。
如课传无禄可依，当寻我之财、或比、或生，俱要无刑冲克破害，方为平稳，可立脚矣。若有所伤而又入衰败之乡，则无靠也。

先审干上作元因，次把用传配合寻；初不成传方看二，方知此事得何因。
原本作"若不成传方看救，要知救我有何神。课无全吉，宜先寻干上以究其原因，次看用传以审其运用。如初传空克有伤，则看中传末传有何救我之神，何方可靠，何人可依，何事可为，虽不能成大富贵，亦为终身之依。数中无依，斯为下也。然壬课有吉有凶，不可执一而论。如占功名，明无官星，或有官星而变空克，则又以暗遁得官星，父母得地无伤，所临吉神吉煞，亦可取贵。如遁再凶，是功名不成矣。如常人占，明无财星，或有财星空克，又以暗遁得财星，父母得地无伤，所临有吉神吉煞，亦可取财；若遁干又无所取，则财不聚矣。又有明吉而遁凶，亦为有害，务宜详之。又察年命上神，与日干并用神，或生或比，或刑克冲破害，方为得体也。（录自《管辂神书》）

九、六壬论阳宅秘要

以支为宅，单占宅，则看支上一辰为主，吉凶以神将为主定之。
夫宅之吉凶，一本于地气。风水之吉凶，宅乘得地理之吉气，则其宅必发富贵旺人财；若得地理之凶气，财退败、逃移，或三五十年而绝，或居不

久而绝。将相公侯，胥此出焉？荣华富贵，何莫不由宅，岂可忽哉？故把字字看起。一支来生干，造屋基，是人发福，夫妻、兄弟、父子、奴仆孝善和睦，乃好基址也。二支就干生干，则孝义出常，发福尤异，诚为妙也。三看干支字，若得旺相之气，就风水正兴，人家正盛，气运大好。

再论宅之吉凶

如课吉神、良将在支上下，又旺相，又带德、禄、马、月将、天喜、太阳、皇恩、圣心、天诏、天印，乘贵龙，则出文贵。乘太常则出武贵。旺相为宰相，一二三四品之官。无月将、太阴，有马无禄，或有禄无马，吉神又不全，则出四五六七品之官。再不会并死囚休气，则为八九品杂职之流。大小虽有不同者，总之为贵宅者也。

支乘财神、德禄、月将、福德、龙德、贵合龙常，吉课成神、天喜、生气，则为富。旺相吉神全，为大富。如吉神不全，又乘休囚死，则为小富。课又不吉，神将又不良，则带成神、生气、吉神、无刑冲克害，则衣食有余，则福不缺乏，小富也。支乘丁马、合、成、财、喜、生气而无吉神良将，则不可以大富论，主出为商、艺术、经纪、开店人。支乘空破、丁马、游戏神，则有出家僧道、做戏、乞索之人。

论宅上所加

支上神生支，此宅气运又兴，添进屋宇，换旧添新，其宅正兴。更见长生旺相之神，则绵绵发福，愈炽愈昌。见临官冠带，亦吉。若见旺气，则此宅亦主暴发而易退，一发如雷，一败如灰。

支上神又乘吉神良将，主财发人兴、多出富贵。

支上见绝神，主家长死亡，或带风疾癫蛊之病、财退、畜伤人，后必绝。传于中带吉神良将，先必大富贵，时过则退而败绝也。

支上见墓神，带丁马煞，主造后必拆，更四废、二死，若非毁坏，必主无人住此宅。屋带病符，则人多病、身带残疾。带迷惑、闭口，则前后有阻、宅舍昏暗、人不爽快。

支上见破碎克支，主财畜耗散、人口不安，必主分居，不然毁拆。
支上见二死，主畜损去财、死亡、人口不安，常有疾病之亡。
支上见光怪、枯骨，更辰、戌、酉、勾、蛇加日辰上，主有伏尸之怪。
支上见丁马主宅不宁。
支上神克支或干上神克支，此宅必变卖毁拆。
支上自脱泄，主财物虚耗、六畜残伤、田产典卖。
支上见空，主渐有凋零，人或不住，或屋不完备。
支上见刑，见旺相刑，是元造不利。死气刑，是内有鬼祟。
支上见害，见旺相之害，损人在后，破财在前。见囚死之害，先死人，后破财，休害则子孙懦弱，不能撑持门户。天鬼刑害，合家灾病。伏殃乘建白虎、劫煞，有虎咬人。凶神乘月建，有蛇伤人。天狗乘凶神、劫煞、风煞，有疯狗咬人。白虎乘丧门无吊客者，外孝。有吊客无丧门者亦为孝吊。不全在干传者，亦主外孝。太常家丧破为孝。（支上见太常，乘破碎并丧吊，为孝丁。带二网，孝吊全。二网不俱在传课亦主孝。）

再言宅之福荫何如

一论宅之所居者，惟人故也。以干为人，支生于支、加支干生干，或上神自生干，或用与末传生干，是大利旺人百千丁，以此乃大利之基也。

人口既旺，女多分别，逐一推详，以干为男子、为家长、为父、为身，若乘吉神良将、旺相，如无人品，定其富贵贫贱，大体因好，又必看其家长眼下时事。以干传入在何地，上见本时旺相之神作病符临干之上下者，主有家长亦有疾病。论神主争讼，丧门、吊客两见在传课中有死人，太常乘二死主有死人。玄武盗神主有盗失财。贵、诏、禄、马等吉迁官。丁马游戏神出远行。胎生喜德主添人口。

又看三传有何来克干、刑干、冲干、害干，以本位定其人与事，以阴位定其后来之成败。如甲干，传内见申，是克甲、刑甲、破甲，内有三事，上乘朱雀主争讼。申为军、为吏、为医、为匠。再将煞占看吏神、二狱、直符在申，本位是吏，丁马、劫煞在申是军，二医、生气是医，来与我争官事。

再视申阴丑作白虎，丑为墓、为田，乃姓吴人为田与我争也。又课传年命有制申者，或贵人制申我当赢，无制我当输，此乃家长时下之事也。

再以家为宅母、为妻，第四课为子息也。

又如日干所生者为子，子所生者为孙，我所克者为妻妾，子所克者为子媳，所同者为兄弟，子所比者为子之兄弟，断其时事，类神仿此。

一支克干、就干克干、干上神克干、用上神克干，此宅基要伤人口、退财物、丧家长、出孤寡，看何者所克为重，传中与何者相克定之。如甲午受克，带玄盗，是家长被贼害。甲生午为子，又看传中有亥子刑克害冲，带白虎病神，克午是子又生病同也。主家长被贼，子媳有灾，其吉凶以阴神定之如上。以上生克二字为例，余仿此。

干上神生干百事吉。支本位生干百事吉。干就支上生，虽失体，却得宅福，无灾耗辛。若中有和，亦可就宅作经营。三传生干百事成，人情顺。本年与年生，应在将来，眼下旺人。干生支为儿婚喜破财揭债以供衣食，谋事乖违，少欠人债，倚富过活、干谒。干上神生支，屋美而人灾。支上神生支，屋新润。支就干受干生，造婚姻债穷。日生传破财被破，事劳无成。或因婚姻揭债贫难度，富当耗。干上神克干，主人多残疾，事多有阻。支上神克干上神，人灾刑则忧，害则病。支克干人口不旺。支加干克干宅不旺人。干克支要卖宅移居。上神克支，其宅不完。传克干，以下犯上，奴婢不忠，无头官事相扰，君子居官有恶吏坏事，常人防子侄欺凌，长上亦防灾。三传克支，主不久而改动，刑冲不和，多招外姓同居，亦主婢下人灾。日克三传财多化恶，助起官星，求名为吉，却伤父母也。尊长不安，财物不聚。

阳神不备，主男子不安，有伤骨肉，冷淡。父占子则子不足，子占父则父不足，一心两意，身有暗病，在外出入，求望公事，皆主不成，亦有凝滞。

阴神不备，主宅屋狭隘，或多损伤小口、阴人奴婢多啾唧。

干支会被上克，或互被上克，主人多灾病，受人侵凌，宅毁坏，不任财物，传有救神能制克方免受凶。到底若救神入空，并自受克，则不能救。不可以此者，反致误事。

墓神盖日，主出入人昏晦，事多蒙懂。生旺来墓，主财运星辰不济，宜所祈衬襕保解。囚死带墓杀，主坟墓生灾，宜迁改。

墓神盖支，主宅运阻滞。休囚主家宅昏暗，带鬼煞主前后坟墓作祟。

再论宅之左右邻舍前对后坐并本宅所近何者

支之前一位为左邻，后一位为右邻，支冲为对门之位，俱以各位上神将定吉凶。

以上神并地神并遁占景之妙，古人玉藻金英之法也，又以甲乙为树木。如贵人乘甲乙带生气则有树木，不临空绝，以木断之。若上下木神多，则断其林木。若单则言其有树，甲木条直，乙木曲。带凶神劫煞则荆棘。甲乙亥子不水上贵，夏占为荷花，余占为松柏子青，耐寒象。贵，君子象，松柏后凋，故为松柏。甲乙土桑柘。甲乙木槐柳。甲乙火桂葵。甲乙金梅花。如螣蛇乘甲乙为花之贱。木之贱为藤刺栗。如朱雀乘甲乙为花之贵，竹带花木为核桃。如六合青龙乘甲乙为核桃，酉果芙蓉花。如勾陈天空乘甲乙为芭蕉漆树、杜鹃花。如太常乘甲乙为荔枝枣树、萱花。如玄武乘甲乙为枇杷、林檎、海棠花。如太阴乘甲乙为秋橘梨李蒲花。如天后乘甲乙为桑柘桑、桃花。如白虎乘甲乙为椒樟树、梅花。庚辛为路、为碓磨、为大路，辛为小路，带道路则为路。乘元虎朱则为兽头。带贵常天空愿神则为寺观神庙。乘详细武则为玄帝庙。带丁马、天车、石煞、白虎、太阳则为碓磨、花山、菖蒲、奇石山。壬癸为水神，壬为大水，癸为小水。带井煞则为井。带丁马则为长流活水。带闭口则为池湖水。带六辛、盗神、二者，则为暗沟并冲射之水。丙丁为烟火并花闭口则为窑灶。带道路神有岗岭小路。己带墓、二死，则为坟墓。带破碎、金神则为土堆、为墙。

如贵人旺相为贵人之家，休囚咒神天巫为僧道神佛、看经好善之人。螣蛇旺相为轻薄、狂妄、横行、不安分之小人，女子私奔，休囚为术艺工作。朱雀旺相为文章、口舌、教唆、讲读之人，休囚为巧艺、画工、描写、书筭、投递文书人。元合旺相主富或买卖人。休囚经纪、九流、技艺。勾陈旺相为富农、田土工。休囚为公门差捕并勾引媒保首领。青龙旺相为富、仁人君子，休囚为看经买卖喜事。天空旺相为文书，休囚为出家僧尼、孤寡、走报奴婢。白虎旺相为军伍，休囚为侩子凶。太常旺相为武、富贵、商，休囚为经营开店面。

玄武旺相为奸诈、不正、阴谋、搬弄之人，休囚为贼。太阴旺相为妇女并阴谋，休囚为贼。

天后旺相为美女，休囚为娼妇。太常为酒店，带丁马为渠匠。太常将为米店盐贩。二医为医店。

子为房，丑为店，寅为庙，卯为门，辰为坟，巳为窑灶，午为衣、书院，未为井、店，申为路，酉为婢房，戌为奴婢房，亥为猪栏、厕并楼台。

邻家之时事以本宫神将定之。

若所乘神生干并干上神，则邻家与我和顺，凡事扶持，有益于我。若日干生邻神及上神，是我知提挈他，有恩惠及他。若克日及上神，彼必肆为欺凌，有害于我，或以将神吉之带朱雀谩语为辱骂、口舌是非。若日与上神克他，是我欺他亦同。若带刑害，是有意害我，课传年命有克制并邻自乘空，有心气事，如害我是非。朱雀立以讼，并挑唆暗弄类推。如我克害胜他，是我害他。左右共见空亡，是无邻舍，候以空缺论。临休囚死绝四废，亦以无人论。欲知所居近何所，左右以邻神决之。子近大坑聚召或河水冲入。丑未聚土带生气，为牧所。无气为田园空废、为空地。寅申为大路，近水贵旺相有贵邻，休囚神道或木林石块。卯为舟车、林木，休囚为农圃力作。辰为林木、山阜。巳为窑灶，有庙，或花园学堂。午为城池、阡陌，或酒店、牛马牧所。酉为神庙、江水。戌为山岗。亥为神庙，有官事郡，妙近水。以上要得地，论空亡，不得地不必论也。左右邻神上生下害，上生上胜，过上下相克者贫。左右邻生加旺相吉神而支上休囚或自克，并凶煞，是邻人胜我，我不如他，反此则我胜他。（录自《大六壬玉藻金英》）

十、六壬辨非十则

月将第一

用月将之法，诸书皆以每月中气为过宫。每月中气者，即太阳过宫所躔之辰也。其法至精至确。乃有用月令合神者，未免自我作古，似是而非。至姚广孝用河图生成之数，阳从生数，阴从成数，因其数而超之，创为异说，更属荒唐，断不可从。

十干贵人第二

十干贵神，《通龟》、《订讹》诸书，皆甲戊庚用丑未，六辛用寅午。而《曾门》、《金匮》等书，则甲戊用丑未，庚辛用寅午，相为互异。查《协纪》一书，虽与此又异，而甲戊庚俱用丑未，则同。子平中天乙贵人，亦甲戊庚同用丑未。可知《通龟》所用，确乎其不可易矣。

旦暮贵人第三

旦暮贵人即阴阳贵人也。如得卯辰巳午未申六时，则用阳贵，得酉戌亥子丑寅六时，则用阴贵，此法极为妥当。乃有日占即得夜时，亦用日贵；夜占即得日时，亦用夜贵。如此则日占者多，夜占者少，未免偏而不全。又有谓昼夜有长短，晨昏有早晚，以日出日入之时定旦暮贵人者，更属刻舟求剑矣。

五行十干生墓第四

起长生日墓之法，有五行、十干之别。五行则不论阴阳，一例顺行。十干则分阴阳顺逆，阳之死地，即阴之生地。如此用则十二神中之临官，即系日之禄神。日禄不错，不知此法乃子平家所用，六壬向无此类。查陈公献郭御青二先生所存占验之课，俱用五行生墓，而不用十干生墓，其应如响。即此以观，可以知所适从矣。

土墓从火第五

戊己墓神，有从水用辰者，有从火用戌者，各执一是，莫适其归。不知六壬一书，丙戊同巳，丁己同未。旺禄等神，土即从火为用，而绝墓等神，反从水为用，不亦自相矛盾耶？故戊己断以用戌作墓，方得其真。

涉害第六

涉害一课，取克贼之神，从地盘历数归于本家，以受克深者为用。经云"涉害行来本家止，多克便将为用起"是也。如涉害俱深，则取孟位上神为用。如孟位上无取，则取仲位上神为用。此古法也。近来诸家，均未有用之者。然其原委，不可不知也。至择比一法，涉于趋避，断不可从。

别责第七

别责一课，或云皆当用天上神作初传。刚日既取干合上神为用，柔日亦宜取支三合前位上神为用。如酉日取地盘丑位上神，非用丑也。其说似是不知刚日主动，柔日主静，阴阳攸分，故用亦有异；仍以古法为是。

八专第八

八专一课，《订讹》亦取遥克。不知伏吟干支只有二神，八专干支同处一位，伏吟课既无遥克之例，而八专何独有取于遥克耶？且既取遥克，则古来当不设独足一课矣。有克贼者，照旧用克贼比涉之法。如无克贼者，则用顺逆三神之法为合云。

行年第九

行年之法，男起丙寅，女起壬申，此正法也。乃有谓男从生年旬首前三位起一岁，女从生年旬首后五位起一岁。如甲戌旬年生人，男起丙子，女起壬午。甲申旬年生人，男起丙戌，女起壬辰。六甲不同，似乎有理。细按之，全是似是而非。夫人生于寅，为岁月之首建，是以男从寅起。申者寅之对也，是以女人申起。陈公献先生遵用此法，无不应验。予用之亦验。则六甲异用之说，可以置之不论矣。

列宿分野第十

二十八宿分野，今古不同。考列宿之行，积七十年有奇而差一度，二千一百十余年而移一宫。尧时冬至日在虚，周在牛，汉唐宋在斗，元明在箕，至我朝嘉庆年间在箕一度，是列宿之行较尧时已移二宫矣。

查《大全》所载，女虚危列子宫，斗牛列丑宫云云，此乃宋代星躔之度，非今时星躔之度也。考《历象考成后编》新法，分周天为三百六十度，六十分为一度。

丑宫：箕一至八。

子宫：斗二十二至二十三度牛七女十一虚四

亥宫：虚八至九危二十室七

戌宫：室八至十五壁十三奎九

酉宫：奎十至十一娄十二胃十二昴十一

申宫：昴三至九毕十五觜□参六

未宫：参七至十井二十六

午宫：井二十七至三十鬼四柳十六星四

巳宫：星五至八张十八翌七

辰宫：翌八至十六轸十三角七

卯宫：角八至十亢十氐十六

寅宫：氐十七房四心八尾十五箕，共三百六十度。

罗洪烈云：西洋历法周天之数三百六十年余，而太阳行度每岁循环一周。但为至日所限，周天之度未毕，而冬至之日既至。此岁差之法所由来。是以太阳行度，始于冬至之日，终于大雪之末。每岁所躔，计差五十一秒，积至七十年间方差一度。黄道过宫，由此而异，星垣度分，今古相殊云云。

但遵用新法，则经中所谓牛女乘常，斗鬼相加，风伯会箕，雨师会毕诸法，均不可用矣。故仍录古法于图考中，而备载新法于此，以见古今之异如此，不可以不知也。（录自《六壬粹言》）

十一、六壬立名多种说

六壬之名，说者不一。有云：水生于一，成于六，故名六壬者，宋人也。有云：《周易》以乾卦为首，乾内卦纳甲，故奇门称遁甲；外卦纳六壬，故称六壬者，祝泌也。有云：天一生水，天五生土，合而成六壬，字上一撇象水之朝东，下一画重者像地之厚载，中一画长者，纵则为天地，横则为宇宙，六壬与天地宇宙同用，加以水土生育之功，有厚载之至德，故云六壬者，《未悟书》中语也。有云：乾为天属金，壬承天属水，壬得天之气，即泄天之机，故云六壬者，张江村也。至《六壬尘谈》则云：本旬有壬将主事，当于排天地盘时，默祝曰："本旬壬某神将护我"，判签则自然回应，于壬将本日拜之，则壬将默助，有断即灵，是又以六壬为神祇矣。

《金旨占论》则曰："旬内之壬各有主，如甲子旬壬申，丙寅日以申为财，即不求财，亦有意外之得；乙丑日以申为官，即不求官，亦有得名之事，否则口舌官非。"是又以壬为最重之神，故以六壬立名矣。诸说纷纷，未知谁是，姑集于此，请教高明。（录自《壬学琐记》）

十二、六壬为什么在三式中最古？

太乙、奇门、六壬，古称三式。愚以为六壬最先出，奇门次出，太乙晚出；何以明之？观六壬纯用干支神将推演，并不用九星八门、文昌计都等项，以是知其先出。奇门所用天三门、地四户、天马方则采用六壬矣。太乙所用九星、八门、五符等类，则采用奇门六壬矣，以是知二书皆在六壬之后也。三式虽以太乙为尊，但其积算推至一千万年以上，荒渺无稽，况天运迴圈、国祚修短，何敢予知？固不若六壬之切于日用而又不干例禁也。（录自《壬学琐记》）

十三、王牧夫先生谈壬

牧夫先生曰："生合有情，必搜其本；刑克无情，必究其根；则富贵穷通，可以据数而言之矣。天时者，动也；吉凶悔吝生乎动。时，一念之动也；未动之前，阴含阳也；既动之后，阴阳分也。一念之动之先，阴阳未分，吉凶何由而见？既动之后，则为先锋，得推而测之者矣。一念之动，不可不慎也。推测之法有五：一曰诚意，意不诚则精神荒乱；二曰静心，心不静则妙入难通；三曰观理，理不观则专一隅；四曰测向，向不测则论雷同；五曰推义，义不推则数同胶柱。"

"数之吉凶，虽系于占类之所向；而数之变化，则在乎卜者之精粗。神以五气旺衰而告之卜，以六义吉凶而明之干支，犹未卜占也。神明之告之行之，求其权在于卜师。神告吉而师测以凶，神告凶而师测以吉，此谓之心不静，而误占人不浅矣。圣贤之理，非止一隅，而学者之心粗，只宜两片。遂使神化轧粘，奇文隐合，此又非占者之过，乃学者胶柱鼓瑟也。故先贤以未卜之先，以观其动，于其坐立之处，以察其方位。然后洞察正时，详格值事，合乎干支三合年命，而四方八面，玲珑剔透，不使丝毫窒碍为遗恨也。学子用如是断，能事毕矣。（录自《壬学琐记》）

十四、吴稼云先生谈壬

予友吴稼云先生尝云："《周易》言象而不言生克，故六壬家亦宜观象定吉凶，而不可以生克定吉凶。"此稼云先生一家之言也。夫《周易》不尽言五行，故不论生克；六壬专言五行，则不能离生克。十二神将之所属，即象也；或生焉，或克焉，即象之吉凶者也。古人又患人之情伪，事之变幻，非生克两字可尽也，于是曰德，曰合，曰刑，曰冲，曰破，曰官，曰禄，曰刃，曰旺，曰墓，曰死，曰绝，曰胎，曰养，曰败，所以参其象而尽其变也，然后吉凶悔吝无所逃于三传四课中矣。稼云先生学问渊博，深于古文，尝与予谈六壬，经日不倦，其法重初传，重丁神，以神机兆于动，既得其动，然后融会全课体象而断之，不可枝枝节节。盖初传与丁神皆课中之动者也。先生此言，最为微妙，是佛家上乘工夫，予愧未能造到此境也。庚午春，予自维扬回，见先生于崖市送寓，言谈侃侃，仍如往年，今则宿草凄凄矣，悲夫！（录自《壬学琐记》）

十五、开国之课

公元一九四九年十月一日，中华人民共和国成立。己丑年癸酉月甲子日甲子时，元首课。

```
    财 辰 玄
    官 申 蛇
    父 子 龙

  蛇 玄 合 后
  申 辰 戌 午
  辰 子 午 甲

  酉 戌 亥 子
  申       丑
  未       寅
  午 巳 辰 卯
```

青龙得水，六合联奎；内局扶元，水火既济。贵人顺行。临卯朝气；太阳发用，入宅照耀。玄武化龙，水局生干。末助初局，天后加干，平旦正气。光照乾坤，安内和外，太平斯年。（录自《大六壬金铰剪》）

十六、六壬洞微赋

　　两仪既肇，天地乃形。有升有降兮，阴阳遂别；因日因月兮，五行遂分。四时秩序，显寒暑之令殊；六气周天，表清浊之政异。三才克俗，万象咸臻。乾坤位列于九州，宇宙地分于上下。伏羲画八卦，制六爻于四象之源。黄帝受神符，创六壬作三式之一。太阳为将加时为先，因阴阳以立四课。原五行尅贼而见三传，或有俱尅取比和类者为始。复有两比用涉害淡者为前，都尅制日辰遥尅为初。尅害并齐先取比和为用。反吟详其对破，伏吟责其刑冲。昴星专视从魁，仰覆观于上下。八专要数阴阳，以日辰分断先后，天乙须贵顺逆，旦暮以星出没为期，时或可藏昏晓为定。天牢天狱贵人不治于魁罡，日月阴阳十干不居于四正。卯酉为日月之门，子午为阴阳之会。月建同于长吏，太岁比于人君。日辰有彼我之殊，神将有尊卑之异。贵神顺治凶神少降灾殃，天乙逆行吉神聊施惠福。非返復何知远近，靡求合安识亲踈。涉害久历艰难，昴星常怀恐怖。铸印受职，官资必定升迁。高盖乘轩，进士何愁不遂。千灾併临于九醜，百福齐聚于三光。怀孕宜课于玄胎，逊妇须见于泆女。

　　奔波在外，斩关不利于安居。劳碌他乡，游子宜令乎远去。天牢天狱，因人遇此遭愆；魄化丧魂，病者逢之必死。擒奸捕盗，详闭口以能知；走失贤愚，视德刑而可见。自任自信，行人至凶盗非遥。天烦地烦，鬼贼动非灾不远。九醜家防病丧，三交室匿囚徒；八迍皆主灾殃，五福具生吉庆。四离天寇，视仲月至分之前；四绝天祸，观孟月四立之上。三奇能消万祸，六仪大集千祥。狡童男欲于女，泆女女融于男。冬蛇掩目虚惊而终不妨身，虎视转蓬出外而终不迴返。帷泊乃奸淫内乱，解离论夫妇不贞。飞魂生恍惚惊忧，飞祸则凶灾产难。龙德累逢诏命，恩赐频加；龙战屡增变异，疑惑不定。无禄绝嗣逢之不利姻亲，寡宿孤辰值此尤妨骨肉。三阳凶灾解散，三阴作事难成。官爵必定加官，富贵须知贵显。灾消祸散联茹併立三奇，乱病兵伤伏殃遇天寇。蒿矢课忧不大，弹射内事非深。终始明祸福于后先，新故别死生于用制。传中皆木因为曲直之名，课内全金乃是従革之号。炎上必居乎窑冶，润下乃应于沟渠。赘婿身寄他门，姓孕必生贵子。重重祸福，冗冗灾祥。若要终于一宫，失理反成万绪。假使凶神吉将，不可执一而言；若旺相休囚，难于一途而取。是故凶中蔵吉，吉内蔵凶。又如太常在辰，何项而遭禁繫，勾阵临巳捧印而转职升迁。青龙游海（子），宜求汗漫之财。白虎登山（未），好觅兵权之任。螣蛇乘雾（午），必遂进望之心，玄武立云（丑），定有干求之意。太阴伏枕（巳），防暗昧之留，天后毁粧（辰），主阴谋之损失。言词妄诞，天空有鼓舌（申）之音。争讼经官，朱雀有唧符（午）之兆。婚姻和合，多因六合升堂（午）。连累勾系，谓勾阵反目（午）。贵人较籍（寅），宜求进于官中。玄武持戟（酉），慎阴谋之内外。螣蛇墬水（子），惊忧凶怪皆消。白虎烧身（巳），疾病官灾自退。青龙闭目（辰），因财生不测之忧。朱雀翱翔（巳），缘信有非常之喜。勾阵配剑（戌），防闲讼非横之灾。玄武操戈（申酉），慎贼害阴谋之挠。太常列蓆（丑），应逢酒饌。天后裸体（巳）必主奸淫。六合操笳（子），宜动望于阴私。天乙趋途（申），必于求于贵长。螣蛇生角（寅），则变祸以成祥。青龙逆鳞（申酉），必因财而有讼。玄武窥户（卯），防盗贼以来临。白虎唧蹀（申），占行人而必至。日辰年月看发用以为期，若不尽逢视吉凶之先魁。迁官进职，宜视天吏天城；占雨候风，但看青龙白虎。逐亡追盗，责度四玄武之阴；占望行人，视二八卯酉之地。同行失伴详胜光与天乙方知，走失亡财察玄武併行年可见。凡占疾病，传中要值天医。如课凶徒，式内宜逢管籥。求婚择妇，详六合天后之方。招客延宾，视巳申加临之地。大吉小吉，为勾阵讼争田地。天魁従魁，作六合逃亡双婢。功曹文字，併朱雀同行一事。传送道途，併白虎应与同济。従魁主于门户，太冲元是舟车。胜光法主丝蠶，河魁兼为印绶。登明徵召，太乙非灾；神后奸淫，魁罡争闹。传来尅日，万事难成。日往克传，不灾而散。相生旺相，喜事动必不遐。带杀披刑，灾害来须逢速。百传诸类，取胜负有气为先；直事先锋，以阴阳占时为始。旺气事求官职，相气法主财源。囚休拟于病狱，死气定遭丧亡。土神动土移动田宅，金神加金迁移分异。火来入水，惊恐失畜亡财；水往加金，女人口舌之兆。终来生始欢乐无休，末去尅初忧愁不已。先凶后吉，终成喜庆之徵；始吉终凶，必有悲忧之兆。孟神若为发用，事应亲眷；季将如尅初传，必占早配。

三代须紧仍看日干支辰，一式要全便视行年本命。将神内战以为凶，上下比和而作吉。用神旺相事主将来，设若休囚应为过去。死气若临白虎加魁罡，定主死丧；囚神入见勾阵直朱雀，必遭刑狱。青龙临午而破败，白虎加申而得音。逢灾遇祸，课中悉备；凶神招福，来祥式内。（录自《续修四库全书》）

十七、大六壬五要权衡篇

中式，理人事也。要分彼此、体用、内外、出入、主客、尊卑，明天时、地利、内外、喜忌、虚实、聚散，知进退、动静、始终、迟速、存亡、胜负、识幽明、人物、器物、食物、情状、男女、贵贱、亲疏、老幼、新旧、多寡，定方向、远近、前后、左右、高下，总三十类，而天地人三才之衢备矣。

彼此：日为己身，为我，为占人；三传为他，为人，为事情。地下曰体，天上曰用，皆是我也。余皆为彼。

内外：日为外，日阴亦为外；辰为内，辰阴亦为内。外自外传，内自内传，外则出，内则入，斯明白矣。

客主：我去见人，以干为我，以支为他，他为主，我为客也。干谒，他来见我，以干为他，以支为我，他为客，我为主也。

尊卑：日尊辰卑，干加支尊就卑也。干受支克曰乱首，自取之也。克支曰残下，有就财之义。同类曰培本，下生上曰偃蹇，泄耗虚甚。干受支生曰俯就，初历艰难，终受逸乐。支加干，卑见尊也。支克干曰上门乱首，下犯上也。支来生干曰自在，坐享也。干生支曰求受，反竭我力。同类曰壮基。干克支曰就财物，犹赘婿也。

天时：四时之气也，得时者旺，将来者相，过去者休，气克者死，克气者囚。五行惟土旺于四季各十八日，吉凶方来过去之期，在天时也。

地利：天干之神，所临地方，不临空，不受克而得照得党，是地利也。内外战，将克神，神克将，将克方为外战；方克神，神克将为内战。

喜忌：喜者印、财、禄、德、官、救也，忌者鬼、劫、窃、枭也。又有马、墓、刑、冲、克、害、合，又有空、陷、旺、相、死、休、囚，共二十四家紧要字眼。印能化鬼，能助我。财能生官，助鬼伤印。禄旺我，能夺财，仕人喜。德刚日用禄，柔日用官。官能合食生印，助枭，常人畏之。救，即子，能御鬼，无鬼为窃。鬼，病讼皆畏见。劫比，皆夺财克妻。合，畏合煞来伤。窃，宜散，虑成脱。枭，式中只作印看，子平忌之。马，主动，生我恩动，我克财物，克我官动鬼动，同类争财。墓，主静，主暗，主迟钝沉抑，主昏蒙。刑，主不成，衰也，伤也，三刑互争，自刑多伤。冲，扰争也，仇雠也，动也。破，废也。害，阻也，艰难也；若用六害而传财，必自艰辛而得也。合，和也，合中有鬼，和而复起，所谓和带怨，必有余怨，终是和允。刃，作鬼，金刃兵，火刃灾，木刃疫，土刃压，水刃溺、吐血；又云，克必出，合必聚，冲必，刑战斗，害必阻破必废。喜忌上，金氏又录一条云"神煞奥理"，今附于此。神煞之类，干有德合鬼墓，支有破空刑冲。看其生旺休囚，审其亲疏关隔。德为吉庆，合主成期。鬼主伤残，墓多蒙昧，破须倾损，害必侵争，刑分强弱，冲则动摇。此理简明，为式中关键，是乃略节，犹有诸门，次分喜忌，以稽奥理。

虚实：虚者，旬中空亡也。在天曰寡宿，在地曰孤辰，吉凶相反。克我、刑我、劫我、冲我，皆取空；生我、旺我、救我，不许空。天上神临地下空，曰落空，曰陷空，即同空论。此天地妙理。课传既定，首观虚实，以分吉凶焉。实者，不空不陷，受生同类比和是也。按：漠州司马葆光论曰："世人但泥旬中之空，不思旬中之实。"所谓实者，乃本旬中支干也。丁为玉女，得之者生，失之者死；能变化飞腾，通灵不老，故逃亡得之，万里远遁；盗贼得之，隐匿难获；婚姻得之，聚散成奸；病讼得之，幽暗难伸。大抵利暗不利明。此数条旁金氏注云：若辛未日之戌干，壬申日亥干，不论空，天上又见戌亥为空也。如伏吟、虎视、弹射，空不凶。而太岁、月将、日干、本命、行年则不论空也。然亦终不满意。若用神空者，忧喜皆无，小事遇之，过旬可干。久事则终不为利。中传空名折腰，末传空无结果。三传皆空，占事皆无。若有一不空，即此为断。又云：丁主动，蛇马逃，虎常作忧，阴后女人走，天空奴婢走，玄贼远去，雀远音至，勾陈兵远音动，龙飞万里，六合子孙远行，乙为阳精，丙为月精，阴阳以生，乙丙所至，妖邪伏匿，凶恶藏消，斯不行之神矣。故婚姻成合，家宅安宁，逃亡脱，盗贼倾，大抵利明不利暗，利正不利邪。壬者，天一生水，地六成之，水为五行之始，位乎乾坤，为八卦之始，故易以乾为首，式以壬为名也。壬者，万物之祖，动之根也。故求壬以观其动，乃来情之源，人心之萌矣。甲者，数之始，冠万物以为尊，故占之者，必革故鼎新，重谋别用也。癸者，数之终，效天地以为静，故可以隐遁，人亦伏藏，万物之基也。戊者阴伏隐遁之渐，故利逃亡远行。己者，为一阴之首，宜静。庚辛，肃杀之气，不宜动，动见死伤，惟占盗贼可获。

聚散：《中黄经》云：莫执东方木旺春，夏火秋金冬季水，专以初建复建，干多者为聚，少者为散。初建者，日干五子元遁之也。复建者，时干五子元遁之也。且以建干多寡，逐情而变，不执本支五行也。如巳午本火，上下癸壬，或临水乡，便从水论之。如丁亥春夏从火，秋冬从水。若临火乡，便从火论。若临水方，还从水论。以多为胜耳。此中黄变化之妙也。须看上下，分先后、聚散、主客。又分建破鬼救，试验实妙，录告来兹。一占丁酉日亥将己酉时，三传酉亥丑，天将贵阴常，来意盗贼杀人，后获贼，是一妇人引奸，与一行者杀死一僧一仆于舟中，沉水内，其妇与僧通，犹妻也。经酉为少女，是因妻起事。亥为鬼为贼，为孤独之人，未敢定论是贼伤人。由初建观之，先寻今日建鬼，是癸卯，乘天空，是行人，亦是舟人。辛亥，辛为今日妻，亥卯相合，是妻与行人谋杀。又以复建观之，酉得癸临丁，酉为妻，癸为鬼，是妻来害己也。此妇是癸酉生，亦可怪。虽系狱，遭世变而漏网。一占丁巳年庚寅日，戊将加甲申时，三传辰午申，天将合青虎，来意失盗钞三百张。先锋门是内钞，又是马；值事门是白虎，为惊变。中传鬼作龙，财物寅。然午为旬空，未敢以盗贼言。虽元武乘戌，是庚之印，亦未言贼也。以初建言之，为丙戌，丙为庚之鬼，以复建言之，得甲戌，是复建生初建，鬼太旺矣，况乘元武，是盗失。若以戌为仆，太阳在戌，又是贵者。日为白日贼也。戌与寅三合，是同类之人，否则屋主之亲。自西南而来，藏于南方，而居于西北，相去甚远。戌至戌，相隔一辰，再亥戌申，纯阴为男，临孟为少，申至戌二位，主二人。后获一半以下，终是位来生干，中末空，盗者利缠。经以辰上见者为所失之物，今寅上见辰，辰乃月建，月建为贵物，此钞乃世之所贵者。发用助日，我为有气矣。由是观之，生中有鬼，财中有克，皆在建干变化也。此凝神子郭璞所以妙出人表也。若取来情，当以聚散鬼救论。若断休咎，只用干为主，三传生克正时论，不必用变求奇也。古人云"求奇反不奇。"

进退：传进为进，传退为退。进空宜退，退空宜进，观其传，吉则进，凶则退。

动静：日辰主静，三传主动。日辰有生意，而三传有凶神，宜静。日辰有凶煞，而三传有扶助，宜动。泛言日神有动静，以少别白；不然，则刚专日上，柔专辰上，天上日行道路也。相生宜动，克陷宜静。道者，地方也。斩关、丁神、二马、游子则动，稼穑、墓、合则静也。始终初传事之初，中传事之中，末传事之末。专与日干分生克。然而有正有变。将神生克为正论，初建复建为变法。又经云：吉凶随神而变，将之吉凶随类而迁。此正论中玄关也。假如初鬼、中印、末财，便是先阻、中助、末得，大略如此，更宜在六亲变化之中细观之。将五要参透，则天时、地利、人、物、贵贱、虚实、迟速可见矣。此端最妙，每事要分三段。始中末如何，大体既定，变化在人。

发用：发用者，事之始，用太岁岁中事，用月建月中事，用日辰日内事，用旬旬内应，用候候内应，分五段也。假如初一日冬至，初五日为初候，初十为中候，十五为末候，皆应在候内也。用墓事缓、病死、物在、人归。用马，支用、官扰。用劫，害阻。用印，求旺。用妻，问利。用泄，子孙事。用同类，兄弟朋友事。凡占谋为动作，视见马，以临处为方，无马以用神加处为方，吉凶以神将言之也。发端门，初传也。如正月占事，用起功曹，为当月。大吉为过去；太冲为将来也。移易门中传也。初凶中吉，则移凶易吉矣。归计门末传也。如四月申日占事，而用申酉，末传见午，即主五月内无事。

迟速：柔日伏吟、涉害、天乙逆治、用在日辰之后，主事迟也。斩关、占时发用、天乙顺治、用在日辰之前，主事速也。冬占申酉入传，天罡在日辰后，是过去事。寅卯入传，天罡在日辰前，是未来事。第三四课为用，向去事。用二八门，主事速。阴日伏吟、关格、斗罡加卯酉、传岁月，久远事。日上发用，应在旬内。辰上发用，应在一月。得岁不出岁，得月不出月。得日不出日，得时不出时，得候不出候。又岁在初，为当年事；在末，为久远事；在中兮，方来过去。传顺年浅，传逆年深。又如六月以前，是去年事；六月以后，是来年事。得者非特岁、月、日、辰、时上，作用而已。凡用在岁月日辰时上，皆是也。占岁内，如用传送加巳，主四月内应；下克上多应在七月；上克下从地下巳神断。旺衰新旧，决机定谋。假令子水九月甲子日戌时卯将，取比为用，天乙暮治小吉，为贵加寅，以卯为前，发用神后，六旬之首。又得龙吉将，末见河魁加巳为铸印，乘六合，三传始终吉卦，故主迁官加印之喜，至当年十一月内应恩泽之应。此下克上，应得岁不出岁也。假令十一月丁卯日卯时，登明为天乙加丑，顺理涉害，大吉加卯为用，得朱雀凶将，君子为理文字，小人为财而讼，妇人占者为文书口舌之事。主事艰难延迟，所作稽留。十二月内应，此亦下克上，应得岁不出岁也。假令辰年三月甲子日巳时，从魁加巳，名元首。天罡为用，将玄武，乃天乙立酉逆治，占盗贼者，近水打捕渔猎之人。当败。其人伏在水泽处，不出月败矣。一上克下为始入，主事急，故月内败。天罡属土，克玄武水也。水至三月墓矣。此得月不出月也。兵革疾病，假令辰年三月丙寅日未时酉将重审，天罡为用，得白虎凶将，天惭立酉上，主忧事在月内惊惶也。主关梁隔绝，兵革盗贼，谓虎渐入阴气，主格斗伤。又云，卯辰巳等须防贼，兵家只此是三刑。又云：天罡是煞神，立于日辰上，用神囚死，斗系日本为天狱，在家忧恐，及病厄死丧等事。是国家忧兵革。今天乙立二八门，主惊怖动摇。天罡太岁入宅，又是囚死为用，始入门，主事急，合应月内。又天罡为月建故也。病祸忧惊月内见。假令巳年正月己丑日午时亥将，知一卦。太乙发用，将白虎，乘死神为用主之。经云："虎乘死神，上下逼日辰，名魄化。"虎在阳为男，在阴为女，下克上为内战，故家有阴人病丧事，文字勾连，惊恐，口舌光怪，不成破碎。论吉凶方来已去之期、发用所主也。凡占事据下所占，是何神将为用，以其神将所属年月日及以神为之情。五行飞化所主之事理决之。若发用得吉神将，在三传旺相，就其始末，则占人求望必遂矣。若发用神将是官鬼，吉而有气，又与日辰三六合，必有和合，迁官转职，加禄权位之意。若发用得凶神恶将，在旺相气克日干，又是月破之辰，主有官追惊恐，灾祸牵连，及远行责罚之事。方来已去之期，应在月日之中。假令正月占事，得功曹为用，吉凶应在月内。若得卯辰为方来，应二三月。若得传送为用，吉凶应五月内。若涉害占事，主勾连艰难，不能见终，占病难解，占人来迟，孕难产，事不成。经云"见其机，察其微"，日辰中，有两比不比，始入、涉害者以此，占事迟留难解以此，故云深者主迟留患难。经曰："四课交克名曰单疑，为事难遂，遂亦迟，若入用将，得月建之辰，与吉将并，又在旺相之气，事虽迟延犹为小喜。发用是凶神将，更历涉害等门，必主身忧，囚系狱讼之事。"凡课得发用之神是遥克为用，主虚声。如蒿矢射人，人终不伤，见吉凶本自他意，自无所害。虽有其声，所事难难。若神遥克日，事在外来；日遥克神，事从内起。经云"官居不入，常初独立。"其忧执，其用日不用辰，望人不见。若得昴星俯仰视，事多指引，真非本意，春夏多是远行不利，恐遇身灾。若用神更得凶将，身忧狱系，官追整理，文字不明，暗昧之事。若伏视又是秋冬气，内事，主暗昧屈厄，无以伸雪。柔日伏匿在家，忧怖惊恐，被人勾连，对理交加，度关梁灾厄事。凡仰伏视为用，刚日动行，稽留关梁，男子远行，恐路死。柔日伏藏，不欲见人，更以神将所主，消息决之。

存亡：生旺为存，鬼墓为亡。占久出之人，若行年临四季为亡，四孟为存。四季句金氏复注云"陷空为亡。"

胜负：上克下利先举，下克上利后时。日被上克尊胜，辰被上克卑负。

日辰皆被克，尊卑皆负，或日辰分彼此论亦然。日辰上下互克者负，互生者胜。克日者负，有解者胜。式中反克其救者负。八专在分阴阳喜忌断之。假如己未日己为我，未为他，己所喜者卯与六合，己所畏者寅与木神青龙，喜卯与六合者，同气也。

幽明：幽为鬼神，明为人物。夜为幽，昼为明。死鬼死气为幽，克我疾病临身，为鬼神侮弄。星辰运限，阴相扼塞矣。此类生我则造物亨达，阴相资助，命分当也。且昼为明，生气为明，月将为明，生我则人来扶助，贵贱得情也。克我则盗贼官讼相侵也。此下金氏又注一条云：在地盘酉戌亥子丑寅皆为夜为暗地，自卯至申皆为旦为明地，旦加夜地亦不明矣，夜加明地，亦不暗矣。重明为德，重暗为失，看事宜明宜暗详之。

鬼神：旺为神，衰为鬼。天乙为神，加刑冲害是猛神恶鬼。金刑水溺，土疫木缢，火焚死者，合为亲，不合为疏。鬼之地上之神为方所。如申鬼，申上见酉，为西方之类。假如申为鬼，七月占，旺为金神，为岳神西镇，五月占衰为瞰鬼。加刑害为斩死鬼。老少形状，以意决之。假令甲申日午乘龙加辰，以午加申为支鬼，是新装神佛之类。来自东南，午乘龙旺，佛为新装，加辰乃火之冠带，神为东南来。假令己亥日未时寅加未，乘太阴，主西方神为祟，庙前有小树，兼门破，庙后形势高阜。假如戊子日伏吟，取寅为鬼，东北有庙神，两重心愿，其庙在山上，庙前后有树木，上见青龙也。是龙寅三木森然，寅中有土为山，况戊日占是土鬼之上。上中下兮看，克下腰脚病死合面，克上头面病坐死，中受克腹病死，克阳面左死，左阴面右死，克上克下，其尸不能僵。返吟，旧病死，老病中责鬼神类。墓为祟，旺是墓神，衰是墓鬼。方所亦看地上墓所加神。

人物：干为人，支为物。静为财，带刃为血物，空亡为动物，人有情状、男女、贵贱、亲疏、老幼、色目，具后。人物子螟子息梢屠染，丑贤长者旧僧尼。寅儒道士曹祝吏，卯术沙门长子宜。魁僧牙保凶顽众，将军兵马共辰推。干匠宾朋工作巳，妇人宫妣午厩儿。故旧眷属姑姨妹，酒匠笼鹰未是之。医道猎师作面者，市曹铺递并申持。金珠匠婢少阴酉，军戌仆从戌夫儿。装塑造楼栏厕直，更为幼子亥无疑。器用物有新旧多寡器，子为水桶钵缸瓶。巾帽冠带升斗丑，椅桌荐席并祭器。碗碟匙箸并寅留，屏枕帐笼箱门户。船舫车舆竹器舟，笛箫琴瑟笙鼓乐。枷钮并向卯中求，砖瓦石栏并械厅。墙壁庭院向辰搜。臼杵锅釜筐鼎巳。柜厨灶床皆午料，食具盏盘酒器未。金银铜钱向申游，珠玉刀钱镜问酉。锹锄锥剑戌宫谋，圈栏槽榨东司亥。十二支中用意收。食物辰为盐鳖鱼龙物，子是荤辛鼠燕腥。丑上蟹牛龟鳖类，虎豹猫狸果木寅。卯兔驴骡狐共取，蚓蛇蝉蟮巳为真。蚕马鹿獐雀寻午，未雁鸠鸽酒羊群。猿猴猱鹏鹅面申，鸡鸭鸟雉蚱酉陈。豺犬狼獒须看戌，猪豕熊猱筵亥云。腥本作星。

情状：干为外饰，将为头首，神为体形状，以肖类。假令戌为玄武，贼人犬形头尖。丑牛形头大，眼目粗糙之类。又云，寅矮美髭，卯瘦，辰长面方，巳瘦长，午斜视方长，未短小，申酉白须黄，亥肥丑轻小眼，亥子黑色，寅卯青，申酉白，巳午赤，未黄赤，辰黄青，丑黄白，戌黄黑。天乙细小，蛇眼小额尖，龙好髭须，虎头项短，天后清疏，太阴骨细，勾陈丰肥，太常额宽，玄武丑，天空老大。

性情：天乙庄重蛇阴冷，雀轻俊青龙文足。六合慢善，太常典雅，白虎威严猛鸷之类。装饰看遁干，甲乙青衣之类。欲知带破不完全，鬼贼相冲内去看。凡鬼上下所乘之处，若见冲克，或上下重叠交战，必主其人不完全。干战主伤头面，支战主伤手足。若得申鬼，当建丙，即须头面不堪见。

男女：纯阳男，纯阴女。一阴二阳男，一阳二阴女。若阳神临阳位是男，阴神临阴位是女。更上下不比，看贵蛇朱勾青克白是阳将，后阴空合常是阴将，不消建干。纯阳二句前金氏注云：小六壬反此推，一阴二句同。

贵贱：旺气为贵，衰气为贱。天乙为贵，腾蛇为贱。太岁为至尊，月建为台省之类，皆旺气也。然而得地为贵，败绝空亡之地为贱。经云："贵人坐印为有禄是贵，败绝空亡是贱。贵人坐印，甲以乙丑为贵，丑加申，是壬申为坐印，是有禄之人。"又如甲子日以辛未为贵，未加辰，见戊辰为坐印，戊助辛鬼克日，是有禄之人来害贫贱者。如庚寅日遁丙在戌，戌临亥，是火绝亥，鬼居亥为贫，是贫贱之人来害贵者。

亲疏：合亲，不合疏。日与辰自然相须，不可分为二歧。盖日是人，辰是宅，岂有有身而无归栖之所耶？故知三传中，但与支合者便是我亲。

老少：孟为少，仲为壮，季为老。看所临地上，又看有气为少，无气为老。

新旧：旺为新，衰为旧，详见六亲新故中。

多寡：甲己子午九之类。上下得者为并，旺相为倍，休囚为减。假如乙亥日以丑为财，乘蛇，丑八蛇四，八四相并，为三百二十也。只用神将，不用地盘。方华谷云："参之天将所因之事，可以考求。以神多寡之数有定故也。子午九，丑未八，寅申七，卯酉六，辰戌五，巳亥四，上下参合，其数可知。至如上寅而下子，七九乘之为六十三，旺相多倍，囚死减半，休当十六之本数，岁月值建而多加之。十六之数，于寅子言。后九、贵八、龙七、合六、勾五、蛇四、雀九、常八、虎七、阴六、空五、元四。"附：水火木金土一二三四五羽徵角商宫。

方所：亥子为江湖，寅卯为山林，丑田，未井，午市，巳窑，申为囤场，戌为营寨，辰为衙庭，酉为城郭。宅舍：子为房，丑壁，寅过路，卯酉门，辰积壤，巳厨，午堂，未园圃井，申过路长道，戌浴堂，亥厕水沟。又上下相加取之，假如丑加亥为桥，未加亥为井，亥加定为楼台之类。占盗逃踪由：以用神为方，中传为去处，末为所止之处。又逃者初出门外，刚责中，柔责末，为止处。假如壬午刚日，中传卯，主贼人门前有大路，两边垂柳成阴。丑加子金氏旁注云：未加中，住前有大坑，有桥真入门前路。如戊刚申日卯酉上，主门前有大驿路金氏"卯"旁注"末"，"酉"旁注"中"，巳日平头杀，是僧家。乙柔日看天罡加处，主贼家住有竹木藤蔓，草木缠绕之处。用贵人并三传俱在日辰前，主占人住前岩。金日纳音遥寅日艮为山，若三传日辰亥子水，前有池塘，如壬癸申酉日主溪涧众源，随水势直下。戌亥相加，在蹊岸滩碛之隐所。寅卯木居日辰前，地名前山前坞，亦名东村。加南南村，加西西村，加北北村之所。用日辰三传俱贵人后，其贼家地名后坞，对见丑为田，后郭后山；见寅卯为后坞，见申午为后路，亥子为后塘，申酉为后坑，后塘后源。若庚子辛丑纳音土，赃物藏于土窖；若甲子乙丑纳音金，甲午乙未金，皆滋碛砂石土。若润下水，必折东。三日后，自西转东。凡辰戌丑未四墓，主坟窖穴宝。又子为溪，亥为陂，戌为滩，只如戌酉申三传占外妇，走西北角，近谷边。戊己日为陂头，壬癸日为古溪，癸日丑为流窦；若旧太岁为古塘古溪，新太岁为新塘新溪之所。卯为竹木，寅为大林，卯为木为井，加土为车，加未为园林，加辰为山岗林木，加丑为坟林，加戌为溪塘，加丑为田野，加亥为草泽，卯加戌，旧屋接新，加申欲动，加子加酉崩废屋下。子加卯，望东北方有人修屋及门户，卯加午，妇人家藏，卯乘元武加申上，逃者必在西南方城市中藏。地名破者，损也。亥破寅，纳音水日，为破塘破溪。纳音土日，为破山崩石之名。午破卯，火日破屋，水日溪，辰破丑，主破田荒坟之所。谚云"破者，废也。"酉破子，崩摧山石之所，水日滩碛古潭，丑破田，辰古冢，戌废窑，未夏天井。纳音即甲子乙丑金，丙寅丁卯火是也。刑者，险崩屈曲荒废也。如寅刑巳，若元临寅，主贼在破山中藏，此论甲乙日也。若金日巳申，为山石。戊日主叠土处，藏崩陷之所。申刑寅日山险坏，林木之下，藏樵夫小径，屈曲之中。丑刑戌，古坟丘冢之中，戌刑未，旧荒废园圃，或有古井藏匿。冲者，横也。亥子为横塘横溪，丑寅为横山，丑未为横田横丘之名。辰戌为横岗横陇；寅申为横石横岗；返吟为远，水日寅申冲为西溪西园，丑长田未南田，加亥加巳新田拗地，弯曲之所。未加丑古田，或加辰古椁。害者，直也，为长也。申亥为直源长塘。酉戌为直岗直陇。子未为直溪直塘，长溪长畔。丑午为长桥直坑。六合者，双也。卯戌为双峰，子丑为双溪双塘双桥，寅亥为双林双塘双坟，辰酉以新合旧，新冢溪涧之所。巳申为双路，双破损屋宅，新坟之所；午未为双池，园亭，台阁所藏。三合者，三也，参差不齐也。寅午戌地名三峰，岩石穴窦中；亥卯未园林野基，居东；纳音水日为三湖九江之所。申子辰为三溪三塘，始自西南，三日后定东也。巳酉丑为三坑三峰三陇之下。

远近：知一伏吟近，返吟远。又远近用关梁，春寅卯辰以后丑为关，前巳为梁，即如元武加巳上，为五里内之数午未上。夏巳午未以辰为关，申为梁；秋申酉戌以未为关，亥为梁；冬亥子丑以戌为关，寅为梁。关内为近数，关外为远数。关内十里以下，梁上五里以下，过关外又增，数有远近推之。三合主三日百里外；六合，主五里、五十里。木三里、三十里。梁上近数，土主五里，木三里，金四里，火二里，水一里。关外远，润下三百里，炎上、曲直、稼穑、从革二百五十里，游子远去千里。天罡为阳关，三传过辰上，主去远。河魁为阴关，三传过戌上，主远去。远道可上下相加，如戌加申，戌五申七五七三十五里，三百五十里远。若旺相倍而增之。用神囚死，因而减数。三传日辰见六丁及马、太阴、太乙、神后主逃者远，不可追也。

前后：支前为前，支后为后。阴为前初传也，再传为后。假如天罡为坟，地盘上辰，上见酉，为前，酉为门户，上见朱雀，前门有符篆。再传酉，上见寅为后，上乘白虎，后有石虎或庙宇之类。

高下：日上发用为高，辰上发用为下。假如占讼，在高为吊，在低为缚。占失物，用在日上，物在高处；用在辰上，物在低处。"高下"之前，原本失抄一节：左右子作宅，丑为左邻，亥为右邻，午为对邻。看其上所见之神，与日干上神，比和为顺，刑战为不睦。假如左右上下之神，自克其下，彼家凶衰。若白虎死气则死丧，朱雀则口舌，元武则盗失之类也。

名殊义同：式中名义多异名同实，故表出之。

兄弟、比肩、劫财、夺财、羊刃，又曰比劫、夺刃。

父母：印绶、印枭、本、日本、长生。妻、财。官鬼、克贼。

子孙、救神、盗气、又曰子、窃、耗、脱、散。

日干、我、身、人。辰、支、他、彼、宅、地方、道行、下。

将、天乙、天将、天官、贵人、上、外。

神、月将、神后等也。天盘、天上、内、中。

临、加、覆、留、落、踏、陷、入。战、伤。

乘、为、作、得、建、被、持、带、扶、助。伏、住。

叶、贼、制、入、受、争。气、天时。

来、远近皆可。俱同。传、传归、传入、传终、传内、传外、传进、传出回、传旺、传墓、传生、传绝。中末，兼地盘者。

彼此、彼各、彼己、彼我、互递、互相、递相、支干上下，凡对言者，人宅双为法等。停、均。

右中式心法一通，皆恒有得于心者，与人谈壬，未尝凷此。盖自黄帝作式，曰太一壬遁，以人谋参之天。中式，盖专理人事者也。夫心者，身之主，神明之舍也。法者，则也，效也。神而明之，可则可效。虽天一君，式中之尊，法天则地，开造化门，不有发断，孰知其神？达观天一发微，维一为道，万化之基，甲拆癸归，亥子滋，莫不有数，观数有原，巡入式门，端推五行，妙在生生，曰亲曰疏，有喜有畏。述六亲变化，惟权在中，量彼轻重，分明知识，定为五要权衡，名殊义同，总由中式法，以告来昆。洪武十年五月十日朱恒谨志。（录自《大六壬秘本》）

十八、大六壬毕法赋

前后引从升迁吉，首尾相见始终宜。
帘幕贵人高甲第，催官使者赴官期。
六阳数足须公用，六阴相逐尽昏迷。
旺禄临身徒妄作，权摄不正禄临支。
避难逃生须弃旧，朽木难雕别作为。
众鬼虽彰全不畏，虽忧狐假虎威仪。
鬼贼当时无畏忌，传财太旺反财亏。
脱上逢脱防虚诈，空上乘空事莫追。
进茹空亡宜退步，踏脚空亡进用宜。
胎财生气妻怀孕，胎财死气损胎推。
交车相合交关利，上下皆合两心齐。
彼求我事支传干，我求彼事干传支。
金日逢丁凶祸动，水日逢丁财动之。
传财化鬼财休觅，传鬼化财钱险危。
眷属丰盈居狭宅，屋宅宽广致人衰。
三传递生人举荐，三传互克众人欺。

有始无终难变易，苦去甘来乐里悲。
人宅受脱俱招盗，干支皆败事倾颓。
末助初兮三等讼，闭口卦体两般推。
太阳照武宜擒贼，后合占婚岂用媒。
富贵干支逢禄马，尊崇传内遇三奇。
害贵讼直作曲断，课传俱贵转无依。
昼夜贵加求两贵，贵人差迭事参差。
贵虽在狱宜临干，鬼乘天乙乃神祇。
两贵受克难干贵，二贵皆空虚喜期。
魁度天门关隔定，罡塞鬼户任谋为。
两蛇夹墓凶难免，虎视逢虎力难施。
所谋多拙逢网罗，天网自裹己招非。
费有余而得不足，用破身心无所归。
华盖覆日人昏晦，太阳射宅屋光辉。
干乘墓虎无占病，支乘墓虎有伏尸。
彼此全伤防两损，夫妇芜淫各有私。
干墓并关人宅废，支坟财并旅程稽。
受虎克神为病症，制鬼之位乃良医。
虎乘遁鬼殃非浅，鬼临三四讼灾随。
病符克宅全家患，丧吊全逢挂缟衣。
前后逼迫难进退，空空如也事休追。
宾主不投刑在上，彼此猜忌害相随。
互生俱生凡事益，互旺皆旺坐谋宜。
干支值绝凡谋决，人宅皆死各衰羸。
传墓入墓分憎爱，不行传者考初时。
万事喜忻三六合，合中犯杀蜜中砒。
初遭夹克不由己，将逢内战所谋危。
人宅坐墓甘招晦，干支乘墓各昏迷。

任信丁马须言动，来去俱空岂动宜。
虎临干鬼凶速速，龙加生气吉迟迟。
妄用三传灾福异，喜惧空亡乃妙机。
六爻现卦防其克，旬内空亡逐类推。
所筮不入仍凭类，非占现类勿言之。
常问不应逢吉象，已灾凶逃返无疑。

(录自《六壬大全》)

十九、金科玉律诀

远溯上古轩辕圣，作为数祖六壬定。
十二阴阳天地盘，太阳加向时辰正。
天乙顺逆乾巽中，阴阳子午最有情。
上下支兮合造化，二十四气分玲珑。
日干德禄仔细推，四正前后缓徘徊。
其中四课参差用，前二为阳后为阴。
静心指出三传窍，九科宗道斯为要。
涉害一门须酌斟，逆回本位浅深妙。
择取最深发用奇，返吟伏吟有深机。
别责八专皆妙理，古人立法不能违。
三传既定课乃神，就中衰旺须详论。
披神带煞有玄解，神煞交互深意存。
吉要气兴凶要衰，有根无根仔细猜。
兮浅兮深须解悟，莫把生死一样排。
一层深入一层去，开三拔五须详细。
逆则吉兮吉不全，顺则凶兮凶不畏。
独恐三传未易评，三干遁处有重轻。

其中拣取临生旺，透天一窍最通灵。
切忌刑冲与穿破，不分吉凶要安閒。
纵横天地盘中出，贯通四课与三传。
详查秋冬与春夏，五行配之须变化。
旬有阴阳遁有干，惟有时支居在下。
两意从教著意轮，日时年月共均分。
但将始事推终事，吉与凶兮莫误人。
更详掌中上及下，静事地中动天旺。
贵人亦有天地分，阴阳两盘须的当。
本命行年细细营，几人共课不雷同。
寅上起男申上女，阴阳分派顺逆踪。
更从年上起生月，一年十二皆详阅。
参天两地论神祇，起伏制克休咎别。
阳课为我阴课人，动事属此静为阴。
个中消息真玄妙，剖尽人间万事因。

(录自《大六壬类集》)

二十、大六壬课命要点

(一) 课命秘要

六壬之奥，岂易沿哉？自成峡以来，弥处不著，靡事不占，且天时人事无一事不在其范围，更无一时不分其吉凶而以定命，实有难出乎其数者，在得之精与不精耳。其法取本人之生月合神，合神即太阳星也，加于本人生时上而运式之，以本人生日立其四课，就四课取出三传。又以大衍之数立其大运，以男从丙女从壬三阳三阴之义立其小运，就课传酌二身命，合之大小运限便知为何格局，而人之或主贵，或主富，或主贫贱，或主夭寿，便洞乎胸中，了然纸上。经曰：天门地户好消息，人门鬼路识高低，此之谓也。

然生克制化藏功用，旺相休囚悟玄机，德合鬼墓观乎有损有益，刑冲破败识其可去可留。定人于二十四格之中，识人于二十六局之内。訾鹑尾许其来人烈士，实沈析木藏乎将相勋臣。夫文人烈士之内亦有村夫俗子，而勋臣将相之中亦有饥殍庸士，故谓识其变通者此也。盖生人之干者其身焉，生人之支者其宅其妻其子孙系焉，宜详其其旺相生合有德禄比助为利益，破害刑冲休囚无气为损忧。然于支干固为体要，而传用亦所关情。盖三传乃决人少壮老之三限也。初吉少年优，中凶壮年愁，老来看末传，荣枯立可搜。是支干四课定其根基，而发用三传决乎际遇矣。又以有利于合论其大运，以五六合论其小运，人身命坐何宫，又身命之上下矣，完之则成，败之则期，判于几上矣。

如某人大运吉，再以小限冲合决之，便知何年得吉。如某大运凶，亦以小运冲合决之，便知何年得凶。然双以小逆数正二等月令，看其某月得吉，某月得凶，就月令运限验之身命，便知其祸福吉凶拟于何年何月见也。总之，壬道精微，惟在细心研究，变通以求之。故圣人曰，神而明之，存乎其人。

（二）论命秘要

凡论人富贵贫贱寿夭，只看身命，更以干支用神，相生相合则命吉，如克害则命凶也。如身命旺相遇吉神良将生扶合助而不来刑克害者，必主其人有富贵福寿。若休囚无气，更遇凶神恶将克制，必主其人非夭即贫，无造化之人也。大忌身命空亡及入墓，盖空亡只主一身作事无成，多谋少遂，难立家计；入墓则主一世昏晦不明，行藏动静必不亨快。又嫌身命瘦弱无助，盖无气遇扶必因人并立；如更遇刑冲克害则官府欺凌，小人谤毁。若有气无助必独立撑持，如更遇生扶合助则贵人提携。又要财福旺相得地，如财无气又临死墓绝空而日干又被凶神恶将冲克，无吉神将救助，此乃至下之命。如子无气，又临死墓绝空而日干又被凶神恶将克制，无吉神将救助，亦为至下之命。盖子妻空不为黄冠缁衣之僧道，则为乞丐之贫人，又安求其增益也。大抵课命旺不如爻象旺，得课象旺可许其根基壮实；更得爻乘吉临得力之地扶助身命，乃为十全造化。盖人之根基系于课，人之际遇系于爻，故课命无气，根基浅薄；爻象得地，际遇兴隆。细看三传吉凶，其荣枯实决于此。夫初传为始，若财旺乘龙临吉地，早年身必富贵，子旺兴隆同传初年子定轩昂，六合太常临财为作经商买卖兴家，太阴天后见妻财婚姻早娶，白虎乘鬼发用初岁多灾，驿马同虎鬼入传必定伤灾有患，金被火制筋骨瘆病，火遭水克眼目昏蒙，土来克水蛊疾多殃，初得吉神临于生旺，初景清高富贵。若遇凶怒恶煞，初年积害多灾疾，疫多兴。初年多困，兄弟劳动，早岁贫寒。中传财马中年立业兴家，子乘青龙并立，金玉满堂余庆；雀蛇乘旺临鬼，中年多遭非祸；勾空带 词讼有伤；年命日辰有二德皇书恩赦救 解。末见吉神一路春风，若遇凶煞无制老来孤困极穷。又如初传德合末传克害，即幼年发福，末年贫寒；或初传刑伤，末传生比，即主幼年贫困，老境亨通也。又看十二宫生扶合助日干本命，即主其宫诸事顺利发达，如官禄宫得二马，或仪奇皇恩等吉及龙富贵朱将与本命日干相不人即主得美官；如见以上诸吉，倘若囚死之地则主得微官。尤要日上与命上俱吉，方许得名位。如以上诸吉只见生合，但许游泮而已。如生得旺稍得帮补，或贡监不能大贵也。又如财帛宫得吉神良将与命宫无刑冲破害等，与干相生合，即主财帛厚产业兴隆。如兄弟宫得吉神良将与命干无刑冲破害等，即主兄弟富贵和睦。如田宅宫得良神吉将与命宫无刑克害等，则田宅增盛利益也。其奴仆男女妻子等宫。皆依此推之。若看大运流年月令高低，看某运某年某月令与日干生旺比和德合，更有吉神良将即主某运某年某月内有进益之喜，凡事吉利通达。如见刑冲破害等凶神恶煞便知何年月 内不利也。大抵持年稍重些，当与四柱参详看之。盖推人之命关乎大造，非可轻断，必须潜究根原，审察衰旺，生合刑害，年历家把作得定，方可与人决断吉凶，剖分得夫。若不细心推究而妄行决断，富贵穷通成败利钝而无差误者，未有之也。

（三）论女命

推妇人之命与男命不同，惟取其柔顺情正为吉，凡宫中宁夫之于弱不可失之于强。妇命以支上神为最要，支上神吉，其女良；支上神恶，其女悍。以用传观其益夫旺子之由，以各宫看其六亲完缺之因。女命喜坐克宫，主慎重而有礼；坐小宫恐太过而娇恣；最不宜冲宫动摇，更有阴合乘之恐别宫无制，则抱琵琶而过别船，不然亦有媒妮之流。坐害宫主不睦而嫉妒，坐刑害多刑伤暴戾；而坐德禄宫作命妇推之，而历重有福。入空乡无救作寡妇断之而孀居无依，坐丁马更带神再乘勾京阴合者巩弃礼义而忻私奔。若坐丁马乘贵常等吉将，他宫遥制，又当以贵论也。至于男命德与学堂并则为官清正，禄与长生并则为人富厚，遇被害为学堂则为术三推之。若妇人值破害为学堂，又决为青楼人矣。值德禄为学堂，又断为贤德之母也。如是值类而旁通之，其壬书推命之理始可得也。

（四）推身命总诀

身命之法即自有五：一根基，二妻子，三财官，四限运，五寿数。身命为本体，以财官为用神，推吉旺则福多，究凶衰则祸少，但依此决断，无紊乱之意。

第一节先看日上为主，若见贵人青龙等吉神生旺者，身命有气为可贵可富之人。若日上见墓绝，身命无气，虽遇龙堂吉神亦足小可规模，主虚花不实之象。若日干无气，又临凶煞，乃下等疾困之辈。若日上有气，却临凶煞，乃修伟荣显而带残疾之人；若凶煞有制，反主假煞为权矣。故以日干为身，以日上神为所作之事而论。

第二节须看辰上神，为妻室子孙。推福德日辰相生相合，夫妻和翕，偕老百年；相克相冲，夫妻反目，即朝夕不睦。辰上吉神临之主好妻；若凶神恶煞临之，其妻必恶。课无妻财主无妻室；或妻爻重见，辰上值空，主妻刑伤。兄弟爻见防有克制。课中有子必有子孙，若无子爻后无子息，子孙空亡多养少成。

第三节看财官，若日月有气，官禄贵马龙常印绶诸吉生合日干者，乃官贵之命。若子孙妻财青龙常诸吉神临日合日者，乃富贵之之命也。凡子爻制则有官，如子爻见而无制则官，兄爻见无制则财薄。

第四节论运限，凡日上旺相遇财官发福增产，遇鬼煞须防凶险，遇兄弟必主破财。若日衰遇官鬼则变官为鬼贼，遇父母则变为艰辛，遇财福稍可发，遇兄弟则必遭祸患，看在何爻便断何年发作。

第五节论寿数，寿数不可一概而论。若日上无气，遇官鬼大煞白虎丧门吊客在邪爻作党者，即知在何运中，遇之即死。日旺胜煞者不过灾病，一路平顺。一年一位细推详，夭寿贵贱从此决。（录自《大六壬寻原》）

二十一、理气象类说

壬，数学也。易以理著，盖先天地而有，后天地而彰；数则理之所彰，而万象寓焉。万象者，天地之化体也。天地虽大，咸有一理，况化体乎？起于一，终于十者，干之数，天象也。起于一，终于十二者，支之数，地之象也。扩而充之，象则弥纶于天地间，而无一物之遗，谓非象生于数不可。天尊地卑，天动地静，而尊者为君，为父；卑者为臣，为子；动者为客，静者为主。动而客者，为身为人；静而主者，为宅为物。种种非一，皆类也，谓非类生于象不可。是故舍数而言象，象无其本；舍象而言数，数有终穷；舍理而言数，灵敏不几隘乎？壬以数名，而可仅以数言乎？象与类，无物不赅，而理则简且易。此壬之所以大也。然而定理之中，又有气焉。气者，盖权衡于理之圆机也。所以然者，事因有当然之理，无必然之气；气苟弗应，理亦宜然，象类空悬已耳。谓非理权于气不可。盖气在两间，而身与万物咸位乎中，故无适而非三才之用，无往而无覆载之机也。盖凡气之见乎天上者，随四时而递迁，曰五气，旺相死休囚是也；见乎地者，随吾身与应责之类，而如定十二气，长生沐浴到胎养是也。二者之气，取用虽殊，于理则一。而吾身之与万类，得气则吉，不得气则凶，两言决耳。于戏，类本象分，象因类著，理以气应，占以理求，壬占之法，尽之矣。宁不易简乎？是故谬列占例，以昭易简之端，引伸触类，神而明之，存乎人矣。（录自《壬归》）

二十二、三才易简

六壬，象学也。运式以占，象亦伙矣。一日十二时，课亦十二而止。十二课内，象则万千，若但以课体求之，则万千之象，无从出现，而五行之用，反为所拘矣。是故三才易简之法，不可不急讲也。盖日辰之象为两仪，贵贱尊卑，由此而定。四课之体为四象，刚柔内外，从此而分。三传之象，为三才，初中末伏，从兹而备。然两仪之成四象也，实乃三才之具体；三传之三才也，实即两仪之化身；是则所谓课体，而万类各有三才之用矣。

如占妇女，则责天后为类，天后妇女之象也。即令式中无天后，亦当视天后之所乘临。乘即天后所乘之神也。临即乘神所临之宫也。后所乘神，即为初传，初之阴神即为中传，中再传之神，即为末传，是即所谓类神之三传。始终情形，皆在于此；按此而求，尽堪取象，所以不必全拘课体而断吉凶。盖凡未有所主，而概占大象，则吉凶情形，专在课体。若既有所主而占，则事各有类，类各有象，即类以定三传，即三传以言休咎，情形自露，不必徒求课体，即所谓易简也。

凡占贵人，则视天乙之三传，而谒贵干求者，亦同责焉。占梦寐、怪异、忧疑、惊恐则视螣蛇之三传，而炉灶之具，亦俱责矣。占文字、口舌，则视朱雀之三传，而飞禽、书信、词讼之属，亦并责焉。占子孙、交易、婚姻、媒保则视六合之三传，而小儿、竹木器具、舟车、门户、床榻、盒桶等物，亦并责焉。占勾连、斗讼则视勾陈之三传，而军旅、墓田、捕役、差人之类，亦皆责焉。占贤良、财帛、及书吏则视青龙之三传，而择婿、求文职功名，亦同责焉。占小人、奴仆、僧道则视天空之三传，而上书、通启、虚诞、诈伪之属，亦俱责焉。占疾病、道路则视白虎之三传，而出师、征讨、死丧之事，亦并责焉。占尊长、财帛则视太常之三传，而米麦、布帛、衣裳、丝絮、药食、武途功名，亦并责焉。占盗贼、逃亡、走失、乞丐则视元武之三传，而行兵、行人、水利、沟渠等事，亦以责焉。占外戚、私慝、婢妾、婆妈、老妇、尼姑则视太阴之三传，而阴私、嘱托、金银钱、石磁器等，亦同责焉。占妇女，则视天后之三传，而择妇、望恩泽、封诰、赦书者，并皆责焉。盖类神所乘之神，虽各有三传可责，然须与日辰行年与制类者，尚可从吉言也。若日年落空，百事无成。惟类自作空，不以空论。

　　然神与将又有变通之法，将即神，神即将。如占贵人尊长，本当专视责天乙，若或课传无天局，而大吉出现，则视大吉之三传以断吉凶。不必更求天乙矣。如占财帛本应专责青龙，如或无青龙，而功曹出现，则视功曹之乘临，以及三传，不必更求青龙矣。或式中无青龙，而太常出现，则视太常之三传以定休咎，不必更求青龙功曹矣。是即所谓变通也。（录自《壬归》）

第十章 六壬对话录

现代研究术数者（包括六壬）中的好多人，喜欢空谈或奢谈古人、古书、古例，高推圣境，薄今厚古，这种研究方法实不可取。时代在发展，学古不是为了泥古，尊古不是斥今，研究传统的主要目的为今天的现实服务。我是一个最尊重传统的人，无论在四柱、六壬、相学与风水的研究过程中都是如此，但我绝对不迷信传统。在尊重传统学术的同时，总是伴有一份发展、清醒、一分为二的反省眼光去看待传统，旨在与时俱进，古为今用。

另外，空谈理论容易，空谈古例容易，而术数是最要有实践精神的。谈了理论、古书、古人、古例，就要在实践中展现出风采来。事实上，很多研究者谈理论上才思百出，事实上真正的本人的实践个案却是极少或几乎没有，就是略有若干"练手"或"网上戏占"的"占验实例"拿出来，也是断的庸俗不堪、牵强附会。这种谈理说古的出色"才能"与实践之间的巨大反差、脱节与对比，就说明了一个事实，这种研究就是现代"赵括式"式研究方式，百无一用，夸夸其谈，误人误己。任何时代，实践总是第一位的，理论总是要为实践服务的，术数研究要走脚踏实地，说的一丈不如行的一尺，这才是术数研究的真功夫！

说明：以下聊天中的"智者乐水"是我的网名，其余名字是其他参加聊天易友的网名。

一、"赵括"谈《断案》

2007-9-3 20:39:20 聊天记录整理：

清新滴风：

大六壬断案新编。（图）

易缘：

我买不起,如何打开？谢谢！

清新滴风：

我也没有，哈哈！

易缘：

好,那里有？

清新滴风：

这是台湾版的，兄弟别着急，以后会出来的，那时买一本会很便宜的。

智者乐水 20:44:16

六壬断案在网上找就有的。

智者乐水 20:44:43

下了就可以打印出来就行了。

清新滴风 20:45:35

但台湾版的那本是有人解释了的，还是比网上的要好点吧！

智者乐水 20:46:06

有人解释的不如无人解释的好。

易缘 20:46:14

希望找到原版的。

清新滴风 20:46:53

也对，如果是错误的解释那就不好了。

清新滴风 20:47:29

徐老师也注释一本吧！

智者乐水 20:47:35

台湾人的六壬水平？

智者乐水 20:47:47

我不讲断案。

清新滴风 20:48:17

为什么？

易缘 20:48:46

一般般吧,台湾人的六壬水平。

智者乐水 20:48:51

断案中有很多的课案中是有课理前后不清的，这很有可能是在历代转抄中，让所谓的研究者加注者搞糊了。

智者乐水 20:49:38

研究断案，只有那些课理明达通畅的课案才有价值。

易缘 20:50:03

老师就费点心，为了易学。

智者乐水 20:50:50

如果一本书本身（原著）原文就不是太清楚评注者为了所谓的解释必然更会牵强附会。

智者乐水 20:51:42

所以，我到现在从不谈什么六壬断案中的课例。

大安先生 20:52:07

哦！

清新滴风 20:52:50

原来如此啊！

智者乐水 20:53:00

当然，"高人"很多，讲六壬断案就像参加华山论剑一样，俨然成为高手了。

大安先生 20:54:11

有理。

智者乐水 20:54:35

所以，奢谈六壬断案者就像赵括读兵书一样。

智者乐水 20:55:20

所以，网络上无不以谈六壬断案为风尚，我不跟风。

清新滴风 20:55:32
有理，读断案看热闹。

智者乐水 20:56:08
纸上得来总是浅。

智者乐水 20:58:17
大家想成为围棋高人吗？去读吴清源全集啊！

智者乐水 20:59:07
读了有用吗？能成为超一流棋手嘛？

智者乐水 21:00:32
六壬断案可以去看，去作研究，但它绝对不是九阴真经！

天籁水影 21:01:04
绝知此事要躬行。

煜莲居士 21:01:34
六壬研究与围棋研究一样，需要新谱。

智者乐水 21:01:36
况且，六壬断案所研究的人事，与现代人事确有大区别了。

智者乐水 21:02:12
在官运占中，丁忧现象在断案中占的比例就很大。

智者乐水 21:02:39
这在现代官运占中就完全没有借鉴价值了。

清新滴风 21:02:41
那什么才是九阴真经呢，是不是徐老师在博克上推荐的六壬直指？

煜莲居士 21:02:58
记得上个月去江苏棋苑同徐天红院长聊天。谈到新谱的重要性。我想学易占例。就要看易学特级大师的谱。呵呵！

智者乐水 21:03:49
一个人在什么阶段，看什么样的书，是有对应性的。

智者乐水 21:04:13

不同层次的人，就要读不同层次的书。

智者乐水 21:06:01

一个象棋爱好者，去看象棋特级大师的棋谱，一个结果是：叶公好龙。

小一 21:06:17

是的！是的！

易缘 21:06:38

精彩。

智者乐水 21:06:45

现代研究六壬断案者，也都是叶公者多数。

智者乐水 21:07:13

他们的确是好壬就像好龙一样。

智者乐水 21:07:59

但是，真壬来了真龙来了，他们会说，啊！这是假壬啊假龙啊！书上没有这样说的啊！

智者乐水 21:08:45

话向知己说，棋逢对手谈。

大安先生 21:09:11

哈哈，会心一笑。

智者乐水 21:09:27

谁是六壬断案的对手啊？谁是邵公的知己啊？

智者乐水 21:09:53

相知满天下，知己无数人。

智者乐水 21:10:04

六壬断案，邵公当如是。

小一 21:10:10

是啊，呵呵！

智者乐水 21:11:00

所以，各位不要奢谈六壬断案。

智者乐水 21:11:35

谈兵容易啊！打台湾难啊！

智者乐水 21:12:08

百无一用是书生，纸上谈兵是赵括。

智者乐水 21:13:27

书生学壬全是理，壬占赵括无胜绩。

智者乐水 21:18:39

研究六壬还是要多思考。

智者乐水 21:18:48

天天想这。

智者乐水 21:19:15

但不能去臆想。

智者乐水 21:23:24

我对《六壬断案》是作过深入研究的，但我对他不迷信；就像我认可《大六壬指南》的同时，还指出过《大六壬指南》例子的不足来。

智者乐水 21:23:51

任何书都要一分为二来看。

智者乐水 21:24:42

所谓的好书，就是一分为二来看，还是有用的、好处的、说的在理的多，无理的少。

智者乐水 21:25:48

如何读书？是要有眼光的，要信任与批判的统一。

智者乐水 21:26:40

信任之，就是要吸收其书中的长处；批判之，就是要摒弃其书中明显的错误处。

智者乐水 21:27:16

没有一本书真是字字生根，动不得的。

第十章 六壬对话录

小一 21:28:47

是啊！

智者乐水 21:28:57

六壬断案也不是字字动不了，都生根了；也不是字字是珠玑，句句是真理，篇篇是经典。

智者乐水 21:30:20

毛主席的话都算不了字字是珠玑，句句是真理，篇篇是经典，那天下有谁的书，谁的话可以是这样？没有人了。

智者乐水 21:31:49

六壬断案不是六壬中的毛主席语录。

智者乐水 21:32:01

这点，大家都要明白的。

智者乐水 21:32:58

大家看过字字是珠玑，句句是真理，篇篇是经典的书嘛？

智者乐水 21:33:04

我没看过。

智者乐水 21:34:41

这个世界上没有神仙，所以，也就没有神话。

智者乐水 21:34:56

为什么有神话？就是有人要做神仙。

智者乐水 21:35:09

所以，神话就造出来了。

智者乐水 21:35:21

神仙这样产生了。

智者乐水 21:35:59

邵公难道是这样的神仙吗？不是，他是一个六壬的圣者而已。

智者乐水 21:36:34

首先，邵公是一个人，一个研究六壬的人，一个在六壬研究中出类拔萃的人。

智者乐水 21:37:07

因为他过于出类拔萃,所以,可以视为六壬中的圣者。

智者乐水 21:37:37

六壬断案不是邵公的神仙传。

智者乐水 21:43:05

所以,六壬断案不是神话,它只是一份六壬研究资料而已。

小一 21:43:54

是的!

小一 21:44:06

现在研究六壬的人,也越来越少了,大浪淘沙啊!

易缘 21:44:10

好!

智者乐水 21:45:10

所以,想通过研究六壬断案来做六壬界的神仙,是不可能的。

小一 21:45:42

是的!

智者乐水 21:47:45

当然,有人想瞒天过海,通过六壬断案来做神仙,自有慧剑破其画皮。

智者乐水 21:48:20

暗室亏心,神目如电。

智者乐水 21:50:17

六壬算的是人事。

智者乐水 21:51:20

研究六壬从来没有神仙的份,神仙不管人间事!

张涛 21:52:14

那神仙管啥事?

智者乐水 21:52:42

现在六壬还算清白。

智者乐水 21:53:06

张涛 (33518031) 21:52:14

那神仙管啥事？

问非所问。

智者乐水 21:53:37

世上从来没有活神仙。

智者乐水 21:54:20

还问神仙管啥事？这就是人的脑子多想了。

智者乐水 21:55:44

学东西啊，一定要有清醒脑子。

（我）还是一个俗人啊！好发议论啊！

张涛：

这里没对手，呵呵！

智者乐水：

我处世哲学，从不与人为敌。

对手之说，只是一时之说，不可当真。

有缘则多聊，无缘则少聊，如是而已。

这也是六壬群之主旨。

智者乐水：

大家聊吧，不要让我一个人说话。

大安先生：

呵呵，想多听听实战名家的至理啊！

二、六壬如何读书

剑气书香 20:13:36

哦，这我可不知道。想问徐老师个问题。

剑气书香 20:14:39

励德课里有干支在贵人前后说。若贵人顺布，则干支在贵人的前后没有疑问；但若是贵人逆布，《大全》里取贵人的逆时针方向来界定干支在贵人的前后，我感到与易理不符。

智者乐水 20:15:57

不要说了，只有书呆子才会去重视课经！

剑气书香 20:16:01

贵人逆布，必然阴刑之气胜过阳德之气，当君子退而小人进，贵人治世当以刑罚为先，德化为后，此时按顺时针方向看，白虎为先锋，这样才符合易理；况且天时是不会逆转的，所以也与天时的运行方向吻合。因此，我认为，贵人逆布时，也应当按贵人顺布时的方法来界定干支在贵人的前后。不知道徐老师是怎么看待这个问题的？

剑气书香 20:18:20

徐老师的意思是课经基本上可以放弃？

智者乐水 20:18:56

课经是没有多少实用性。

剑气书香 20:21:14

哦。抛开课经不说，单说易理，是不是贵人逆布就该白虎为先？

智者乐水 20:21:55

不是的！

剑气书香 20:22:48

哦。其实，我的贵人逆布的观点是读了徐老师《袖里乾坤》后受的启发。

智者乐水 20:27:46

六壬中的课经、诗诀基本是没用的。

剑气书香 20:28:15

是啊，如果一样，我就不说使受启发了。

智者乐水 20:28:19

现在看来，六壬大全此书是有很多问题的。

智者乐水 20:31:21

六壬大全，一些入门的可以看看，后面的毕法赋也可看看，但毕法赋是很多不完全对的！

智者乐水 20:32:39

有些人在网上学壬，一天到晚在壬书中打转，全是学壬书呆子，空理专家！

剑气书香 20:38:44

徐老师在《袖里乾坤》说了，课经不可完全放弃，就连《大六壬指南》也是肯定了不少课经的。说明还是有一定价值的，起码有个判断思路问题吧？

智者乐水 20:40:06

现在我看来，课经是可以放弃的，不要在此中浪费时间了。

智者乐水 20:41:25

指南书中最有价值的就是实例而已，其他两篇赋文也是六壬常识而已，不必太在意的。

剑气书香 20:41:53

哦！

炎龙 20:44:19

谢徐老师指明方向,浪费不必要的时间。

智者乐水 20:44:56

我一直讲指南的水平是有可能超越的，不是所有的古人都厉害的不行，古人中是有高人，但不代表所有古人都是大山不能跨越的。

智者乐水 20:46:50

学壬要有自信，但自信不是盲目而来的，而是有大量精妙占验作为后盾的。

智者乐水 20:49:28

六壬的精妙处，现在我看来，古人没写到书上或没悟到的东西还是很多的。

炎龙 20:49:50

徐老师：必须掌握的六壬知识是否可以提示一下？

小乙· 20:50:20

炎龙是个很聪明的有心人。

智者乐水 20:50:38

像你们所知的书本上的六壬知识已足够了，问题是如何深入到壬的实质当中去？

智者乐水 20:51:50

比如干为客支为主，为什么一定如此定呢？

炎龙 20:53:01

徐老师:如何深入到壬的实质当中去？请讲讲！

智者乐水 20:57:46

如何深入到壬的实质当中去？请讲讲，讲不了！

炎龙 20:59:31

客远客动，支静为主。

智者乐水 21:01:15

客远客动，支静为主，老生常谈没讲出深理来！

六壬飞 21:03:30

总不能说客来天，守家如地吧？

智者乐水 21:05:48

我讲，国内的六壬书不要看倒是对的；四柱书就不是了，要博采众长。

剑气书香 21:07:26

徐老师意思该看谁的？

智者乐水 21:07:43

六壬飞 (547571939) 21:03:30

总不能说客来天，守家如地吧？

离题万里！

智者乐水 21:08:29

剑气书香 (284121459) 21:07:26

我讲 国内的六壬书不要看——徐老师意思该看谁的？

没学六壬的就不要学了，

已学六壬的人就不要再看书了。

炎龙 21:09:11

已学六壬的人就不要再看书了？

智者乐水 21:10:10

是啊，书上的东西全看了还是六壬占不对事或不进步，还要看书有用不？

剑气书香 21:11:15

已学六壬的人就不要再看书了 ——请问徐老师，如果想提高六壬占测水平，不看书如何提高？

智者乐水 21:11:34

一定想看书，只有一本古壬书可以看的，就是《六壬直指》。

炎龙 21:12:23

徐老师：如果不看怎么办哪？

智者乐水 21:12:47

如果想提高六壬占测水平，不看书如何提高？

如果一门专业术数的理论都会了，就是还不会实践，问题在哪里呢？

智者乐水 21:13:26

问题在哪里呢？在于个人术数上的综合素质修养上了。

一个老虎头 21:13:37

不会思考。

炎龙 21:14:11

难，难，难！

智者乐水 21:15:22

一个高明的术家，可能他看的书与大家一样，为什么他可以掌握理解呢？这就是他后面的综合术数修养在起作用！还有他的人生阅历与体会、生活环境等因素都会起作用的。

炎龙 21:17:23

是命，是运，玄啊。

智者乐水 21:17:32

这就是原因！

智者乐水 21:19:55

所以想学好一门术数，除了这门术数门内的东西要掌握，还更要去看与它有亲缘性相关理论或知识，由此顺延让个人的知识面越来越广，从而提升个人术数整体修养！

炎龙 21:21:44

徐老师：六壬直指是御定的那一本可以看吗？

智者乐水 21:22:07

就是那本。

炎龙 21:24:32

徐老师：亲缘性相关理论是指什么？

智者乐水 21:28:12

炎龙 (459108965) 21:24:32

徐老师：亲缘性相关理论是指什么？

比如六壬的根源是天文学，就要去看一点。

比如六壬中的神煞与择日学有关系，就要去看一点。

比如六壬中有神话故事，就要去看一点传统神话故事。

诸如此类，都是亲缘性相关理论！

炎龙 21:28:50

哦，谢谢！

智者乐水 21:31:18

再由天文学、择日学、神话故事去看他们的亲缘性相关理论，如此拓展知识面，就有看不完的书了。

六壬飞 21:34:36

徐老师能否推荐择日学的一本有效书？

智者乐水 21:37:55

《星历考原》。

三、运用术数的心态

智者乐水 21:11:02

学术数的人在历史上越来越没地位了，人要识相！

南山 21:11:29

呵呵！

智者乐水 21:11:48

认清自己的社会位置，小心处世才是真道。

智者乐水 21:12:02

所以，我从不取非分之财。

智者乐水 21:12:25

财者构六国之争。

南山 21:12:31

徐老师如此自处,更另人赞叹！

智者乐水 21:13:04

不要赞叹了，只是明哲保身而已！

^_^清新滴风 21:13:14

徐老师的功得更是在易学界也是公认的了，四柱方面的功德更是让人敬佩，没有你，四柱不知道要误多少学子。

南山 21:14:26

徐老师亦是救人慧命啊！

智者乐水 21:15:21

易学对人有帮助这一点，我以前体会不是很深，但去年几个事让我真的认同了！

^_^清新滴风 21:15:39

说说来听啊。

南山 21:15:58

徐老师是正本清源而能集术数之大成者！

智者乐水 21:16:36

就是有三个严重车祸者，全是我定的做不做手术而全活过来了，而且后来都无后遗症。

智者乐水 21:17:02

这些事让我自己也有点触动！

南山 21:17:18

呵呵，真是善事啊！

智者乐水 21:18:41

所以，现在找我的人多了，感觉责任心越来越大！

智者乐水 21:18:52

很有压力的。

^_^清新滴风 21:19:43

学易的不都希望如此吗？

文雅书生 21:20:06

哈哈，此即名利亦有其所苦之处。

智者乐水 21:20:25

学易没有真本事，真不行，我妻子常常看我给人算，在她看来我很容易，事实不然我很累人！

南山 21:20:47

盛名之下，反为名所累，亦是徐老师的责任心使然。

南山 21:21:17

耗神！

^_^清新滴风 21:21:36

每一次测算都象发一次功哦！

智者乐水 21:21:43

所以，我出去给人看命定事，总是先要好好休息来好好养神的。

坐在云端 21:21:46

很伤神的！

★乙一〇★ 21:22:01

术数是入道的第一法门嘛。

南山 21:22:39

乙一〇 (30380382) ——术数是入道的第一法门嘛——谁说的？

★乙一〇★ 21:22:38

懂术数才能更好地懂道。

智者乐水 21:22:54

什么叫用神？给人算事才是真"用""神"了，这是今天我教你们的一招真功夫啊。

^_^清新滴风 21:22:55

天人合一，人术合一！

★乙一〇★ 21:22:53

更好地明白什么叫天人合一。

智者乐水 21:24:45

练神 养神、用神是断事三步曲。

^_^清新滴风 21:24:58

何时才能达到徐老师的境界呢

★乙一〇★ 21:25:25

精、气、神。

★乙一〇★ 21:25:48

道家讲的三种境界。南山兄认为呢？

智者乐水 21:25:51

练神就是练习神识到术数的正知正觉状态！

智者乐水 21:26:29

我讲的练神不是道家的东西。

南山 21:26:33

精、气、神不是道家的3境界。

智者乐水 21:26:48

道家的练神可玄了。

南山 21:26:53

呵呵！

辰龙 21:27:48

徐老师说说怎么练神。

★乙一○★ 21:27:51

道家的练神玄归玄，是对身体潜能的发掘。

南山 21:27:58

徐老师的练神是进入起课的精神状态吧！

智者乐水 (341837510) 21:25:51

练神就是练习神识到术数的正知正觉状态……

智者乐水 21:28:33

养神真的很重要，各位给人算时一定要注意休息好精足神旺！

坐在云端 21:28:56

确实！

智者乐水 21:29:52

神清气爽之时是最好的算卦状态！

南山 21:30:05

徐老师修炼气功之类的吗？

^_^清新滴风 21:30:47

徐老师娶了老婆就不练了！

智者乐水 21:30:54

修炼过十多年，现在不炼了。

南山 21:31:00

呵呵！

智者乐水 21:31:38

偶尔还静坐一会。

智者乐水 21:32:39

不过，让老婆看见了说了又犯了。

^_^清新滴风 21:33:11

哈哈~~

南山 21:33:12

静坐于身体有益。

智者乐水 21:33:16

所以，功就不炼了。

智者乐水 21:33:57

只在纸上谈兵了只看道书佛书！

坐在云端 21:34:10

俺都不能坐，郁闷！

^_^清新滴风 21:34:38

想当年俺也坐过啊！

^_^清新滴风 21:35:31

少年时代的梦想，

智者乐水 21:35:52

我反对道家佛家的空坐！

南山 21:36:01

哦。

坐在云端 21:36:42

哦。

坐在云端 21:36:46

那应该怎么作？

智者乐水 21:36:47

我讲的静坐就是让自己坐在那儿任意让自己想，想到什么都不想了就真静了！

南山 21:36:54

禅宗也是反对枯禅。

^_^清新滴风 21:36:58

那时气功和特异功能传的神啊！

智者乐水 21:37:15

坐的累了，就完成。

南山 21:37:20

呵呵！

坐在云端 21:37:25

妙！

坐在云端 21:37:27

学着，

★乙一○★ 21:37:27

那不就睡着了？

坐在云端 21:37:32

呵呵！

智者乐水 21:37:45

睡着了才是上功了。

坐在云端 21:37:52

我能！

★乙一○★ 21:38:00

你能？

南山 21:38:19

呵呵,对此我不敢苟同。

坐在云端 21:38:22
当然！

智者乐水 21:38:24
一静为体，百动为事。

坐在云端 21:38:25
以前坐就这样！

^_^ 清新滴风 21:38:31
你能吃能睡吧？

坐在云端 21:38:44
不能，

坐在云端 21:38:48
就会坐，呵呵！

★乙一〇★ 21:38:56
以后你坐着睡，

^_^ 清新滴风 21:38:57
哈哈！

★乙一〇★ 21:39:02
倒着睡多累。

智者乐水 21:39:06
一切自然就是好法，

智者乐水 21:39:25
所以，我是自然主义者！

坐在云端 21:39:48
我看行！

★乙一〇★ 21:40:09
他没睡呀。

智者乐水 21:40:14
断课也要自然的想去断，

智者乐水 21:40:32

一个课想了半天必是乱断乱说。

★乙一○★ 21:40:42

呵呵。

^_^ 清新滴风 21:40:54

那是你肚里有啊，如果没有，怎么自然呀？

南山 21:40:55

徐老师乐天知命，随遇而安。

无道书生 21:41:09

想十分钟，然后一口报，这个正常吗？

智者乐水 21:41:16

一个课出来，一个断法心中油然而生，才是断课的天然法子。

文雅书生 21:41:17

妙理，如果不是深得易者不能悟此理。

智者乐水 (341837510) 21:41:16

一个课出来，一个断法心中油然而生，才是断课的天然法子，这才是境界。

智者乐水 21:42:51

所以学术数的确是心术运用，就是让自己在断课时心中自然流露出对于此课的正确意念。

四、如何学好术数

命相研究 13:44:37

学习格局对了，应该几个月，但没那么多精力，业余的2年差不多。

★乙一○★ 13:44:45

没个十年八载不行。

第十章 六壬对话录

命相研究 13:45:07

当然神断 5 年也不一定够。

命相研究 13:45:47

但无大失误，教材准了，应该不过 3 个月的；否则教材肯定不准或者不全。

智者乐水 13:46:50

三个月就可学会？厉害啊！

智者乐水 13:47:54

阁下学外语用了多长时间？外语教材一本不会错吧？

智者乐水 13:48:27

世上没有一门学术可以学三个月就可成内行的。

智者乐水 13:49:16

速成英语应该 3 个月对话啊，速成命理有嘛？我这里肯定没有！

命相研究 13:49:21

一天一个小时就精力用的很大了。

智者乐水 13:50:05

术数之难，不是深浸其中者所能体会的！

智者乐水 13:51:25

命相研究 (38788015)　13:49:21

一天一个小时 就精力用的很大了！

呵呵，我 1998 年一天 10 多个小时研究六壬、四柱则如何说呢？

现在我每天平均还有 2-3 个小时呢！

智者乐水 13:52:10

想用最小的代价来获取最大的价值，人之常情！

智者乐水 13:53:02

业余学好和专业入门基本无差。

智者乐水 13:53:28

学好术数别想速成！

智者乐水 13:53:43

不可能，这样的人太多了。

智者乐水 13:54:22

我接触的事实是：大多数学了10多年了还是一无所成，各位真是天才不成？

智者乐水 13:55:54

我的一些学生跟我学六壬，多次单独面授，回去后再电话中跟踪教育，如此学好的人也用了一年多时间。

智者乐水 13:57:18

是的，想学好，有几个条件：一者书或老师，二是本人理解力，三是个人所花时间，四是个人的成长经历！

命相研究 13:59:31

四柱求学就是个与命沟通跟修炼差不多。

智者乐水 13:59:34

命是有关系！

智者乐水 14:00:01

小乙 (1941591) 13:59:29

有学好的命，就可以遇到这些成功的条件，

甚是有理！

智者乐水 14:01:06

命中有无偏印是学好术数的一个重要因素。

智者乐水 14:01:30

还要有天乙贵人。

智者乐水 14:02:32

天乙贵人多多是成为高素质术士的一个主象！

智者乐水 14:02:50

华盖不重要，我认为！

智者乐水 14:06:29

黑鹰 (279346540) 14:05:35

不努力一点都没用，

是的，不过学不学是我的事，成不成是天之命！

学成我幸，学不成我之命！

智者乐水 14:06:37

学成我幸，学不成我之命！

智者乐水 14:07:27

所以，天命不可违，但人事要尽力！

智者乐水 14:09:11

我学这用了17年了，19岁开始接触，谁学的时间也有较长的？

流通 14:13:30

我个人的学习体就是：

一是功利心不要太强，不然的话就会没有平和的心态。就会贪多求急，急功近利，会搞得自己很辛苦的。

二是注意方法，特别是思维，要独立思考的能力。

三是对传统的哲学一定要有深刻的理解，不了解传统哲学就不会真正明传统术数。

智者乐水 14:15:38

事实上，学好术数从更大范围上与看个人学历相似的！

命相研究 14:15:57

学历越高，越学的准？

智者乐水 14:16:32

不是，命中有官印的人，就会较会学好理论的东西。

智者乐水 14:18:17

年月有官印、木火通明、金水清白，都可以学好术数理论。

智者乐水 14:19:16

学好术数理论，可不代表运用就好。

智者乐水 14:21:14

运用的好，就是命中驿马带印带贵或官才真行。

五、谈壬占中的象断与理断

智者乐水 20:45:14

指南书给人于希望，学壬学到陈公献先生这个层次是有可能的。

智者乐水 20:46:54

指南确实是象学？个人以为此语不甚贴切！

智者乐水 20:47:18

指南是理学，理断的多。

智者乐水 20:48:19

理断与象断，两种风格！

智者乐水 20:53:50

理断的定义，我的认为：就是用古人已成式的壬占定理去断新课，这就是用毕法赋的技术去断课。

智者乐水 20:55:46

象断则是用事象与课中类神进行结合统一，特别强调活灵活现！

智者乐水 20:56:41

我的神五、流浪猫等例皆是代表。

智者乐水 20:59:44

毕法要全学，要精学，但毕法非毕法，毕法是成式，它是从何而来？还是从象占中归纳上升到理论高度了。

智者乐水 21:01:43

所以，从象的角度去看毕法，此赋不是究竟法，好多不全面不到位的。像六阳、六阴格就是典型的一格，此格从理法上看成立，但从象法上看则是错误的；小乙应该知道我所说的道理！

智者乐水 21:03:20

所以，我看毕法它是个入门法、定式而已！

智者乐水 21:08:51

学壬起步不要老是在算课中打转，先作理论研究最好，初学者就是常有这个弊端。

智者乐水 21:27:29

有些学壬时间也较长的人，为什么常断不对课？是什么原因？你们想过没有？

智者乐水 21:27:29

有些学壬时间也较长的人，为什么常断不对课？理论结合实际的活变能力不够！

智者乐水 21:32:18

有些学壬时间也较长的人，为什么常断不对课？是什么原因？你们想过没有？仔细想想吧，学好术数的人最要有一日三省的批判精神！

智者乐水 21:36:40

批判自己在壬学上的各种所谓掌握的理论、知识、体会，想想到底对不对？

智者乐水 21:38:59

我就是这样对自己学壬一路批判过来的。

智者乐水 21:42:37

人家的东西一定要消化了才是你的，如何消化？入得其内出得其外，知道其之所以然，然后有能力变通之在实践中灵活用之，就算是真正学到手了。

智者乐水 21:47:07

比如螣蛇主惊扰，为什么呀？指南说是风火摇动不宁，所以有此意义了，我看这个解释就说不通很牵强。

智者乐水 21:49:16

兵占中贵人主战斗，又是为什么？

智者乐水 21:50:03

想清了这些，这个想清是正确的，才算是学好了，不能用臆想来解释就不对了。

智者乐水 21:51:27

见了蛇谁不害怕？自然就惊忧了。有理，但不完全是。

智者乐水 21:52:56

见了蛇谁不害怕？自然就惊忧了，这就是壬学中生活中认识。

智者乐水 21:56:09

壬的根本是天文学，所以天文学的角度去看天将的象意似乎更有源头。

智者乐水 21:56:59

流氓既是贵人，贵人也流氓也，此论不可，六壬历来是讲阶级的：庶人就是庶人，贵人就是贵人。

智者乐水 21:57:53

六壬是势利的，主要现实社会就是势利的；贵人与小人就是两个社会阶级。

智者乐水 22:00:59

六壬只描述现实中发生的事实！

智者乐水 22:04:40

价值观都是人输入的，没错，所以我不讲天德、月德、日德在壬中有都重要的！

智者乐水 22:06:00

壬只描述行为在社会现实中的现象，此现象包括过程与结果。

智者乐水 22:06:12

徐老师是说天德、月德等，在壬中不甚重要吗？是的。

智者乐水 22:07:27

天德、月德、日德的德性在壬占中运用极少！

智者乐水 22:08:06

六壬时效性，没有这个问题的，是人瞎想出来的瞎问题。

智者乐水 22:10:18

一课当中包涵大千世界，720课还万古通用呢，什么时效不时效的，讲时都是权宜之说！

智者乐水 22:12:41

问：应该说，问题涉及到什么时候，壬占就能占到什么时候，对吗？

答：课有走完的时候。

智者乐水 22:15:07

一课只描述一些相关事物在相关时空的因缘，因缘尽了，相关事物就不相关了，这课也就走完了。

智者乐水 22:15:45

有课覆盖不到的时间段？则是别外一课所要讲述的事了。

智者乐水 22:18:24

前程，终生，这就有区别了，在邵公的断课中无大异，甚至占家宅也与此占前程、终身相类似，说明了什么问题？

智者乐水 22:20:13

720个课有区别吗？

智者乐水 22:20:26

我看没有！

智者乐水 22:21:16

不过是十二神将的风水轮流转！

智者乐水 22:22:24

人生、社会、时代也就是此十二神将的风水轮流转！

智者乐水 22:23:04

个人前程与终身还是此十二神将的风水轮流转！

智者乐水 22:23:42

六壬是史学，也是未来学。

智者乐水 22:24:09

邵断个家宅把人前程也看一下，今天还能用吗？请问邵公去！

智者乐水 22:26:32

这个世道，古今一样，邵公就是在面前，学壬的人不是去信仰他而大多人是去怀疑他诽谤他的。

智者乐水 22:28:05

而我就是去信仰他，邵公应当是所有学壬者的是偶像。

智者乐水 22:30:16

非也，人情都是重古人轻今人 邵公之所以在后世伟大，就是先生已作古了。试想，邵公活在这世上，这网上的六壬才子何其多，邵公想伟大起来，做梦去吧

智者乐水 22:31:15

书生，你刚才的问题就是怀疑邵公了！

智者乐水 22:32:52

怀疑精神要对自己，不要对偶像哟！

智者乐水 22:35:10

我一直讲的，中国传统学术当中的确是会出现伟大人物的，这种人就是划时代的人物，对于这种人物，就是要有点迷信思想！

智者乐水 22:36:11

信诚则灵！

后 记

对中国传统术数文化的研究，是我学术研究中一个非常重要的组成部分。尤其是近三年来，我对传统术数文化中的精华——六壬进行了全力研究，这本书就收录了我的一些初步研究成果。

子平、六壬和地理是传统学术中把"天""人""地"三才作为专门研究对象的专题术数。子平术主要是以"天命"形式来表现人类个体的基本变化规律，六壬则是针对具体人事进行预测与把握，其效验举世共认；地理则是秉承"人杰地灵"的思想来研究人类整体的生存发展问题，这三门学术基本涵盖了传统术数的主要方面。

总的说来，任何一个中国人要想认识、学习一些中国传统文化，就不太可能回避传统术数文化。术数文化发展到今天，已经全部融入中国人的日常生活之中去了，更多的已经成为了民俗的一个组成部分。对于民俗文化的研究、保护与传承，是任何一个炎黄子孙都应该承当的责任。

术数文化融入到民俗之中跟老百姓生活息息相关，表面上看似乎肤浅，甚至有迷信之嫌。可事实上，术数文化的本质却是极其深刻的。这是因为术数文化本质上所研究的是人类最关心的两个基本问题：一者"人天关系"问题，即"人类和大自然的基本关系"是到底如何的；二者"命运"问题，即"我是谁"的问题。这两个问题跟每个人都相关，所以古今中外所有智者都在研究，中国传统术数文化就是中国历代思想家研究这两个基本问题的认识。因此，对传统术数文化的无知、误解甚至曲解，就是对中国古代先人智慧、思想的无知、误解与曲解。

正是对于探索人类两个基本问题的兴趣与关注，正是对于中国古代智者的尊重与理解,我开始了长达十多年的术数学习与研究,一路走来殊为不易,正是:"衣带渐宽终不悔,为伊消得人憔悴"。除了本书之外,尚有我点校的《六壬经典汇要》(包括《壬学琐记》、《六壬指南》、《壬归》)这本六壬古籍珍本同时出版,作为六壬收藏典藉献给广大学人和研究者们,我也期许这点工作能够为传统文化的复兴贡献一丝绵薄之力。

2004我出版了《袖里乾坤——大六壬新探》一书,2007年又出版了《智者乐水——六壬现代预测精典》与《六壬大全》(点校本)两本书,梁奕明先生前后为之付出了大量精力与劳动,对于他一贯对易学的支持与贡献,我在此表示深深的感谢。

最后欢迎广大读者多提宝贵意见,同时也希望易界同仁们多多赐教。

我的通讯地址:北京丰台区光彩路72号院5号楼3单元502室,邮编:100079,电话:010-87867781　13522501712,网址:http://www.xwgzy.com。

徐伟刚

2008年1月27日中午初稿于北京

2009年7月20日中午定稿于北京